上海交通大学党史校史研究书系

赵祖康传

主编
中国国民党革命委员会
上海市委员会

著
陶柏康

BIOGRAPHY
OF
ZHAO ZUKANG

上海交通大学出版社
SHANGHAI JIAO TONG UNIVERSITY PRESS

内容提要

赵祖康是中国著名的道路市政工程专家、著名的社会活动家、中国共产党的挚友、交通大学杰出校友。

本书依据详实的史料，回顾赵祖康的生平事迹：青少年时期受到五四运动的影响，从事进步文化活动；考入交通大学后，确立"工程报国"志向，把大部分精力贡献给中国的道路交通与市政建设，贡献卓著，声名远扬；1949 年 5 月，担任国民政府最后一任上海市代理市长，与中共地下党紧密合作，为上海的解放与社会稳定作出积极贡献；新中国建立后，长期担任上海市副市长、中国国民党革命委员会上海市主要领导人，为新上海的建设与发展努力奋斗，为上海民革的组织建设，发挥参政议政作用，开展对台宣传、为促进国家统一大业付出极大的心血，为母校交通大学的发展作出贡献。

图书在版编目（CIP）数据

赵祖康传 / 陶柏康著；中国国民党革命委员会上海
市委员会主编 . —上海：上海交通大学出版社，2020
ISBN 978−7−313−24128−3

Ⅰ.①赵⋯　Ⅱ.①陶⋯ ②中⋯　Ⅲ.①赵祖康—传记
Ⅳ.①K827=7

中国版本图书馆CIP数据核字〔2020〕第 243330 号

赵祖康传
ZHAO ZUKANG ZHUAN

著　　者：陶柏康
主　　编：中国国民党革命委员会上海市委员会
出版发行：上海交通大学出版社　　　　　　　　地　　址：上海市番禺路951号
邮政编码：200030　　　　　　　　　　　　　电　　话：021-64071208
印　　制：上海万卷印刷股份有限公司　　　　　经　　销：全国新华书店
开　　本：787mm×1092mm　1/16　　　　　　印　　张：19.5
字　　数：286千字
版　　次：2020年12月第1版　　　　　　　　　印　　次：2020年12月第1次印刷
书　　号：ISBN 978-7-313-24128-3
定　　价：69.00元

序　一

赵祖康，著名道路市政工程专家，社会活动家。他自青年时代起矢志于工程救国，一生精力大部分贡献给了中国现代交通和城市建设，在市政交通界享有极高声誉。他也是上海民革组织的卓越领导人。在担任民革上海市委会主委的近三十年里，他带领民革组织自觉接受中国共产党的领导，牢记民主党派的职责和使命，做诤友、出良谋；他竭智尽力，为上海民革组织发展，为促进祖国统一付出了巨大心血与努力。

在赵祖康120周年诞辰之际，民革上海市委会组织修撰《赵祖康传》。本书全面梳理了赵祖康生平事迹，记述了他在动荡岁月中的成长、在抗日烽火中的淬炼，以及于新中国成立之后，夙兴夜寐、投身国家建设的人生历程，再现了一位杰出知识分子的光辉形象。

书中所记录的许多事迹，读来都令人感喟不已！

作为工程技术专家，赵祖康面对留居国外发展的机会，毅然抉择，返回战火纷飞的祖国奉献才智。在极端恶劣、艰巨的条件下，主持修筑西兰、西汉与乐西等战略要道，为抗日战争作出巨大贡献。他常年风尘仆仆、不辞劳苦，为国防和国家建设呕心沥血、百折不挠，身体力行地践行了一名爱国者的信念。

赵祖康自青年时代起就自觉接触、了解社会主义思想，追求进步，心向光明。1949年上海解放前夕的关键时刻，他上任国民党上海市政府代市长，殚精竭虑地保全上海，积极配合解放军，顺利完成移交。他始终真心诚意地拥护中国共产党的领导，在民主党派代表人物中树立了团结合作的光辉典范。

赵祖康为官几十载，清正廉洁、一心为公，始终如一。在贪污盛行的国民党政府内，他手握财权但不曾为自己谋得一文私利。新中国成立后，他在市工务局局长等岗位上兢兢业业，被称为"马路局长"。

改革开放后，赵祖康以古稀之年担任上海市副市长，勤政尽责，任劳任怨，高风亮节，令人钦服。

在专业技术领域，赵祖康严谨务实、精益求精。他主持编制中国公路技术标准，开创公路交通监理事业，并进行了大量理论研究和科学实践，编写了大量工程著作；他运用自己的学识建言上海发展，《建设新上海初步设施意见书》等建议受到陈毅等领导人高度评价，为上海城市规划作出了卓越贡献。

有赖于本书作者——中共上海市委党校陶柏康教授的辛勤工作，这些真实动人的内容，得以呈现在读者面前。陶柏康教授在其前著《中国公路泰斗——赵祖康》的基础上，经过艰苦的采访写作，补充大量第一手材料和鲜为人知的故事，终成此书。应该说，这是一部诚意之作，也是一部权威之作。

我们希望藉此向社会各界介绍和传播赵祖康的功业德行。此书更为给民革组织进行思想传统教育留下了珍贵的史料。让我们继承赵祖康等前辈的信念与情怀，以他们的作为与担当为榜样，勠力前行，为全面建设社会主义现代化国家，为中华民族伟大复兴的中国梦而不懈奋斗！

民革中央副主席、上海市委会主委
上海市人大常委会副主任

序 二

揆诸中国近现代工程技术发展史，诸多地位崇高、建树非凡的科学巨匠、工程名家都与交通大学这所理工重镇渊源颇深。这固然是由于交大在近现代中国大学史上享有"工程师的摇篮""全国造就建设人才最高学府"之地位，但也与科学名家自身的志趣、心路、信仰因素息息相关。被誉为"中国公路建设泰斗"、1922届交通大学校友赵祖康先生，即是如此。

交通大学曾是赵祖康社会主义思想信仰的源头，也是他真正走出书斋，接触工农群众，启蒙社会大众的开端，为他的工程人生打上了爱国奉献的底色。1919年五四运动前夕，青年赵祖康初入南洋校园，在这里他与生命中重要的思想"引路人"、中共早期著名的革命活动家侯绍裘，成为志同道合的战友。在侯绍裘的引领之下，赵祖康积极投身"五四"洪流，担任学生会负责人，推销进步书刊，组织学生运动，对团结与引导青年学生寻求革命真理作出了积极贡献。

更难能可贵的是，他和侯绍裘等人还在"五四"洗礼之后，中国共产党未成立之前，逐渐摸索出一条深入工农，开启民智，改造社会之路，这就是南洋义务学校的创办。作为主要负责人，赵祖康为义务学校建章立制，扩充教员，教书授课，编写教材，付出了诸多心血，使之不断朝着正规化、组织化、规模化方向发展，培养出了不少"劳动运动中的中坚人物"，真正成为南洋学生"爱国运动的基础，社会运动的张本"。

交通大学又是赵祖康矢志工程报国，确立人生方向的起点，也是施展才华抱负的早期舞台。赵祖康入读交大之际，"国学大师、工科先驱"唐文治已掌校多年，学校已转型成为"工文并重"的东南高等工科学府。对赵祖康而言，文采锦绣，妙笔生花，本来就是其一技之长，在交大耳濡目染土木工程之后，使之更具备这种"工文并重"的气质。

在 1922 年交大毕业纪念册中，有这样一段同学对他的评语，颇能说明这种气质："他是文学的天才，社会主义的信徒。假使不错走了路，专治文学，正不知要给人们多少安慰！但他并不失望：看哪，他正努力于工程的艺术化与平民化咧！"

"五四"之后，唐文治校长离任，唐文治的高足、铁路工程建设先驱凌鸿勋继任校长，成为"实心实力求实学，实心实力务实业"教育理念的坚定继承者与开拓者。在他掌校期间，交大的工程教育开始在国内大学中脱颖而出，此时正值赵祖康受凌鸿勋之邀再入母校服务之时。如果说侯绍裘是赵祖康爱国精神的"引路人"，那么凌鸿勋则是他步入工程学术奥堂的"引路人"。1926 年 6 月，中国工程学会为致力于全国工程教育发展，决议发起成立全国性的"工程教育研究会"，筹备委员会委员长为凌鸿勋，年纪轻轻的赵祖康以凌鸿勋学术秘书的身份，得以与吴承洛、茅以升等国内知名工科教授进入筹委会，并以文笔之优、文采之胜担任书记员。同时，他还与凌鸿勋合作，首次完成全国 34 所高等工业学校工程教育之调查，共同发表《工程教育调查统计之研究》一文，展示出严谨科学、求真务实的工程学潜质，在国内工程教育界大放异彩。凡此种种机缘，都为赵祖康日后走上工程人生之路打下重要伏笔。

除了受益于凌鸿勋的赏识提携之外，1929 年交大母校在赵祖康毕业七年之后赋予其公费赴美深造的宝贵机会，以及临行出国前交大校长黎照寰实业救国的殷殷嘱托，对他的工程报国梦进一步化为现实也至关重要。他后来回忆，那一次的校长约谈，是孙中山实业计划给他留下印象最深的一次，也是他此后矢志不移地践行"实业救国""工程报国"信仰的不竭动力。从唐文治到凌鸿勋，再到黎照寰，造就第一等人才、服务国家建设的交大工程教育思想与实践一脉相承，而赵祖康就是交大特色、交大风格、交大气派的工程教育所结出的人才硕果。他一生炽热的报国情怀、"工文并重"的出色功底、求真务实的科学精神，正是交通大学造就近代中国工程人才的典型缩影，也在个体价值实现上极大地丰富了交大工程教育的办学内涵。

交通大学还是赵祖康拳拳赤子心、殷殷母校情的寄托之所。无论是留学异域，还是身处上海，无论是在风雨如晦的抗战岁月，还是战后复兴的非常时期，无论是新中国成立前身居上海市工务局局长、代理市长之高位，还是在新中国成立后担任民主党派之要职，赵祖康无时无刻不在关注、回馈、支持母校交大的发展。他襄助学校成立上海同学会、整理战后复兴校务、助力筹建新文治堂、恢复重建土木系，到处可见这位"老学长"忙碌的身影与倾情付出，并在每次重大活动中都发挥了"总领"与"主唱"的作用。"落其实者思其树，饮其流者怀其源。"饮水思源的感恩情怀是交大人责任担当和奉献精神的自我标识，它以一种精神基因的存在方式，流淌于历代交大人血液里。赵祖康之于母校，就是这种"思源校训"最真实生动的写照。

综观交通大学与赵祖康的一生，这并非一般意义上的工程名人与工程名校之链，而是一种交会互融、彼此相契的共生关系。对于赵祖康而言，交大既是他一生践行"工程报国"的初心之地，又是青年时代形塑人生观与价值观的重要"熔炉"。对于交大而言，赵祖康则是这所高等学府爱国主义、科学主义、思源校训的集大成者与杰出代表，更是现代工程知识分子引以为傲的一面精神旗帜。

是为序。

上海交通大学原党委书记 王宗光

目　录

开　　篇

2020 年 9 月 1 日是赵祖康诞辰 120 周年纪念日。

赵祖康诞生于 1900 年，与 20 世纪的中国同行 95 个春秋岁月。他接受了具有划时代意义的辛亥革命、新文化运动和五四运动的历史洗礼；经历了轰轰烈烈的大革命、艰苦卓绝的抗日战争和翻天覆地的解放战争的国运沧桑；参与了从波澜壮阔的社会主义建设到史无前例的改革开放的时代变革。他是与现代中国命运息息相关的"世纪同龄人"。

赵祖康的人生经历是清末民初一代知识分子群体的缩影：社会的动荡与变迁，民族的危亡与抗争，国家的沉沦和救赎，与他们个人的命运联系得特别紧密。爱国奉献，是那个时代知识分子的群体追求，做一个坚定的爱国者正是赵祖康一生始终高扬的主旋律。把自己的聪明才智贡献给祖国和人民，是他的理想，更是他行动的指南。他的爱国理念和行动代表了中国知识分子传承千年的精神境界。

赵祖康脚踏实地的 95 个春秋，既辉煌又平实。说他的人生辉煌，有他主持修建的绵延万里的公路为证，有他对新上海诞生的贡献为证；说他的人生平实，是因为他从不炫耀自己，把踏实为人、勤勉做事、忠诚为国作为追求的思想境界。做事追求成功，做人只求平凡，这是他的人生哲学。

自从确立了"致力工程、为民服务"的人生目标后，他就矢志不渝，奋斗不息。他不拘泥于硕士、博士的头衔，致力于"开疆救国"、造福人民的土木工程事业。前半生，奉献于中国的公路建设事业；后半生，贡献给新上海的市政工程事业。

平易近人和认真执著是赵祖康性格的鲜明特征。他天性温和，且严于自律修身，养成了和蔼可亲、宽厚待人的仁者风范；在漫长的人生道路上，他始终与人为善，诚恳待人。他的师长领导，都欣赏他，愿意帮助他、提携他；许多有识之士愿意与他结交成友、心灵相通，即使他在国民政府任职时，共产党也把他视为朋友。另一方面，长期从事科学研究和工程技术工作的赵祖康也养成了认真严谨、一丝不苟的作风；在原则问题上，他认真得近乎苛刻，顶真得不近人情，甚至敢于藐视权贵，不做无原则的妥协退让。抗战前期，在修建西汉公路时，他敢于当面向蒋介石直陈事实，这是在国民党内十分罕见的事。

为政清廉历来为中华民族所推崇。然而，真正实践，谈何容易。综观历朝历代，真正恪守此操行者，为数寥寥。在贪污盛行的国民党政府内当官，能几十年如一日做到"众人皆醉我独醒、众人皆贪我独清"，更是难上加难。但是，赵祖康做到了，而且坚持了一辈子。正因为如此，在1949年新旧社会的分水之际，赵祖康下定决心，留在上海，在中国共产党的领导下，投身建设社会主义新上海，就是自然而然的结果。

家境贫寒、国运日衰，年轻时的赵祖康与一批志同道合的同学一起，满腹经纶，豪情万丈，却无用武之地。他曾用诗歌抒发道："世无伯乐兮马埋名，马埋名兮误苍生，误苍生兮鼎水沸，鼎水沸兮蛟龙吟。"因此，在赵祖康主持工程、为政一方之时，他招才纳贤、努力挖掘人才、发现人才；举贤荐能，放手使用人才，务使人尽其才。许多人感念他的知遇之恩。

辉煌的人生都像一首行云流水、跌宕起伏的交响乐。赵祖康的人生也是如此。他的青少年时代是悠扬清丽的前奏；大学毕业后的青春年华是激越高亢的主题；而他的晚年，更像音乐的主题回旋；直到他离开人世，依然余音袅袅，萦绕回荡。

第一章
在动荡岁月中成长

命运多舛　好学上进

松江，位于上海的西南部，黄浦江上游，是上海的一块风水宝地，也是上海历史文化的发祥地。

民间素有"先有松江府，后有上海滩"之说。

松江最早史称华亭，得名于东汉年间；唐天宝十年（公元751年），正式置华亭县；元至元十四年（公元1277年）升为华亭府，翌年改为松江府。

唐宋以后，松江的农业、手工业和商业日益兴盛。明代时期，松江的米粮业和纺织业十分发达，运输和加工业等随之发展。清末民初，这里更是商贾云集，车船穿梭，一片繁华盛景。到民国时期，松江已成为上海最重要的市镇。

松江不仅历史悠久，而且钟灵毓秀，人才辈出。历史上，松江的名人有很多，如：书画家董其昌、纺织发明家黄道婆、抗清英雄陈子龙等。

赵祖康，字静侯，笔名赵康，1900年9月1日出生在松江县城厢镇三公街。

据史料记载，三公街曾是商铺林立、民居众多的街道，抗日战争全面爆发后，这里遭日机轰炸，被夷为平地。

新中国成立以后，在这片土地上新建起一座远近闻名的方塔公园。公园内花草繁盛，

赵祖康的出生地松江三公街

林木苍翠，小桥流水，曲径悠悠，成为市民观光游览的必访之地。

赵祖康家的祖上是经商的小商人。他的曾祖父名叫赵浩元，字澄斋，开一家酿酒作坊，苦心经营，日积月累，有了一点积蓄。按中国传统思想，他用锱铢累积的钱置地建造了一幢宽敞的大宅院，以庇荫后代。

赵祖康的祖父名叫赵雪卿，勉强维持着祖传的家业。

赵雪卿共生育了五个儿子。长子赵庆霖，次子赵莲谷，就是赵祖康的生父，三子赵曾阳，四子赵至善和五子赵希贤。

赵莲谷为人忠厚老实，爱读书，求上进，只是时运不济，应考秀才未中。弱冠之后，与同乡姚孺娟结为夫妇，恩爱有加。婚后添了一女二男，生活其乐融融。不料好景不长，赵莲谷英年病逝，时仅 27 岁。生下的孩子中，先后有一双儿女也不幸夭折，只剩下赵祖康一人。

中国古语云：人生有三大悲剧，少年丧父，中年丧妻，老年丧子。来到人世才短短三年的赵祖康，连父亲的印象都来不及建立，便失去了父爱。从此，他和年轻的寡母相依为命。

失去丈夫的姚孺娟全靠丈夫家留下的几十亩薄地的地租收入维持生计，与儿子相依为命。她把全部的爱都倾注到了年幼的儿子身上。

姚孺娟生于书香门第，虽目不识丁，对儿子的教育培养却非常重视。她决心要把这个唯一的儿子培养成一个有知识、有文化的人。

赵祖康自幼聪慧懂事，勤奋好学，追求上进，特别爱听故事、爱思考，也爱提问题，记忆力特别出众。

赵祖康五岁那年，姚孺娟就把他送到附近一所私塾去读书。在这里，赵祖康开始接受中国传统文化的启蒙，从早到晚，跟着老师学习、背诵《三字经》《神童诗》。

赵祖康酷爱读书，即使在课间休息时间，多半也是坐在教室里静静地看书。

赵祖康认真勤奋，加上天资聪慧，很快在学生中崭露头角，得到老师的赏识和嘉奖。看着唯一的儿子如此争气，姚孺娟有说不出的高兴。她的辛勤付出得到了最好的回报。儿子虽然年幼，但已看到希望。

更令姚孺娟欣慰的是，儿子对她百般孝顺。成婚以后，赵祖康就将母亲接来同住，颐养天年。老母亲帮他抚育儿女，支持他为国奔波，建功立业。

赵祖康即便在辗转筑路的艰难岁月仍时时惦记着母亲。1937 年，他在旅途中用餐时，触景生情，写下一首《冠生园食鱼念母亲》，诗中写道："隔座乡音笑语稠，无言闷饭酒家楼。鱼头美比亲调味，贵筑山深水东流。"赵祖康对母亲的思念之情跃然诗中。

姚孺娟在儿子家里受到儿孙们的尊敬爱戴，生活十分愉快，度过了几十年幸福的晚年生活，直到 1956 年谢世。

赵祖康在私塾接受两年启蒙教育后，开始接触新学，阅读商务印书馆新出版的国文教材，继而进入新式学堂——松江泖秀小学求学。

泖秀小学由进步绅士赵企鹤创办。这所小学除了教授国文，还教授算术、体操、绘画和音乐等课程。一年后，他转入本县崇文小学读书。

新式学校的课程拓展了赵祖康的知识面，更开阔了他的视野，陶冶了他的性情。

赵祖康在学习上一直名列前茅，受到老师、同学们的一致好评。四年级时，经学校推荐，他跳级考入华亭县立第一高等小学学习。

这所学校增设了英语、格致（即理化）、手工、修身和劳动等课程。

赵祖康的求知欲非常强，兴趣也很广泛，什么都想学，什么都想懂。他几乎把所有的时间都用在学习上，认真踏实，一步一个脚印。因此，进步很快。

赵祖康不仅注重学习书本知识，同样注重实践知识。学校的每一堂劳动课他都认真参加，动手动脑，增长才干。这一良好的生活习惯使他终身受益。

在学校求学期间，赵祖康对各门功课都很认真，但他最喜欢的是文学，作文更是他的强项。每次作文，他都充分

赵祖康获得学行兼优不缺课奖

酝酿，巧妙构思，力求写出特色，写出新意。所以，他的作文受到老师的好评、同学的推崇。

有一年，县里举行全县作文比赛，赵祖康被推荐为代表参加。他撰写的《校前二古柏记》得到县里颁发的金质奖章。

1914年，赵祖康以全校第一名的优异成绩毕业考入江苏省立第三中学。

江苏省立第三中学（现在的松江二中）在上海近代史上颇负盛名，是开一代新风的新式学校。

据《重修华亭县志》记载，该校的前身是清朝著名的云间书院，兴建于清乾隆十八年（1753年），开办于乾隆五十三年（1788年）。

另据《续纂华娄县志》（残稿）记载，清光绪二十八年（1902年），全国开始推行新学，云间书院改为松江府学堂，光绪三十年（1904年）正式开学。

辛亥革命后，复改名为江苏省立第三中学。

江苏省立第三中学秉承创办以来的办学方针，坚持严格要求，以培养卓越人才为己任。学校的每一位教师都学有专长，治学严谨，著名的摄影大师郎静山当年也曾在此任教，师资力量之雄厚，可见一斑。

江苏省立三中还有不少教师，在当时的时代风云变幻中，站在潮流的前沿，向学生灌输了许多进步思想，这对世界观正在形成中的赵祖康产生了重要的影响。他在中学学习时，有一位教国文的老师是同盟会会员。这位老师给学生们传授过许多进步思想，还介绍他们阅读陈独秀创办的《新青年》杂志，鼓励学生跟上社会发展潮流，逐步放弃用文言文写作，学习用白话文写作。

自幼酷爱学习的赵祖康进入江苏省立三中，恰似鱼儿得水，学业进步飞快，加上老师的格外青睐和悉心培养，他的文化根基打得更加扎实。

其时，赵祖康的兴趣爱好依然在文学艺术方面。平时，除文化知识课程外，他花费大量时间广泛阅读中外文学名著，不断提高自己的文学修养和艺术鉴赏能力。

同时，他开始学习文学创作，梦想将来成为一名文学家。学校的老师对他的文学素养给予很高的评价，有的老师甚至赞誉他是文学天才。他在省立三中杂志上发表的《窗下常识——国文读法以得》一文，证明其文学才华，不愧得此评价。

> 看读写作，国文之四要素也。而读与作，复有极大之关系焉。昔者曾文正[1]初见张廉卿[2]，为读曾子固[3]文一首，而廉卿文因以大进。读法之为重，从可知矣。康不敏，谨就管窥所及，略述国文读法一二，以就海内文家之郢正[4]焉。
>
> 大抵文有尚骨、尚气、写理、写情，刚柔阴阳之分，而读法亦因之有异。如抑扬读也，快读也，重读也，不一而足。然若平平讽诵，无神情气势以副之，则等之自刽矣。
>
> 抑扬读者，蜜咏恬吟，抑扬尽致，读文之情也。读时当想像当日作者之一种神情。如待漏院记[5]中"待漏之际，相君其有思乎"一句，读时能想到作者所想于相君之一种神情，则相君之如何，假寐兴思，作者之如何摇头构想，宛在目前矣。
>
> 快读者，读文之气也。秦汉以下之文尚气，韩潮、苏海，其

---

1 曾国藩（1811—1872），初名子城，字伯涵，号涤生，宗圣曾子七十世孙。中国近代政治家、战略家、理学家、文学家，湘军的创立者和统帅。与胡林翼并称"曾胡"，与李鸿章、左宗棠、张之洞并称"晚清四大名臣"。官至两江总督、直隶总督、武英殿大学士，封一等毅勇侯，谥曰文正。

2 张裕钊（1823—1894），字廉卿，号濂亭，湖北武昌鄂州人。晚清官员。道光二十六年（1846）中举，考授内阁中书。后入曾国藩幕府，为"曾门四弟子"之一，被曾国藩推许为可期有成者。生平淡于仕宦，自言"于人世都无所嗜好，独自幼酷喜文事"，曾主讲江宁、湖北、直隶、陕西各书院，培养学生甚众，范当世、马其昶等都出其门下。其书法独辟蹊径，融北碑南帖于一炉，创造了影响晚清书坛百年之久的"张体"，被康有为誉为"千年以来无与比"的清代书法家。有《张廉卿先生论学手札》等墨迹多种行世。主要著作有《濂亭文集》8卷，《濂亭遗文》5卷，《濂亭遗诗》2卷。1916年，裕钊后人重刻文集，与遗文、遗诗，合为《濂亭集》。

3 曾巩（1019—1083），字子固，建昌军南丰（今江西省南丰县）人，后居临川，北宋散文家、史学家、政治家。曾巩天资聪慧，记忆力超群，幼时读诗书，脱口能吟诵，年十二即能为文。嘉祐二年（1057），进士及第，任太平州司法参军，以明习律令，量刑适当而闻名。熙宁二年（1069），任《宋英宗实录》检讨，不久被外放越州通判。熙宁五年后，历任齐州、襄州、洪州、福州、明州、亳州、沧州等知州。元丰四年（1081），以史学才能被委任史官修撰，管勾编修院，判太常寺兼礼仪事。元丰六年（1083），卒于江宁府（今江苏南京），追谥为"文定"。曾巩为政廉洁奉公，勤于政事，关心民生疾苦，与曾肇、曾布、曾纡、曾纮、曾协、曾敦并称"南丰七曾"。他文学成就突出，其文"古雅、平正、冲和"，世称"南丰先生"，是唐宋八大家之一。

4 郢正：犹斧正。以诗文就正于人。

5《待漏院记》：选自《四部丛刊》本《小畜集》，作者王禹偁。文章以宰相待漏之时的不同思想状态，将宰相分为贤相、奸相、庸相三个类型，褒贬之意非常鲜明，反映了作者对现实政治的忧虑、批判与幻想。

气致之也。读时须想像当日作者一笔数十行之气概，而后文亦如潮如海之夺口而出矣。此法以少年人读少年人文字最宜。然而，人之得天地阴柔之气胜者，每未能快读如我所云也。

重读者，读文之骨也。秦汉以上之文尚骨，读时当字字作金石声，而于文句中字之老者、练者、坚者、厚者、奇者、精者、确者、重者，尤能读之，如千百斤量，由喉间历落而出，以腾跃于纸上。如史记管晏列传中"天下不多管仲之贤，而多鲍叔之能知人也"之两"多"字，何等重着，此法实读法中上上乘，盖以并能读出骨中所寓之气，斯为贵也。

很难想象，这样一篇文言文出自一位中学生之手。

由文可见，赵祖康阅读面之广，阅读量之大，阅读态度之认真。不仅如此，他还善于在阅读时感悟总结，把阅读积累与人的内心思想连接，归纳总结，提升阅读所得。

多年以后，在上海的《东南风》杂志上，刊出朱衣写的一则短文，题目是"土木才子赵祖康"。文章对赵祖康的文采作了这样的评价："赵于求学时，虽所习为土木工程，尤酷爱文学，研习余暇，勤于阅览科学、地理、艺术等书，其书法好董其昌，诗好龚自珍，文好柳宗元，故在校中有土木才子之诨号，同学咸以此称之。"

风云激荡　立志报国

赵祖康生长在近代中国大动荡、大变化的时期。

这一时期，中国发生了一系列影响深远的历史事件，对那个时代青年的思想和人生道路产生了重大影响。赵祖康也不例外。

1898年，康有为、梁启超领导发起了著名的戊戌维新运动，这次运动在中国大地产生了广泛的影响，在一时领风气之先的松江，更是波澜迭起。

直到垂暮之年，赵祖康回忆当时的情形，依然记忆犹新："我在少年时候就受到资产阶级维新派的影响。我记得很清楚，我老家在松江县城内三公街上，我家附近的小杂货店里，贴有戊戌维新运动主将康有为、梁启超的画像；有些中老年人，特别是我的一位做小学体育教师的叔叔，思想上比较进步的，常常怀着向往的心情向我叙说康、梁变法的故事。戊戌维新运动是中国资产阶级发动的一次爱国运动，也是他们企图变革旧的社会制度的一次大胆尝试。变法运动虽因封建统治者的镇压而失败，但维新思想从此也就在社会上广泛传播开了。松江在当时是接受新思想比较快的地方。我出生于没落地主家庭，但家庭和亲戚长辈中有不少人要求进步，倾向革新，给予我很大的影响。我就是在这一环境中熏陶、成长起来的。"[1]

戊戌维新运动的余波未息，又爆发了孙中山先生领导的辛亥革命。1911年10月，孙中山先生领导的辛亥革命，推翻了在中国维持了两千多年的封建帝制，建立起资产阶级民主共和国。辛亥革命是中国近代史上更深刻、更伟大的革命。这场革命解放了人们的思想，对当时的年轻一代产生了极其重大的影响。

赵祖康正是在孙中山先生倡导的三民主义思想影响下，萌发求真理、爱国家的理想。

辛亥革命胜利的消息传到松江时，赵祖康深受鼓舞。据赵祖康回忆，松江光复的那一天，他的一位专攻测量学、长期在四方云游的堂舅，跑到他家里，兴高采烈地宣讲起辛亥革命的种种趣闻。

激动人心的话语对赵祖康产生了极大的吸引力。就在那一天，他毅然剪掉梳了近10年的长辫，还燃放鞭炮，在临街的窗口挂上自制的旗帜，表达欢欣的心情。

然而，辛亥革命的成果不久便被反动军阀势力的政治代表袁世凯窃取，中国陷入了北洋军阀的黑暗统治时期。

1913年3月，袁世凯指使亲信派人暗杀了辛亥革命志士宋教仁；

---

1 赵祖康：《回忆五四、展望四化》（未刊稿）。

4月，为了发动内战，袁世凯不惜向帝国主义大举借款。这两件事彻底暴露了袁世凯仇视革命、投靠帝国主义的丑恶嘴脸。

这种情况下，孙中山先生重新举起革命大旗，发动了著名的"二次革命"。此后，李烈钧、黄兴等人也先后举起反袁大旗，在全国各地再一次掀起了轰轰烈烈的革命浪潮。

这时，赵祖康已经13岁。他在一个参加了同盟会的叔叔的影响下，开始关心国家大事。他常常跟着叔叔到松江西门外的火车站去买报纸，时刻关注着革命军讨袁斗争的进展情况，热切希望讨袁斗争能够尽快取得胜利。

但是，"二次革命"遭到袁世凯的残酷镇压而失败。这样的结局使赵祖康深感失望。这种沮丧的情绪长久地萦绕在他的心头，直到晚年，他还依稀回忆起当时的情景和心情。

袁世凯镇压"二次革命"以后，在帝国主义的支持怂恿下，从临时大总统改任正式大总统。1915年1月，袁世凯又与日本帝国主义达成罪恶的交易，以接受日本灭亡中国的"二十一条"为代价，走上了复辟封建帝制的倒退之路，换来了洪宪皇帝的称号。

日本灭亡中国的"二十一条"和袁世凯丧权辱国的倒行逆施在中国社会各阶层引起了极大的震动。全国人民义愤填膺，抗议声浪此起彼伏，高潮迭起。

当这一消息传到省立三中，赵祖康和其他同学悲愤交加，禁不住失声痛哭起来。全校师生举行声讨大会，坚决反对这个卖国条约，誓与袁世凯的罪恶行径斗争到底。

在《江苏省立第三中学杂志》1916年第二期上，赵祖康发表了一首署名诗文，题目是"五禽言"，诗文写道：

　　　　不如归去，不如归去，哪知失道竟寡助；而今身败名复裂，
　　不速归去人难恕；
　　　　不如归去，荒岛呜咽拿翁处。
　　　　行不得也哥哥，行不得也哥哥，父老子弟自张罗；初行再行

已差讹；莫复来去如飞梭；

行不得也哥哥，解甲归田勿蹉跎。

提葫芦，提葫芦，阮囊羞涩典衣沽；淳于一石齐王悟，三闾
独醒楚君孤；

提葫芦，黄粱梦罢作醉徒。

得过且过，得过且过，受禅台前多此贺；民主君主冯颠簸；
筹安反致民坎坷；

得过且过，无须恋恋作奇货。

泥滑滑，泥滑滑，卷入漩涡不能拔；世路沉沉最颠危，宦途
惝惝尤险滑，个中不合度生活。

诗文借用五种禽鸟的鸣叫声，诙谐有趣，既富有少年的想象力，又犀
利地嘲讽批判了袁世凯复辟帝制的倒行逆施；诗文还引经据典，借用古代
君王的反思悔悟，劝诫袁世凯一类沽名钓誉、贪恋权位者，放弃幻想，踏
踏实实过生活。

这场全国性的反复辟、反卖国的正义斗争，是继辛亥革命后，中国人
民反帝反封建斗争的又一次新高潮，极大地激发了全国人民的爱国热情，
使生活在那个时代的青年学生受到了生动而深刻的爱国主义教育，对他们
之后的思想产生了长久的影响。

这一时期，赵祖康除了认真学习文化知识，利用课余时间，阅读大量
进步书籍和文章，开阔视野与胸怀，自觉地把读书和爱国救民紧紧地联系
在一起。

他还手书条幅："勤于读书，爱国爱民"，将其压在自己的书桌上，用
以自勉自励，并为此奋斗一生。

正因为青少年时代所经历的风风雨雨，爱国救国的思想在赵祖康的心
底牢牢地扎下了根。他用毕生的行动实践着青少年时代立下的誓言，进而
把这种刻骨铭心的心绪铭刻在下一代的姓名中。

赵祖康在婚后生育的五个子女，个个姓名里都镶进一个"国"字，赵
祖康的姓名中的"祖"，和儿女姓名中的"国"，恰好组成"祖国"一词，

这从一个侧面反映出他的爱国情。

在青少年时代，赵祖康的四叔赵至善对他的思想影响很大。赵至善思想开明，眼界开阔，向往光明，对赵祖康悉心培养，关怀备至，期望甚殷。他经常给赵祖康讲中国历史上杰出人物的故事，特别是近代史上的维新志士谭嗣同、梁启超等人的事迹，激励他立志有为，奋发向上，学好本领，将来报效祖国。

据赵祖康回忆，赵至善的教诲对他以后人生的选择起了非同寻常的作用。正因为如此，赵祖康一直把他的四叔当作慈父看待，非常尊敬孝顺。

赵至善患肺病去世时，赵祖康闻讯悲痛欲绝，曾经在《弥洒》月刊上发表了名为"哭善叔"的诗文[1]，以致深深的怀念，诗文写道：

> 我记得去年第一次回家看你时，
> 你眠在床上，手支着头，向我说道：
> "二官，你英文程度不够么？你想用功补习么？
> 不，我劝你不，——你要慢慢地。
> 你可知道：
> 要求过人的学问，先得要有过人的精神；
> 要有过人的精神，先得要有过人的体魄；
> 二官，你是身体不结实的，你总要慢慢地。"
> ⋯⋯⋯⋯⋯
> 我总记得每次回家看你时，你对我笑，你对我闲谈，
> 你问我路上的跋涉辛苦怎地。
> 你要我伴你，你又怕我苦闷，时常叫我不要整日的相伴。
> ⋯⋯⋯⋯⋯
> 我最记得去年末一次回家看你时，你倒在床上，苦瘦得不成
> 样子。

---

1 陈秀英选编：《顺着灵感而创作——〈弥洒社〉作品、评论资料选》，华东师范大学出版社，1990年，第 84 页。

你断断续续地、有气无力地。——眼泪流了满面——哭声对

我道：

"二官，你回来看我了么？太迟了！你是我最爱的孩子！

你要是南洋公学毕业了回来看我时，——

咦！我可才喜欢！"

赵祖康对他的四叔怀着真挚情感，正如他在这首诗中所写的那样：

你教导我，像是我慈父；

你悌爱我，像是我亲兄；

你指点我，像是我益友。

弃文学工　工程救国

每一个人在人生道路上都会面临多次选择，有的选择是主动的，有的选择则是被动的。无论哪一种选择都会改变选择者的生活道路。

转眼间，赵祖康到了中学毕业的时刻。和处在这一时期的青少年一样，他也面临着人生道路上的一次重大选择。

此前，对赵祖康而言，文学是他的爱好与擅长。他曾经立志要当一名文学家，创作出能流芳百世的文学作品。当一名文学家也符合赵祖康的个性，他温和多情，文化底蕴厚实，思想活跃，富于幻想。

赵祖康虽然充满激情，爱好文学，但他清醒地意识到，自己毕竟是平民子弟，现实处境和生活压力迫使他必须严肃认真选择。

1918年，赵祖康以江苏省立第三中学毕业考试第一名的优异成绩结束了中学生涯。本来想找份工作，赡养母亲。四叔赵至善闻讯后站出来说，"二官"是块读书的料，不上大学可惜了！这样吧，大家凑下他的学费，待他将来工作后还清。

报考大学时，究竟是继续在文学创作道路上前行，还是放弃文学，转

读理科，他一时难以抉择。但考虑到理科学生毕业后更容易找到工作，赵祖康的目光投向了声名卓著的南洋公学。

南洋公学创办于 1896 年，由时任清朝大臣盛宣怀创办。

1895 年，中日甲午战争，以中国惨败、日本全胜而告结束。由此，中国遭遇了更加深重的民族灾难。

在日益严重的民族生存危机面前，包括盛宣怀在内的有识之士，真切地认识到"自强首在储才，储才必先兴学"。

1896 年 10 月，盛宣怀向清朝光绪皇帝呈奏《条陈自强大计折》，明确提出"练兵、理财、育才"三端为自强根本，并将三方面紧密联系起来，形成系统化的洋务救国自强思想。在这一奏折附呈的《请设学堂片》中提出，在上海创办南洋公学，培养造就政、法、商等兴国人才。

1897 年 1 月 14 日，盛宣怀进一步向清政府上奏，希望尽快在上海兴建南洋公学，以便"早一日开学，即早一日成才"[1]。1 月 26 日，盛宣怀的奏折获得清政府批准。

南洋公学一开始选址在上海老城厢南面的高昌庙后放弃。1897 年 4 月，南洋公学租借徐家汇民屋开办。1899 年 6 月，迁入上海徐家汇校园（即现在上海交通大学徐汇校区所在地）。

盛宣怀设想，要在中国的南方与北方各建一所大学。根据这一设想，他先在天津建立了北洋大学，主要以培养机械、矿冶、电机等工程技术人才为主；而后，在上海建立南洋公学，则主要培养行政、外交与法律方面的人才。

但是，由于客观条件的变化，南洋公学的办学理念无法实现。从 1903 年开始，盛宣怀将南洋公学的办学宗旨改变为"以激发忠爱，开通智慧，振兴实业为主义"[2]，逐步发展为专门的理工科大学。

此后，南洋公学几经更名，至 1911 年 11 月，更名为中国南洋大学堂。1913 年，又更名为"交通部上海工业专门学校"。

---

1 王宗光主编：《上海交通大学史》第一卷，上海交通大学出版社，2016 年，第 19 页。
2 王宗光主编：《上海交通大学史》第一卷，上海交通大学出版社，2016 年，第 26 页。

当时，交通部所属的上海工业专门学校、北京铁路管理学校、北京邮电学校、唐山工业专门学校等散居各地，不便管理。

因此，1920年12月，时任北洋政府交通总长叶恭绰提出，要对四所学校进行调整。1921年，上述四所学校进行统一合并，统一学制，统称交通大学。

1918年夏天. 赵祖康经过艰苦努力，如愿以偿，以优异的成绩，考进了上海工业专门学校（一般仍称"南洋公学"）土木工程系。

入学时，赵祖康遇到一场误会。

(The College Entrance) (校门)

交通部上海工业专门学校校门

原来，因为上海工业专门学校的入学考试题目除了语文，其他考题皆用英文出题，而松江中学的英语比较弱，所以赵祖康在备考期间拼命补习英语，以至于长时间顾不上洗澡洗头，致使头皮严重发炎，只能把头发全部剃掉，留了个光头。

报到那天，一身农家子弟打扮的赵祖康，兴冲冲地背着行囊，来到学校报到处报到，接待教师看着这位土里土气的小伙，怎么也不相信他是入学考试成绩骄人的优等生，以为是有人冒名顶替。

为了解除疑惑，这位教师要赵祖康复述入学考试的作文内容。赵祖康一字不落地背诵起来。接待教师方知错怪了他，连连向他道歉。

考入上海工业专门学校后，赵祖康以百倍的努力，在以前不十分感兴趣的理科领域钻研起来。

赵祖康天资聪慧，学习又极其努力。很快，他的学习成绩就突飞猛进，名列学校前茅。

本科一年级	王庆禧	李焘骏	赵祖康	华祖冀	窦瑞芝	杨锡镠	徐世雄	侯绍襄
国文			八三					
解析几何			七八					
木工			八七					
化学			八八·四					
图画几何			八九					
英文			六八					
统计			四九三·四					
平均			八二·二三					
资格								

赵祖康大学一年级学习成绩
（上海交通大学档案馆提供照片）

据上海交通大学档案馆馆藏学业档案显示，在 1919 年土木科第一学期期末考试中，赵祖康国文 83 分，解析几何 78 分，木工 87 分，化学 88.4 分，图形几何 89 分，英文 68 分，总分 493.4 分，平均 82.23 分，名列全级第六名。

赵祖康进入上海工业专门学校读书，正是我国社会动荡的时期。内有战乱，外有侵扰，这样的客观环境使他充满忧国忧民的爱国情怀。

1919 年 5 月 4 日，北京爆发声势浩大、影响波及全国的五四运动。赵祖康和全校的进步学生一起积极投身支援爱国学生运动的斗争。当时，他积极参加学校学生会的领导工作，领导学生上街进行宣传活动，在校内创办宣传刊物，成为南洋公学的学生会领袖人物。据记载，1920 年，赵祖康一度担任南洋公学学生会的评议长。[1]

虽然赵祖康积极参加爱国政治活动，但这并不影响他认真学习，学习成绩始终名列前茅。他始终牢记蔡元培先生的名言："读书不忘救国，救国必须读书。"据交通大学的学习成绩档案记载，他的各科学习成绩，都在优良之间，在全校跻身前三名。这是他后来得以被保送出国留学的原因。

1920 年 12 月，北洋政府交通总长、"交通救国论"的代表性人物叶恭绰，鉴于交通部下辖的三地四校（上海工业专门学校、唐山工业专门学校、北京铁路管理学校和北京邮电学校）散设各处，各自为政，组织不相联属，专业设置重复，学科程度参差不齐，决定整顿交通教育。

1《本校学生会小史》，《民国十年级纪念册》（1921 年），上海交通大学档案馆馆藏档案 LS3-362。

首先，以"南洋为中坚"，将四校合并成一，首次定名为"交通大学"，总部设于北京，在北京、唐山、上海设三个分校，简称"交大沪校""交大唐校""交大京校"。这是交大发展史上一个重要的里程碑。其次，为了优化学科资源，提升办学层次，交大三校展开了历史上第一次院系调整。按照规划，沪校专办理工部之电气科、机械科；唐校专办理工部之土木科；京校专办经济部之管理科。据此，沪校的土木科调归唐校，铁路管理科迁至京校，唐校新设机械科和京校电气工程班调归沪校。根据调整要求，赵祖康便转到唐山学校学习。

离开家乡，离开亲人，给年仅20岁的赵祖康带来许多困难，平添了几分乡愁，也少了与社会的联系。这一切让关心祖国命运的赵祖康增添了失落和惆怅。但是，从另一个角度看，客观环境的变化更有利于他潜心学习、刻苦钻研。他在唐山的近两年时间里，打下了专业知识的坚实基础，为以后献身公路建设与市政建设事业创造了很好的条件。

1922年，赵祖康以优异的成绩从交大毕业。在赵祖康的毕业登记表上，记有这样一段评语：

交通大学唐山学校校门

刘金辉	民國11年9月	同	上
刘執怡	民國11年9月	同	上
范凝珊	民國11年9月	同	上
葛天闷	民國11年9月	同	上
萧篦	民國11年9月	同	上 已 故
姚章桂	民國11年9月	同	上
王慶禧	民國11年9月	同	上
江祖岐	民國11年9月	同	上
王元康	民國11年9月	同	上
李鳴驤	民國11年9月	同	上
邢國标	民國11年9月	同	上
陳崇品	民國11年9月	同	上
楊肇輝	民國11年9月	同	上
竇瑞芝	民國11年9月	同	上
錢天鵬	民國11年9月	同	上
過錫圭	民國11年9月	同	上
楊錫穆	民國11年9月	同	上
徐世雄	民國11年9月	同	上
蔣以鐸	民國11年9月	同	上
趙祖康	民國11年9月	同	上
王汝梅	民國11年9月	同	上

交通部唐山大學（第十三班）

| 姓 名 | 入校 年 月 | 離 校 年 月 | 學 歷 | 備 註 |
| 郭鍾富 | | 民國 12年7月 | 土木科學士 | |

217

交通部唐山大学同学通讯录
（上海交通大学档案馆提供照片）

赵祖康交大毕业照

君以"赵康"行，是个聪明活泼、多情易感，以爱为生命的青年。

他天赋的特秉，在中小学时已很明显。自入南洋，从工程学的枯燥中，感了多少歧路的痛苦和人生的烦闷。但这是短暂的。文化运动既起，他的思想随着转变，他的目前从此开了一条光明而永久的路。

他是文学的天才，社会主义的信徒。假使不错走了路，专治文学，正不知要给人们多少安慰！但他并不失望：看哪，他正努力于工程的艺术化与平民化咧！[1]

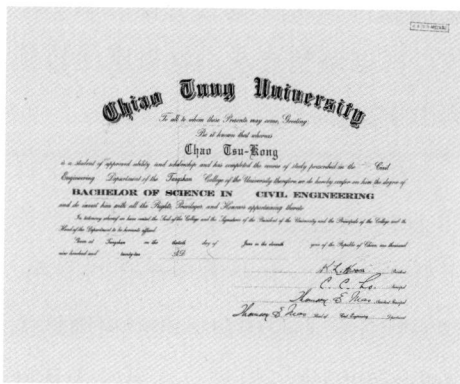

赵祖康的交大毕业证书

同道挚友　英年殉道

赵祖康在中学时代，幸遇一位志同道合的挚友，那位同学的高尚情操和人格影响了赵祖康的一生。他就是中国共产党早期的卓越领导人之

1《交通大学毕业纪念册》（1922 年），上海交通大学档案馆馆藏档案 LS3–359。

——侯绍裘。

侯绍裘，字墨樵，1896 年 6 月
4 日出生于松江县，长赵祖康 4 岁。赵祖
康出生时，4 岁的侯绍裘已入私塾读书。
不过，他进新式学堂学习很晚，13 岁
那年才到华娄高小学习，17 岁时考入
江苏省立第三中学读书。由于这一特殊
的原因，侯绍裘、赵祖康成了同在一所
学校学习的同学。

侯绍裘虽然比赵祖康年长四岁，在
学校却只高一年级。

古语说，道不同，不相为谋。只

侯绍裘烈士

有志同道合者，才可能走到一起。侯绍裘和赵祖康从相识到相知，实属必
然。他们的共同点在于：成绩优秀，思想先进；追求理想，具有强烈的家
国情怀，都希望用自己的青春、智慧和热血去报效祖国。

侯绍裘、赵祖康在中学读书时，中华民族正是灾难深重、危机重重、
民族危亡的多事年代。因此，他们这一代人的爱国情绪特别高涨。

1915 年 5 月 9 日，北洋军阀魁首袁世凯冒天下之大不韪，与日本帝
国主义签订了灭亡中国的"二十一条"。消息传到松江的省立三中，师生
个个切齿痛恨，学生会立即组织全校师生集会，愤怒地谴责袁世凯的卖国
行径，揭露日本帝国主义企图灭亡中国的狂妄野心。青年教师许栋才在会
上痛述亡国灭种的危险，声泪俱下，引起全场强烈共鸣。这时，一位名叫
赵富基的学生，抑制不住内心的激愤，咬破自己的手指，用自己的鲜血书
写下"毋忘国耻"四个大字，把参加集会师生的情绪推向悲愤的极点，全
场一片哭泣声。

侯绍裘和赵祖康义愤填膺，激情澎湃。他们都积极参加这次声讨袁
世凯的卖国罪行的活动。他们感到，反对卖国条约，不能仅仅停留在学校
里搞活动，必须唤醒国人，团结起来，共同抵抗日本帝国主义的侵略。于
是，他们组织学生，走出校门，向群众进行宣传。

原本高赵祖康一年级的侯绍裘，中学毕业后，又进修了一年英语。

1918 年 8 月，侯绍裘、赵祖康一同考入上海南洋公学土木工程专业，成为同系同级同班的同学。他俩还同住一个宿舍，同窗数载，情同手足。直到晚年，赵祖康在回忆这段时光的情形时，依然激动不已，深情地说："绍裘学长对我的启迪与帮助，更是至今难忘。"[1]

进入大学以后，他俩的革命友谊与日俱增。一同上课学习，课后互相关心，互相帮助，关心时事政治，畅谈未来理想，在学业与人生道路上，砥砺前行。

1919 年爆发五四运动，全国各地学生群起响应。侯绍裘和赵祖康积极投身爱国救亡的洪流之中，成了南洋公学有名的先进分子。当时，侯绍裘被选为学生会本年级的评议员。5 月 11 日，上海学生联合会成立，侯绍裘又担任该联合会教育科书记。6 月 16 日，全国学生联合会在上海成立，侯绍裘被聘为全国学联的文牍，负责起草宣言、口号和各种文件。

在学校，侯绍裘以同宿舍的 6 位同学为基础，吸收其他 4 位同学，组成"救国十人团"，成员包括：侯绍裘、赵祖康、赵景沄、谢开庸、汤天栋、江祖岐、王云、殷受宜、张延祥、窦瑞芝。

5 月 26 日，上海学生联合会响应北京学生实行总同盟罢课的号召，领导全上海 52 所中等以上学校约 25 000 人，在老西门公共体育场举行大会。侯绍裘是这次集会的组织领导者之一。

6 月 5 日，上海开始了"三罢"（罢工、罢市、罢课）斗争。帝国主义工部局和警察厅到处拘捕在街头进行宣传的学生，当天就抓去了 130 多人。

凌晨两点，省立第二师范学校派人来找侯绍裘，说他们学校的学生在进行爱国宣传时，被警察殴打受伤，希望南洋公学次日发动示威游行，予以声援。这时，全校同学还在睡梦中，而游行示威活动需要做大量的准备。为此，侯绍裘立刻叫醒同寝室"救国十人团"的成员，赶制全校大游行所需要的传单、标语和旗帜等。他们几个人干劲十足，有的拟稿、书

---

1 上海市文史资料编辑部编：《上海人物史料》（内部刊印）。

写，有的制旗，有的刻钢板、油印，通宵达旦，做好一切准备工作，保证了白天游行的顺利进行。在南洋公学的罢课斗争中，也有不少学生被捕。侯绍裘率领同学去警政当局交涉，设法救出被捕的同学。

这一年暑假，为了使学生运动不致中断，侯绍裘、赵祖康等进步学生留在学校继续从事爱国宣传活动。鉴于在闹市中心地段的宣传活动开展得比较多，而对偏远地区的群众宣传不够，他们决定，选择离学校比较近、以前发表演讲又比较少的法华乡和徐家汇两处地方，定点进行系统的演讲。

为了使他们的宣传活动让更多的普通老百姓也能理解接受，收到更好的效果，侯绍裘等人决定，创办一所义务学校，自己编写教材，对附近的工人群众进行义务教育，提高他们的文化知识和思想水平。

暑假期间，侯绍裘、赵景沄编印出版了一份面向工人群众的通讯报纸《劳动界》，每两天出一期，每期印 1 000 份，直接寄送给工厂、工人团体和订阅者，有一部分直接在松江县城的西门到小东门的大街上分送，收到很好的宣传效果。

秋季开学以后，侯绍裘、赵祖康等又发起成立了"九人书报推销处"（因十人团中的王云此时休学，故得此名）。这九位风华青年自筹资金，自贴车费，利用课余时间，轮流奔走采购，买来各种进步书报杂志，按批发价销售。

他们希望通过自己的辛勤劳动向广大青年学生宣传新思想，让读者读到有价值的进步书籍。

为了扩大进步书籍与杂志的阅读范围，提高宣传效率，他们在销售方式上进行了革新：

一是对所售的书报杂志，自己必须先认真阅读，然后"大书广告，详述其佳点在何处，用处在何处，以告同学"；

二是设立"无人售报处"，在同学们上下课的必经之路，挂一只开小口的木箱，下面放着《星期评论》《星期日》等分成散张的期刊，让同学们自动投钱买书报。

此外，还在木箱旁放上纸和笔，如果有同学要买书报，自己又不便来买，就可以写一张条子放入箱内，由他们九人轮流开箱，送给预定的同学。

当时，在学生中非常畅销的杂志主要有：《新青年》《新潮》《解放与改造》《科学》《少年中国》等十余种，时间持续了两年。

通过销售、推广进步杂志，传播新思想、新文化，对团结引导青年追寻思想真理，作出了积极贡献。对此，《南洋公学年刊》记者曾感慨地说，虽"极欲表现其钦佩之情，顾不能得适当之辞"。[1]

1920年暑假，侯绍裘、赵祖康等回到家乡松江。他们为进一步宣传社会革命，联络赵景沄等8名松江籍同学，在松江联合编辑出版了一份《问题周刊》，即《？》周刊，这本刊物的封面上印着一个大大的问号，新颖独特。在创刊号上，侯绍裘发表了《我们对于社会的贡献》，阐述办刊的宗旨，指出："我们现在这本小册子，就是研究社会上种种最切近的问题，供诸君讨论的，大的像婚姻问题哩，道德问题哩，小的像赤膊问题哩，衣饰问题哩，都想在这一本小册子上发表。我们很希望诸君也加入，和我们讨论。讨论的结果，我们更希望诸君去努力实行。"[2]这份刊物大力宣传社会革新，反对因循守旧，宣传科学知识，反对封建迷信，在松江引起很大的反响，并且扩散至上海。

这时，校方以侯绍裘"举动激烈、志不在学"为由，将他开除出校。同年秋，侯绍裘应邀到江苏宜兴的彭城中学任教。

次年夏天，松江私立景贤女校因经济告竭被迫停办。此时，刚刚回乡的侯绍裘得知这一情况，和同乡朱叔建、钱江春等四处奔走，想方设法筹措资金，接办了景贤女校。侯绍裘兼任校务主任，对学校进行全面改革。他聘请进步教师，特别注意对学生进行革命思想教育。他还依托景贤女校，举办范围涉及松江城区的"松江演讲会"，先后邀请共产党人恽代英、萧楚女、沈雁冰、施存统、杨贤江、沈玄庐等和各界知名人士柳亚子、陈望道、杨杏佛、周建人、叶圣陶、吴研因等到松江来演讲，在松江产生了重要影响。

在松江办学期间，侯绍裘、赵祖康、朱季恂、高尔松、姜长林等又

1《南洋公学九人书报推销处》，上海社会科学院历史研究所编：《五四运动在上海史料选辑》，上海人民出版社，1980年版，第537页。

2《松江评论》，1920年8月1日，第1号。

创办了进步刊物《松江评论》；组织青年问题讨论会，在上海《学生杂志》上发表文章，探讨青年问题，指导青年解放思想、自学成才，走与工农相结合的道路。

1923 年春，经邵力子介绍，侯绍裘加入国共合作时期的国民党。从此，他走上了职业革命家的道路，以半公开身份，在松江从事革命活动。同年秋，在中共上海地方兼区执行委员会的联系帮助下，侯绍裘加入中国共产党，揭开了政治生活中新的一页。

1924 年底，因江浙军阀连续混战，松江无法上课，侯绍裘将景贤女校迁到上海。战事停止后，景贤女校扩充为松、沪两个分部。

1925 年春，他受聘为中共领导的上海大学附中主任。五卅运动爆发后，和恽代英在中共中央和中共上海区委领导下，率领上海和江苏全省国民党组织，参加反帝爱国运动，他担任上海大学学生总指挥。是年秋，受聘于苏州乐益女子中学兼职教务主任。他邀请张闻天、叶天底等人去苏州任教。1925 年 8 月，国民党江苏省党部在上海正式成立，他和柳亚子、朱季恂三人当选为常务委员，他还任国民党省党部的中共党团书记。他们拥护孙中山的三大政策，同国民党右派进行了坚决的斗争。1926 年 1 月，他和朱季恂、刘重民、张应春等人代表江苏省去广州参加国民党第二次全国代表大会。会上，由他们提出，通过了给国民党右派叶楚伦、邵元冲等人以书面警告处分的决定。在侯绍裘、高语罕等代表的要求下，大会决定停止叶楚伦的职务。从此，国民党右派对侯绍裘等人恨之入骨。1926 年 5 月，蒋介石排斥打击共产党和进步人士的"整理党务案"通过后，柳亚子非常气愤，挂冠返苏。朱季恂留广州中央党部工作，江苏省党部的工作全靠侯绍裘一人主持。

1927 年初，国共第一次合作濒临破裂，形势十分紧张。

侯绍裘通过张家惠关照赵祖康设法尽快离开交通大学教职，免遭不测。1927 年 3 月，赵祖康听从侯绍裘的建议，离开上海到武汉，进入交通部国道工程局工作。

1927 年 4 月初，在侯绍裘等人的领导下，国民党江苏省党部从上海迁到南京。4 月 6 日，江苏省政务委员会开会讨论筹建省政府，会议推选李富春、李隆建、张曙时、侯绍裘四人为筹备委员。4月9日，蒋介石在上海策划用暴力"清党"，同时，南京市总工会也被捣毁。当晚，侯绍裘主持召开南京各革命团体紧急会议，决定于10日上午9时召开"南京市民肃清反革命派大会"。第二天，到会群众四五万人，侯绍裘代表省党部愤怒谴责反动派的暴行，要求惩办肇事者；释放被无辜扣压的同志。会后由省党部执行委员刘重民等人带领，全体整队到国民革命军总司令部向蒋介石请愿，遭到反动派的血腥镇压。当晚11时，侯绍裘召集各革命团体的共产党负责干部举行紧急会议，商量对策。由于机事不密，会场被反动警察包围，侯绍裘、谢文锦等10人一起被捕。被捕后，他英勇不屈，始终坚持斗争，表现了共产党员大无畏的革命精神，惨遭杀害，时年31岁。

侯绍裘牺牲时，赵祖康在江西国道测量队工作。噩耗传来，赵祖康感到"悲痛万分，如丧手足"。

几十年以后，赵祖康回忆往事，依然满怀深情，他说："侯绍裘是我的学友，也是我的良师。可以这样说，侯绍裘是第一个用社会主义思想和实际行动对我进行启迪的人。我后来追求进步，追求光明，并终于走上人民之路，是和他当时对我的真诚帮助和巨大影响分不开的。"

侯绍裘牺牲后，赵祖康把深情怀念融入对侯绍裘亲属子女的照顾上，对他的儿子侯焕昭视如己出，关怀备至。据侯焕昭的儿子侯进介绍：侯焕昭自幼品学兼优，继承父亲的遗志，考入江苏省立松江中学，酷爱文学和外语。在中学求学期间，就翻译了美国著名作家赛珍珠的《荒芜的春天》，发表在1933年第2卷第1期《江苏学生》上，这是最早出版的赛珍珠作品译本。后考入浙江大学土木工程系。抗战爆发前夜，因参加政治活动，被国民党浙江省党部便衣特务诱捕。经时任浙江大学校长竺可桢帮助，侯焕昭得以保释出狱。此后，赵祖康为了保护他免遭国民党的政治迫害，借修筑汉渝公路之机，将侯焕昭安排到重庆工务局工作，继而又安排到四川省公路局工作。

赵祖康对侯绍裘的弟弟侯砚圃同样非常关心。侯砚圃1901年出生于松江，小赵祖康一岁。1916年，侯砚圃进入上海澄衷中学学习，毕业后，先后在南开大学和复旦大学学习。毕业后长期在松江县立中学与江苏省立上海中学教书，期间一度到商务印书馆任职。1945 年 9 月，赵祖康从重庆返回上海担任工务局局长，旋即将侯砚圃安排到市工务局担任专员、秘书。上海解放前夕，赵祖康对侯砚圃委以重任，作为"代理市长"联络秘书，负责与人民解放军军代表联络，配合接收工作。新中国成立后，赵祖康到民革工作后，又将侯砚圃介绍到民革上海市委会工作，先后担任秘书处副处长、处长、组织处长、副秘书长。

赵祖康对侯绍裘子女亲戚的关怀照顾是他俩革命情谊的历史见证。

两代情谊　源于理想

在赵祖康的人生道路上，给他重要影响的还有一位英年早逝的进步人士——钱江春。赵祖康与钱江春志同道合，心心相印，共同追求革命理想，结下深厚情谊，并且把情谊传递给下一代，这直接影响到赵祖康上海解放前夕的关键抉择。

赵祖康与钱江春是同乡同学。钱江春出生于 1898 年，长赵祖康两岁。钱江春的家境比较富裕，父亲钱小斋是前清的举人，也是个思想开明的乡绅。

钱江春是钱小斋的独生子。自然，钱小斋对钱江春抱有极大的人生寄托，他特别重视对儿子的教育，从小就为他聘请了老师，讲授中英文和新文化知识，为他开阔视野，提高文化修养。同时，还邀请同村的其他适龄儿童一起听课，接受教育。

在钱小斋的细心培养下，钱江春的学识修养与人生追求都与日俱增，成长为一个有理想、有追求的进步青年。

1914 年，钱江春以优异的成绩考入江苏省立第三中学。在这所学校，钱江春与学弟赵祖康认识，二人一见如故，志趣爱好也很相投。1916 年，钱江春毕业于江苏省立第三中学，考入杭州之江大学，与著名作家胡山源同窗。

1920 年，钱江春大学毕业，经同乡朱叔建介绍，在南京江苏省议会任文书，后与原松江清华女校学生吴佩璋自由恋爱而结婚。

次年，由胡山源介绍，钱江春进入中华基督教青年会全国协会书报部任编译，在该会出版的《青年进步》月刊翻译稿件。期间他翻译了美国人Wheeler 所著的《世界大战与中国》一书，自费出版。还用业余时间，入东吴大学法学院夜校部进修法学。

在当时进步潮流的影响鼓舞下，钱江春与赵祖康在松江地区积极开展宣传革命的进步活动。

为了传播新思想、新文化，教育培养有志青年，钱江春与好友侯绍裘、朱季恂接办了松江景贤女校。

为了顺利接办景贤女校，钱江春不仅把自己在商务印书馆工作的收入用于办学，还欠了一大笔钱。当时有人在钱江春签名的借据上，看到他写的"所借款项，待到家父天年之后，本利归还"字样。

钱江春在经济上倾囊而出，在课程设置上也是殚精竭虑，开设全新的课程，希望培育出一代有志有为的青年。除了日常课程，钱江春等还邀请恽代英、萧楚女、邵力子、柳亚子等活跃在政坛的名流到校开课宣讲，还邀请了茅盾、叶圣陶、施蛰存、陈望道等文坛宿将来校作报告，全面提高师生的政治觉悟和学识水平。

景贤女中创办不久，便在松江乃至上海、全国声名远扬。茅盾曾经高度评价道："我很佩服他们有勇气排斥一切冷淡的、固执的、没有抵抗的、要的空气，而火辣辣地作自己的事。"柳亚子在《怀旧集》中，赞扬景贤女中是当时"江苏南部的革命摇篮"。诚如柳亚子所言，在钱江春、侯绍裘、赵祖康等人的共同努力下，景贤女中的师生中涌现出许多有理想、有胆识的仁人志士，还有一些人为革命献出了年轻的生命。

钱江春为了实现爱国报国的崇高理想，投入全部的热情与才智，甚至不惜以健康和生命为代价。

钱江春虽天性聪慧，充满热情，奈何生来体弱多病，健康状况一直不佳。投身进步运动以后，长时间刻苦学习，关心国家安危，为社会发展进步呼号奔走，出钱出力，进一步损害了他的身体健康。

1927 年冬，松江地区伤寒流行。钱江春本来就多病缠身，加上劳累过度，不幸受到伤寒侵袭，一病不起，不久便与世长辞。

白发人送黑发人，何其伤痛！钱小斋还要在儿子病故后承担儿子为办学欠下的巨额债务。

钱江春的高尚人品与爱国情操受到好友的高度评价。赵祖康的儿子赵国屏说，他父亲生前曾多次动情地称赞，钱江春是不可多得的杰出人才。胡山源在回忆文章中也饱含深情地写道："江春兄是我平生最知己的知己。"[1]

钱江春生前与本地才女吴佩璋自由恋爱成婚，在松江地区开了一时新风。

吴佩璋出生在一个书香门第，父母亲都是很早就接受新思想洗礼的开明人士。因此，吴佩璋自幼成长在宽松自由的家庭氛围中，还进入了由同盟会会员夏昕渠创办的清华女校求学。据胡山源介绍：吴佩璋"毕业于上海美术专科学校，素来爱好艺术"，《弥洒社创作集》一、二在上海商务印书馆出版时，它们的封面画，出于吴佩璋之手"；"她对于旧文学的造诣相当深，能写合格的旧体诗，字也写得端秀，外表落落大方，有林下风范，谁都称赞她和江春兄是'一对璧人'"。"1927 年春钱江春因伤寒去世，她曾吞金自杀，经过抢救，幸而脱险。"[2]

吴佩璋与钱江春婚后育有一子三女，女儿钱挹珊排行老三，聪慧美丽，颇受父母喜爱。

赵祖康夫人张家惠送给吴佩璋的照片

---

1 胡山源：《文坛管窥——和我有过往来的文人》，上海古籍出版社，2000 年，第 86 页。
2 胡山源：《文坛管窥——和我有过往来的文人》，上海古籍出版社，2000 年，第 226 页。

赵祖康与钱江春的革命友谊在钱江春的女儿钱挹珊那里得到传承。在上海解放前夕，演绎了一段历史佳话。

1927年，钱江春去世时，钱挹珊年仅六岁。年纪虽小，但父亲的爱国热情，为工作、为朋友、为景贤中学尽心尽责的身影，在她幼小的心灵深处，留下了深刻的烙印，埋下了追求进步、崇尚真理的种子。她曾在加入中国共产党的志愿书中写道："父亲的自我牺牲精神，为了一个进步的理想借债办学的事迹，使我非常敬仰，也是我后来能够接受进步思想的基础和动力。"[1]

钱江春去世几年后，吴佩璋携儿带女，离开松江到上海谋生。

钱挹珊自幼酷爱音乐，并且早早展露出良好的音乐天赋。

因此，吴佩璋在钱挹珊中学毕业后，把她送入上海国立音乐专科学校（上音）学习大提琴。

当时，在上海国立音乐专科学校学习大提琴的有三个学生：钱挹珊、李德伦（后曾任中央乐团团长兼指挥）和纪汉文（大提琴演奏家，著有《大提琴演奏法》等专著）。他们三人一同在白俄教授舍夫索夫班上学习。

从1939年到1946年，他们共学习了七年大提琴专业。学习期间，钱挹珊充满理想，追求进步，积极参加由地下党领导的学生运动，成为学运积极分子。当时，钱挹珊的闺中密友、上音学生会主席李珏，对钱挹珊思想进步影响很大。

1946年以后，国民党在上海的白色恐怖不断加剧，大肆逮捕地下党和进步人士，上音的不少地下党员和进步学生纷纷去向延安。李德伦和李珏先后离开上海，奔赴延安，他们都是先搬到钱挹珊家暂住，而后转去延安。

在白俄教授舍夫索夫班上，钱挹珊与曹石峻结识。曹石峻虽然不是上音的学生，但他酷爱音乐，也在努力学习大提琴。

曹石峻1910年生于天津，祖籍上海浦东。青少年时期因家境贫苦，曾当过学徒、店员、小职员等，后与人合办公司，从事商业活动。他是惠

---

1 徐云：《钱挹珊、曹石峻夫妇的传奇人生》，《上音通讯》2009年第8期。

安贸易公司经理，从事进出口贸易活动，并有一艘大型运输轮船。他虽然从事商业活动，但喜爱文艺、音乐，家里有大量的进步图书和音乐唱片，并结识了不少文艺界的进步朋友。

抗日战争期间，曹石峻曾多次筹款，购买制造枪炮的无缝钢管和医药等军需物资，通过烟台转运到解放区去，并以商人的身份掩护、资助文艺界进步人士。

1944年，在袁水拍等地下党员的引导下，曹石峻走上革命的道路。与钱挹珊结识以后，由于共同的爱好和参加各种进步活动，他们从相识、相知到相爱，喜结连理，共同投身革命事业。

婚后，他们住在复兴路乌鲁木齐路的"绿村"2号。他们的居所成为上音进步人士和共产党人的聚会点，也是进步文化人士的"避风港"。钱挹珊回忆说："有事时他们在里面高谈阔论，我就在外面为他们望风放哨。"

作家徐迟在他的《江南小镇》一书中写道："在上海最有意思的是我的那一帮好朋友，专门邀请我们去曹石峻家里会见，并请吃晚饭，来会见的有朱洁夫、曹石峻之外，还有曹的夫人钱挹珊（大提琴家），崔宗玮（《美国生活》画报的文字编辑），《大公报》记者高集、高汾两口子，外科医生李颢和他的夫人，还有诗人袁水拍和瞿希贤（女作曲家）等。我差不多每个月要去一次上海，每次都必定会和他们会面的……"作家柯灵也以曹石峻为原型，创作了小说《小城春秋》。

"绿村"2号不仅是地下党和进步文化人士的活动据点，更是不少革命青年奔向革命根据地的中转站。上音地下党员陈良（后为上音副院长、指挥家）在上海暴露后，奉命转移去香港，就是曹石峻给他买票，并亲自送他上船的。作家徐迟也是从他们那里出发转赴延安的。

1946年春夏之交，中共地下党领导的"上海音乐协会"成立，瞿希贤、黄柏春、李德伦、李珏、陈皓、曹石峻等同志参加协会的筹备工作，当选为协会理事。李珏介绍说，在老音专时，我们学生还曾组织了一个"中国青年交响乐团"，李德伦负责业务，曹石峻则负责财务，出钱筹建，记得当时首席小提琴是马思聪的弟弟马思宏，指挥是法兰可，瞿希贤、谭抒真、王端玮、李珏、钱挹珊等都在其中。同年，周恩来在上海与国民党谈判期间，曾派人购买乐器，欧阳予倩和曹石峻都送了部分乐器。李德伦也是在中共代表团撤离上海时，跟随去了延安，参与筹建中央乐团，贺绿汀担任乐团第一任团长。

如前所述，赵祖康与钱挹珊的父亲钱江春是同乡、同学，还是亲密的朋友。钱江春不幸去世后，赵、钱两家保持着紧密联系，赵祖康还将钱挹珊哥哥认作义子。钱挹珊的母亲对赵祖康的一些亲戚也不时提供帮助。赵祖康在钱家遇到危难时，也用自己的社会影响，出手相援。

1948年7月，曹石峻因"套购外汇"罪，被上海警备司令部逮捕。应钱挹珊的要求，赵祖康千方百计寻找关系，将曹保释出狱。

1949年初，解放大军步步逼近上海。赵祖康的亲友怕他的母亲年老体弱，经不住惊吓，劝他们离开上海。赵祖康的夫人打电话给钱挹珊夫妇，托他们买船票，准备离开上海。

钱挹珊、曹石峻为此多次去赵祖康家，向他们宣传共产党、解放军的政策，劝说他们不要离开上海。

当时，赵祖康已接受钱挹珊、曹石峻的建议，考虑留在上海。女儿赵国聪、赵国明也受到进步思想的影响，决心留在父亲身边，与他一起迎接上海解放。

赵祖康根据母亲的实际情况，听从工务局王世锐处长建议，让夫人张家惠带着母亲和三个年幼的孩子，去王世锐的老家福建躲避战火。

此后，赵祖康与钱挹珊、曹石峻的关系更加密切，联系更加频繁，最终促成赵祖康人生的重大转折。

义务办学　普及教育

经过五四运动的洗礼，侯绍裘、赵祖康等人更加清醒地认识到，中华民族的振兴，道路漫长而曲折。当务之急，是要从头做起，先设法普及科学文化知识，大力提高劳苦大众的文化水平。基于这样的认识，他们设想用自己的绵薄之力，在普及教育方面做一些实际努力。

　　侯绍裘说过,"南洋义务学校,是五四运动的产物。当五四运动初起的时候,我们惟一唤醒民众的方法是露天演讲。后来发现了这种肤浅的方法靠不住,才有开设义务学校的计划。南洋义务学校,就是在这个时候应运而生。"

　　"在这样动机下产生的义务学校,他的目的,自然在宣传爱国思想和灌输国民常识了。""南洋义务学校以教育成年之平民,灌输以人生所必须之常识,以养成其健全之人格,并使之成为劳动运动中之中坚人物为宗旨。"[1]

　　说干就干,是这些热血青年的可贵之处。尽管以后的事实证明,他们做了一件他们力所不能及的事情。但是,他们对民族、对国家、对未来的忠诚与奉献是难能可贵的。

　　经过短短一个多月的筹备,1919 年 7 月,他们创办的第一所南洋公学义务学校开学。他们的行动得到校方的支持,校方出租几间旧房给他们,供办学之用。

　　1919 年 7 月 14 日,这一天,对侯绍裘、赵祖康和赵景沄等热血青年而言,是极为神圣的日子,他们的理想终于付诸实践了。在徐家汇谨记桥的一间草房内,聚集着来自四面八方的贫苦工人和其他劳动者,他们到这里来学习文化知识。

　　面对着坐在讲台下的劳苦大众,侯绍裘、赵祖康、赵景沄激动不已,他们感到他们是在做一件很有意义的大事。在摇曳昏暗的灯光下,侯绍裘向来这里学习的学生作了充满激情的演讲,称赞这些工友的好学上进精神,向他们讲解学习文化知识的重要和必要,鼓励他们克服一切困难,扫除文盲,做一个有文化、有知识的新公民,为中华民族的振兴作贡献。动情的话语、真挚的情感感动了每一个工友。

　　按照侯绍裘、赵祖康、赵景沄的设想,是要通过几年的艰苦努力,"给失学的工商界人一个补习的机会:灌输他们紧要的常识,并使他们粗通文理,能够阅读浅近书报及发表浅近文字"[2]。

---

1 中共上海市委党史研究室等编:《侯绍裘文集》,上海远东出版社,1995 年,第 19、21 页。

2 赵景沄:《本校学生会徐家汇义务夜校纪略》,上海交通大学馆藏档案 LS3-362。

　　夜校刚开办时，开设国文、常识和英文，招收学生 30 人，由他们三人承担全部教学任务。除了英文教材以外，其他两门课程的教材均由他们自己编写。学生的学杂费用以及学生的文具用品由交通大学学生会全部承担。

　　良好的开端极大地鼓舞了办学者的信心。看到上夜校的工友们文化知识的点滴进步，他们感到无限的欣慰，觉得付出的代价、花费的心血，已经得到了回报。因此，他们一时间曾设想，要把义务夜校由短期改变为永久性的夜校。交大一届一届学生的不懈努力，为扫除文盲建功立业。但是良苦的用心很快就被失望和无奈所取代。

　　牺牲一定的时间和精力，他们在所不惜，然而，现实的许多困难，是他们原先没有充分估计到的。夜校秋季开学以后，首先遇到的困难是，校方接到交通部的指令，不允许向义务学校提供教学用房，开学险些受阻。

　　面对突如其来的困难，侯绍裘意志顽强，决心坚定。他东奔西走，寻找办学用房，最后经交大附小教师沈叔逵介绍，在虹桥法华第二国民学校借了两间教室，才使夜校得以继续开办。这时，夜校的教师增加到了 6 个人，学生也增加到了 40 余人。

　　为了使教学取得成效，他们根据在校学生的不同情况，分成两个班，一个班级的学生已经初识文字，另一个班级的学生则都是文盲，而且都是一些农家子弟，年龄只有十几岁。从他们招生的情况来看，情况也不是很理想。但是，在如此艰难的条件下，侯绍裘、赵祖康等依然满怀信心，以极其认真严肃的态度，耐心地进行教学工作，使这些学生缓慢地有了进步。由于夜校的学生大多居住在徐家汇一带，到虹桥上课，来回要走很长一段路，颇为不便。因此，侯绍裘等一边坚持正常的教学，一边设法寻找新的办学场所。1920 年 5 月，他们在徐家汇天钥桥路附近找到一处新校舍，重新把夜校搬到徐家汇。

　　搬到徐家汇以后，侯绍裘、赵祖康和赵景沄重新起草了一些章程，把编定的学科整理一下。据教员赵景沄回忆：

　　　　（1920 年）暑假期内，侯绍裘君和教员赵祖康君和我，重新
　　　草了一些章程，把编定的学科更新整理一下……本来修业期限，

并无一定，但我们知道决不能把一班学生，无限制的一直教下去；我们就把程度分做四班，每班修业半年，合共二年，国文自识字起，至能作通顺之文字止，其他算学历史地理常识等课，也依各班国文程度插入。[1]

作为早期三大教员之一，赵祖康主要负责协助南洋义校建章立制，教书授课，是侯绍裘不可多得的助手。

本来租定的房屋只有一间大教室，两班同时上课，不免杂乱；又因在热闹地点，门前电车的声响和附近顽童的打扰都于授课有碍，他们就决定暑假以后，另找比较僻静的地方，租一所两间的房屋。他们把学生按不同程度分做四班，每班修业半年，共两年，国文自识字起，至能作通顺之文字止，其他算学、历史、地理、常识等课，也依各班国文程度插入。每班定每晚上课一小时；两班在 7 时至 8 时止，余两班在 8 时至 9 时。[2] 经过他们的不懈努力，一时间，要求上学的学生又增加到了六七十人。眼看自

1921 年徐家汇义务夜校教职员学生全体合影

---

1 《本校学生会徐家汇义务夜校纪略》，《民国十年级纪念册》（1921 年），第 111 页。

2 赵景沄：《本校学生会徐家汇义务夜校纪略》，上海交通大学档案馆馆藏档案 LS-362。

己的努力得到积极响应，几位热血青年倍感振奋，几个月的辛劳顿时烟消云散。

然而，困难接踵而至。因来夜校上学的学生年龄大小不一，素质参差不齐，更有许多幼孩也来凑热闹，使学校的上课秩序受到很大的影响。面对这种情况，他们深感力不从心，"这小小的学校，断不能负多少教育的责任。况且对这班小孩子，他们有一天的放荡，我们片刻的约束，真是'一曝十寒'决不能生什么效力。从效力上讲，很不上算。又因小孩的脑力，小孩的经验，都不能和成年人受同样的教授，我们决定以后索性完全不招小孩，补救的办法，只是劝他们家属送他们到虹桥路国民学校去"[1]。

此后，侯绍裘开始从事革命活动。然而，1920年秋，正值校务发展蒸蒸日上之际，南洋公学校方骤然以侯绍裘"举动激烈，志不在学"为由，将他开除出校。侯绍裘的离校，使赵祖康不得不与另一位教员赵景沄临危受命，相继挑起延续南洋义校的重担。在此期间，学校校务非但没有停滞，反有蓬勃发展之势。义务学校改由赵景沄、赵祖康全面负责。教员队伍方面，赵祖康积极利用同学、同乡、同道关系予以扩充，由原来仅有3人发展到10人，分别是赵祖康、恽震、汤天栋、窦瑞芝、林天葆、吴保丰、许应期、江祖岐、高尔柏、许广圻。"他们都是很热心、很善于诱导的教员"[2]，在他们看来，南洋义校是"爱国运动的基础，社会运动的张本"，能为之尽义务，是"借此以为服务社会的一种表示，并为将来服务之练习也"。[3]招收生源数量也与日俱增，由40余人发展到一百余人，截至1924、1925年的不完全统计，南洋义校正式毕业生共60余人，为数虽不多，但却是一支雄厚的力量，成为"劳动运动中的中坚人物"。

赵祖康主持义校期间的另一亮点，就是组织教员自编各科教材讲义，以满足日益扩张的教学需要。他认为，"盖教授上最困难之事，莫如教材。市上所售课本，皆为国民小学用者，对于儿童心理果能迎合，但以之教

---

1 赵景沄：《本校学生会徐家汇义务夜校纪略》，上海交通大学档案馆馆藏档案 LS3-362。

2 《本校学生会徐家汇义务夜校纪略》，《民国十年级纪念册》（1921年），第112页。

3 胡广训：《我对于学校与义务学校之观念》，《南洋周刊》1922年12月2日。

二十余岁之成年初学者，未免索然无味矣"[1]。于是，在其倡导下，自 1920 年
到 1923 年间，先后编成《中国历史》(恽震编)，《自然科学常识》(侯绍裘
编)，《算术》(汤天栋编)，《普通常识》(茅以新编)，《理化常识》(陈广沅
编)，《国文》(侯绍裘编)，《国语文法》(赵祖康编)、《地理》(朱季恂编)，
《西洋历史》(赵景沄编) 等九种[2]，由民智书局出版，向全国发行。对赵祖康
而言，文采锦绣，妙笔生花，原本是其一技之长，学习工程之后，专业殊
途，特长一度无用武之地。但课余之际将文学积累用于编写国文教材，启发
民智，恰是得其所用。也正是基于这层意义，在 1922 年交大毕业纪念册介
绍毕业生赵祖康时，记载着这么一段话，颇能逼近他的心境与心路。

> 文化运动既起，他的思想随着转变，他的目前从此开了一条
> 光明而永久的路。他是文学的天才，社会主义的信徒。假使不错
> 走了路，专治文学，正不知要给人们多少安慰！但他并不失望：
> 看哪，他正努力于工程的艺术化与平民化咧！

在这些爱国青年学生的努力下，南洋义务学校克服"经济、学生、教
员、地址等方面"的重重困难，坚持办学三年多，教育培养了一批过去没
有机会上学的贫苦工人。

至 1922 年，侯绍裘、赵祖康、赵景沄等南洋义务学校的"元老"因
各种原因均已离开南洋，但他们对这棵倾注大量心血浇灌培育的树苗始终
关注呵护，并时有建言献策。1922 年 1 月，包括赵祖康、侯绍裘等在内
的 5 名离校教职员在《南洋周刊——南洋义务学校特刊》上联合刊登启
事，回顾总结三年来的办学情况，其中特别提到要为义校谋立长远发展的
隶属管理机构——董事会。

> 南洋义务学校，自从开办到现在，已经三年了。当初办的时

---

1 华立：《南洋义务学校历史述略》(1925 年 5 月)，《交通大学校史》撰写组编：《交通大学校史资料
选编 (第 1 卷 1896—1927)》，西安交通大学出版社，1986 年，第 688 页。
2《交通大学校史》编写组编：《交通大学校史 1896—1949 年》，上海教育出版社，1986 年，第 188 页。

候，不过是一时的尝试，能否持久一些，没有把握。所以只能办一日是一日，并无永久的计划。但到了现在，他的成绩虽不能说已达到了理想的完全地步，然而已不是初办时所能想望的了。他的根基总算已经有了一些，暂顾目前之计的时候，已经过去，而谋前途发展之计的时候，应当开始了……那便非有一个专为辅助这校而设的机关不可。南洋学生会虽是这校所隶属的，但学生会的事务很多，决不能以全力专从事于谋这校的发展，因此我们想发起一个董事会来担负起这个责任。[1]

在董事会的成员构成中，赵祖康等 5 人认为必须有去任教职员代表，"因为曾任这校的教职员的，都是热心服务的人，所以现虽已去职，而对于这校的关心，当比平常学校的去任教职员为切。而这校所需委于去任教职员的辅助，也比平常学校为多"[2]。为表示民主公允，他们还建议组织一个"南洋义务学校去任教职员会"，并为董事会与去任教职员会拟就详细的章程草案，为南洋义校的长远稳定发展建章立制，这也是该校一直能延续到 20 世纪 40 年代的重要制度保障。

《问题周刊》 初显锋芒

赵祖康生长的时代是中国近代社会向现代社会演进的时代。在这个社会大动荡、大变化的转折时期，中国社会面临着许许多多新的、重大的社会问题。这些问题如何解决关系到中华民族的前途命运。

一向视爱国爱民为己任的中国知识分子，在民族危亡的关键时刻，对国家的未来前途表现出特别的焦虑。关心国家大事，研究各种社会问题，努力探寻解决问题的办法，成为当时进步青年的关心热点。

---

1 侯绍裘、赵祖康、茅以新：《发起组织南洋义务学校去任教职员会启》，《南洋周刊》1922 年《南洋义务学校特刊》，第 67 页。

2 同上。

交通大学是以理工科为主体的大学，但是该校的进步学生，同样受到社会政治潮流的影响，对许多社会问题开展了热烈的讨论。一时间，各种学会、研究会、讨论会如雨后春笋，遍及校园。侯绍裘、赵祖康等一批志同道合的热血青年，也加入了如火如荼的研究行列。

1920 年 8 月 1 日，在松江县城的大街上，出现了一份 16 开大小的单页刊物。这份刊物装帧简朴，却非常引人注目，特别是杂志右上角的刊名栏里，不见刊名，只见写着一个非常醒目的大"？"号。这，就是侯绍裘、赵祖康等人创办的《问题周刊》，当时被松江人民亲切地称作为"耳朵报"。

《问题周刊》选择在这个时候创办，与侯绍裘、赵祖康等人的大学生活有着直接的关系。他们身在校园，心系家乡，都希望能通过自己的努力，共同关心社会面临的重大问题，启迪家乡人民的思想，改造家乡，改造国家。平日，他们要完成沉重的学业，无暇顾及此事。只能利用假期为家乡的进步出一份力。

经过长时间的酝酿，他们商定：利用暑假两个月时间，建立一个"夏令会"，并以这个组织的名义创办一份小刊物，实现他们的理想。

几个学生要创办一份刊物，困难之多，是不难想象的。找不到经济来源，只能靠大家节衣缩食，解决出版经费；租不起房子，就腾出自己的家当作编辑部和通讯处。因此，《问题周刊》的版权栏里写着，通信处设在"松江西门内"，那是侯绍裘的家。

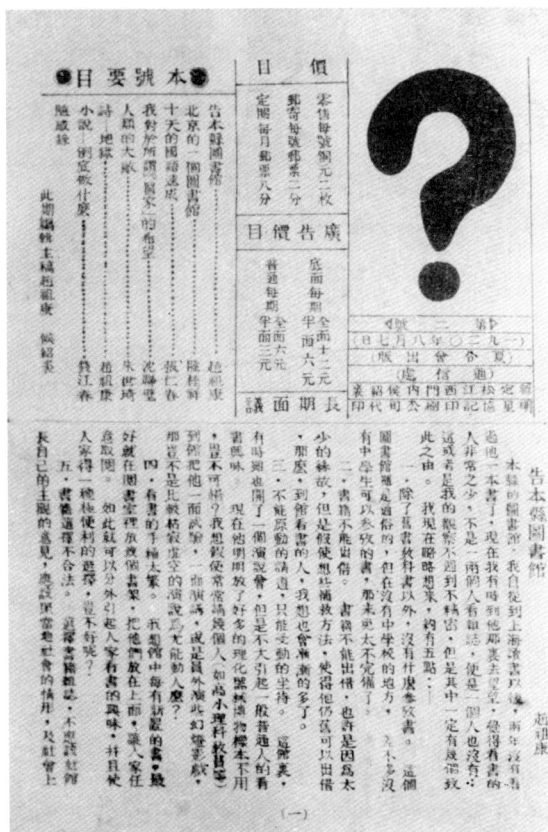

《问题周刊》封面

办刊物，日常编辑业务琐碎繁杂，他们办的又是一份周刊。今天我们看着这份刊物，似乎看到了当年这几位朝气蓬勃的青年学生，冒着炎热酷暑，挥汗写作，筹集经费，排版校对，上街发行，忙得不可开交的情形。

在《问题周刊》的创刊号上，侯绍裘发表长篇文章，介绍办刊的初衷："我们常有一个意见，以为我们做学生的人……既不能种田，又不能织布，也不能拿起斧头和凿子，全靠着社会的福，有人种出米来给我们吃，做了衣服给我们穿，造成房子给我们住，还要完捐纳税，凑了钱，开学堂来给我们读书，这样的恩惠，要报答又拿什么来报答？不过，我们多读了几年书，对于世界上的事情，总算多晓得一点，我们既什么也做不来，所以对于社会，只有把我们所晓得的，用笔墨和口舌来介绍给我们所亲爱的社会，借以谋他（她）们的进步，以增进叔伯兄弟婶姑姐妹的幸福了。因此我们在假期内，合了一些同志组织一个夏令会，办一些宣传和出版的事业，尽一份贡献意见的义务。这本小册子，便是我们所要贡献给社会的一部分。"

由于年代久远，现在，《问题周刊》已残缺不全，被收藏在松江博物馆。

在现存的《问题周刊》上，刊出有赵祖康撰写的几篇文章。这些文章，是赵祖康对一些社会问题的关注与思考。

他在一篇题为"为什么"的诗歌样式文章里写道：

为什么要磕头，

为什么要叫"老爷"？

为什么"割股疗亲"，叫爹娘吃人肉？

为什么"儿"，"小犬"，把孩子当畜生？

为什么说得出"苫块昏迷，语无伦次"？

为什么写得出"为小儿授室谨治喜筵"？

为什么讨了小老婆，说道恐是"无后"？

为什么寡妇重婚，叫做不能"守节"？

是为"向来如此"么？

是为"大众如此"么？

不！有什么"向来"？

把从前的法律道德风俗习惯，都在我的良知上称过，

我只懂得鞠一个躬，叫一声先生。

我只能够尽我的爱亲之心，

我只愁，我不能尽我做爹娘的责任，

我只觉得"哀至则哭"，

我只管我的恋爱自由。

"无后"有什么"不幸"？

"节操"有什么可守？

呔！任他天般大芝麻般小的事情，

我若做他时，都要问他个为什么。

同一天，赵祖康用同样的笔法，写了另一篇文章《是什么？》

你是皇帝的子民？

你是祖宗的子孙？

你是"圣人之徒"？

你是买婢的淫棍？

你是开工厂的资本家？

你是世界上的一个人，

你是"人"的父母，

你是自由自在的自我实现者，

你是掠夺不得财产的好百姓，

你要抬头，

你要"顾后"，

你要中外古今底偶像，粉碎虚空，

你要晓得，"天下者，天下人之天下"，

　　唅，醒来！鸡鸣天明，捪心自问，你到底是什么？[1]

　　这两篇短文章，清晰地展现了反封建、反旧传统的主题。文章针对旧社会封建传统礼教对人民群众的思想束缚，希望人民群众敢于同旧思想、旧风俗决裂，同自己头脑里的陈腐观念决裂，用新的思想方法进行独立思考，衡量过去的一切，该抛弃的要勇敢地抛弃，该继承的要好好继承。

　　作者当时年仅二十，却已经追随历史发展潮流，尽可能把新思想传播到故乡，这是殊为不易的。《问题周刊》的主要读者，是识字不多的平民，这种行文样式，无疑是适合读者需求层次的。

　　《问题周刊》第二期，又刊出赵祖康创作的另一首诗歌《地狱》：

　　　　黑魆魆的地狱，

　　　　看无数幢幢黑影，来来往往。

　　　　是妖魔呢？是蛇蝎？

　　　　是虎豹呢？是狐狸？

　　　　妖魔的怪，蛇蝎的毒。

　　　　虎豹的凶，狐狸的滑。

　　　　人家都怕他，只是比不上地狱！

　　　　地狱是一个大烧炉，

　　　　不问你是铜，铁，金，银，

　　　　遇着他，都得委转柔靡，绕指百千万转。

　　　　不，那里是幢幢黑影？

　　　　我只见了万丈光明

　　　　地狱里有的是人，——是我们的兄弟。

　　　　那里有妖魔，蛇蝎，虎豹，狐狸？

---

1 陈秀英选编：《顺着灵感而创作——〈弥洒社〉作品、评论资料选》，华东师范大学出版社，1990年，第103—105页。

妖魔是我们的兄弟，

蛇蝎是我们的兄弟，

虎豹是我们的兄弟，

狐狸是我们的兄弟。

入得地狱，

出了地狱；

出了地狱，

登了天国。

不问你铜，铁，金，银，

快练就个金刚不坏身。

　　这首寓意抽象的诗歌内涵，究竟是对社会黑暗的控诉，还是对人民群众生活境遇的描摹；是对受难群众的鼓励，还是对自己意志的鞭策，一时难以准确判断。但是，可以肯定的是，这首诗歌反映了赵祖康对社会状况一种焦灼不安的心境。

　　暑假虽长，终究只有两个月时间。《问题周刊》出版了多少期，我们无从判断。

　　从创刊宣言和现存的几期刊物内容看，动员群众鼎新革故，宣传群众移风易俗、弃旧迎新，是创办者的初衷和主旨。

　　两个月假期结束，《问题周刊》也随之停刊。但是，侯绍裘、赵祖康等爱国青年探索真理、追求进步的脚步一刻也没有停止。他们还在思索，还在前进。

　　1923 年 1 月，由侯绍裘、赵景沄、高尔松、高尔柏、陈广沅、沈昌、凌其恺、赵祖康和杨贤江发起组织的"青年问题讨论会"，就是他们持续上下求索的明证。

　　"青年问题讨论会"是一个比较松散的进步团体，对这个组织和活动情况，记载的历史资料非常有限。

　　"青年问题讨论会"确定的简章规定："本会以讨论关于青年的学术上、人生上和其他切要问题为宗旨；本会由同志结合成立，成立后欲加入者，须有二会员以上之介绍，多数会员赞同。"[1]

简章还规定，用通信方法讨论问题，会员可以随时向讨论会提出讨论议题，然后分发给各会员讨论；讨论的成果，在当时出版的《学生杂志》上刊登；入会的会员每个月必须对讨论会讨论的问题发表一次意见。

"青年问题讨论会"成立以后，活动开展得非常频繁，讨论的问题涉及面很广泛，既有有关青年求学、处世为人等方面的问题，也有关于青年与社会、青年与未来等方面的问题，发表的意见也是见仁见智，各不相同，讨论会在社会上，特别是在广大青年学生中引起很大的反响，发挥了团结引导青年奋发向上、积极进取的良好作用。赵祖康作为该讨论会的发起人之一，积极参加了讨论会的各项讨论，踊跃发表意见与见解，散见于侯绍裘的文章。[2]

创办《弥洒》 豪情飞扬

源起于 1915 年的新文化运动，开新文学创作先河，激励一代新青年，钟情于文学创作，造就了一批彪炳史册的文学家。赵祖康当年也曾投身于波澜壮阔、气象万千的新文学运动，和胡山源、钱江春共同发起创办了文学月刊《弥洒》。

《弥洒》杂志的酝酿始于 1922 年。是年夏天，赵祖康刚刚大学毕业，在上海苏生洋行当一名制图员。这份工作对他来说，是维持生计、赡养母亲必不可少的。但是，他并没有放弃对文学的爱好。业余时间，依然与志同道合者探讨艺术，探讨人生，关心蓬勃发展的新文化运动。每天在枯燥的制图工作之余，陋室清茶，长夜昏灯，是他和朋友在一起海阔天空、思绪驰骋、抒发豪情壮志的欢乐时光。

在这三位文学青年中，出身富家的钱江春古道热肠，对事对人都充满

1《侯绍裘文集》，上海远东出版社，1995 年，第 32 页。

2《侯绍裘文典》，上海远东出版社，1995 年，第 72 页。

了一片真情。他和赵祖康中学同窗四年，情投意合，结下了深厚的友谊。对文学的共同爱好，更让他们同吃同住，亲密无间。

胡山源的性格和钱江春正好相反。胡山源是江苏江阴县人，少年时也是个勤奋好学的人。1918 年考入杭州之江大学，和钱江春成为校友。经钱江春牵线，与赵祖康结识。

胡山源年长几岁，对世态人情的认识更成熟一点，但是，和两位年轻的朋友相处，情投意合，非常融洽。久而久之，便经常跃跃欲试，想发挥自己的文学才华，为新文化运动做点事情。

《弥洒》的创办是必然中的偶然。说她必然，是因为当时这三位创始人都是新文学的爱好者。他们密切关注新文化运动发展，希望在新文化运动中留下自己的足迹；说她偶然，是因为《弥洒》的创办并没有经过长期的酝酿准备，创办者只是想用他们的行动，表明对新文化运动发展方向的基本看法，举起自己的旗帜。

关于《弥洒》创办的缘起，1923 年，钱江春在给友人的一封信中写道：

> 弥洒的产生，实在出于偶然。那时我和胡山源兄还住在一处，赵康兄还没有到青岛去。一天晚上大家都上床睡了——我和赵康共榻，山源兄在邻室只隔一重板。先照例拉杂了些人生的意义，——这些问题我们那时扯着便讲，每讲必无结果。从人生观讲到艺术观，从艺术观讲到托尔斯泰的《艺术论》，赵康的意思以为托氏的艺术观总嫌伦理的气息太重。因此又讲到现在中国少年文学界中一班人人生的艺术，与艺术的艺术，两种艺术观。讨论了许多，我们三个人的意见终不一致，有的主张人生的艺术，有的主张艺术的艺术，直到后来赵康兄便说道："再要争论时，我们也要和他们两派人那样相打起来了。"辩论的焦点顿时移到最近创造社和文学研究会的相打上去了。这时胡山源兄突然说道："江春，我们来弄一种文艺出版物好么？"这话使我们非常奇怪。山源本来是一切都看破，一切都灰心的人，一口古井，自前年丧偶后更成冰窟了。前年陈达哉兄发起要办一种杂志，后来

不成功，一半也是给他冷却了的。这回忽然这样高兴起来直使我们不能相信他是真。

匆匆用莎翁的剧目《Much Ado about Nothing》结果了那篇《评文学研究会和创造社之争》后，急着的去究诘他。他道："放心，江春，你向来是热人，常吃冷人的亏，但是这回是我自作主张的，总不放你生的了。"接着又讲了一阵便把这事大致决定。我们三人重又起来各写了几封去邀朋友合作的信。此后又继续讨论了一二夜，山源兄提出了这 Musai 的名称，由我拟定了中文的译音，便只等各处朋友的复信，试做的作品，和印刷所的估价单来作最后的决定了。

一冷一热，夹一个随和不过的康，一直过了三四个月的时光，随着几夜隔着板壁的谈话结果，《弥洒》总算产生了。等到第一期编辑时，我们 3 个人的意见已归一致。我们都认为出版这月刊，只是一时的灵感，并不要借此宣传什么文学上的主义，或要像人家说用文人的心血来灌溉枯燥的人生。我们更不承认在一种出版物里，可以定出什么艺术观。批评家或者可以有一种分别，但就作者和作品的本身论，文学作品是情绪之流，作者只顺灵感 Inspiration 而创造好作品，决不能于预定了一定的目的一定的格式后做出来。人生的，艺术的，各种分别都是强加上去的。我们平时听见别人讲艺术，讲人生，暗中所受的影响或者更不知不觉在作品中反映出来，但这不是创作时唯一或主要的目的。至于两人以上合作的出版物，更不能指定有一种艺术了。各人有各人的个性，各人有各人的见解，就是批评家于此也不能说这期是人生的艺术，这期是艺术的艺术了。我们应当只是创作，只是发表，但问有无灵感，不问别的事务。至于译的东西呢，忠于译稿的，译成后总是外洋气息外洋口味，不忠于原作的，又往往失去了原文的长处所以也不取。

文人总是轻视他人而珍视自己的作品，这种习俗我们自知也不能免。所以以为最好批评的功夫，专让批评家去做，作家兼了批评，总只引起无谓的纷争，减少出品的能力。

以上的意思想定后，又去征求了几个人的意见，结果都以为然，第二期且更将"无目的，无艺术观，不讨论，不批评"四项信条放进去了。《弥洒》出版的经过大体如此。[1]

1980 年，胡山源发表回忆文章，谈到当年创办《弥洒》月刊的情况，提供了一些新史料：

> 1922 年秋，我与钱江春、赵祖康同住上海闸北宝山路保兴西里一宅两上两下的东洋式楼房里。我们都喜欢文艺，因此闲谈时，大都谈文艺。
>
> 当时文学研究会和创造社，都分别在自己的刊物《小说月报》和《创造》上，提倡自己的文学主张，《小说月报》主张血与泪的自然主义，《创造》则为浪漫主义。同时还有一些其他文艺刊物，也都各有所主张。情形相当热闹，颇有欣欣向荣之势。但都不免各是其是而非人之是，形成笔伐，参加战斗的，大有其人，久而久之，也不免意气用事，浪费笔墨的。我们三个人，对此很不满意。因此，我们几经讨论，便决定自己办刊物，专从事创作，虽不能说标新立异，独树一帜，却也以为有此必要，可以推动时代。
>
> 决定后，就讨论这刊物的名称。由我提出，并得到江春和祖康的同意，引用拉丁文 Musai，英文 Muse，译音为"弥洒"，以此为社与刊物的名称。这名称的中文意义为文艺女神，她们只作活动，不及其他，似乎正合我们的主张。
>
> 我们都又决定，不要和一般的集会结社那样，要有章程和一定的职员。我们以为：只要谁同意我们的主张，愿意加入我们的，我们都欢迎，列他为社员。加入既然自由，脱离也完全自

---

1 钱江春：《一封叙述弥洒起源的信》，《弥洒》月刊，1923 年第 4 期。

由。在目前，就又由我和江春两人，负责一切事宜，以后如何，
看发展。

…………

"弥洒"两个繁体字，由沈联璧书写。封面由江春夫人吴佩
璋，恳请上海美术专门学校教师关良，画了一个少女跳舞图。佩
璋那时在美专学习，关良是她的教师。印刷交与义利公司办理，
该公司即为青年协会书报部《青年进步》的印刷者，送稿、校
稿，都很便利。[1]

《弥洒》月刊是在 20 世纪 20 年代的新文化运动洪流中涌现的一朵绚
丽多姿的浪花，她以鲜明清新的风格，在新文化革命的历史舞台上绽放，
代表了一部分知识青年的文化追求和文化品位。

赵祖康自幼开始对文学的爱好与追求使他累积了扎实的文学素养，也
成为《弥洒》月刊的积极倡导者和实际发起人。当时，他对青年进步文化
工作者之间开展的有关革命文艺的争论持有不同的见解，并希望以实际行
动改变现状，在文化品位方面，比较倾向于泛爱主义。在他晚年时，曾经
谈到，自己年轻时"一度倾向于'泛神论'和墨家的'兼爱'之说"。这
也许和他平和的天性有一定关系。

1923 年 3 月，《弥洒》月刊正式创刊，由上海古今书店出版发行。出
版的第一期，印了一千册，发行情况很不错。

《弥洒》月刊一问世，立即引起鲁迅的注意，他称《弥洒》月刊的主
办者是"为文学的文学的一群"，还对发表在该刊物上的作品作出评论，
有褒有贬。虽然，鲁迅并不赞成《弥洒》月刊的文学主张，但是，对胡山
源创作的小说《睡》和赵景沄创作的小说《阿美》，给予充分的肯定。[2]

当《弥洒》月刊创刊时，赵祖康已经离开上海，去青岛工作。

赵祖康在工作之余，文学创作的热情犹存。加之初到青岛，被青岛美

---

1 胡山源：《弥洒社的经过》，《新文学史料》1980 年第 2 期。
2 鲁迅："《中国新文学大系》小说二集序"，天津人民出版社，2009 年。

丽的海上胜景所感动，他很快创作了一首充满激情的新诗《碧海》发表在
第二期《弥洒》上：

（一）

我的眼是诗的眼了，

我的心是诗的心了，

我全身脉管里所奔流的，

是碧绿的海水掺着的

赤热的诗的血了！

（二）

望着淡蓝色的雪后的天，

一块一块的水云浮着；

看着浓绿色的海水之波，

一阵一阵的送到我脚下；

远眺那隐隐的，海边天际，

银冠素袍的雪山；

更四顾那丛丛的小松，

翠袖青衫的立着。

一边是弦平矢直，白如面粉的沙滩；

一边是虎踞狮蹲，崔嵬，苍黄的岩石。

诗神啊！

这都是完美的伟大的自然

所描写的诗句吧！——完美呵，伟大！

（三）

还在我的脚下——山海关"南海"边，

埋胫没踵，絮被般的沙滩；

还在我耳里的——秦皇岛码头上，

奔腾澎湃，吼人似的潮浪；

印在我的眼底的——吴淞口外，

八九点雪白的海鸥映衬着的黄浊的水色，

留在我心头的——西子湖畔，

数十叶轻灵的小舫，荡漾着的美妙的湖光。

别了罢，"吴淞"，"南海"，"西子"，"秦皇"，

漪涟成小波，妩媚令人心醉，

汹涌成大浪，激昂使我神扬，

翡翠般绿，晶莹般洁的青岛之海，

才是你海国之女王！

（四）

我热爱的青岛之海啊，

我有诗的眼，

我有诗的心，

我有诗的血，

我可没有诗的笔呀！

我的眼睇你，

我的笔可不能把你的碧波，印进我的瞳子里；

我的心恋你，

我的笔可不能把你的素波，卷入我的心房里；

我的血奔赴着你，

我的笔可不能把你的绿波，和他的热流，融合在一起。

流云为使，

远山为媒，

指青天以为誓，

藉沙渚以为裀，

我热爱的青岛之碧海啊！

我将投我的拙笔，倾我的身心，

同你拦腰一抱吧！

这首诗写得清新华美，充满青春气息与生命活力。很难想象，这首新

诗出自从事枯燥、机械工作的赵祖康之手。这首新诗一经发表，就受到文学大师茅盾的赞誉。据胡山源回忆："有一天，我到商务印书馆编译所去探望沈雁冰，他就对我说：赵康的〈碧海〉诗，极为可观"。[1]

这些钟情于新文学的进步青年，用他们手中的笔，创作了许多源于生活又高于生活的佳作，表达着对生活的独特感受，赢得了众多读者的青睐好评；有更多同样爱好文学的青年，受到启发鼓舞，也走上了文学创作道路。

《弥洒》月刊创刊不久，遇到了现实问题。赵祖康、钱江春找到了新的工作，赵祖康为谋生去了青岛；钱江春进入商务印书馆编译所工作，只剩下胡山源一人在原地坚持，久而久之也力不从心。再者，经费问题更是棘手，收入全靠发行充抵，实在是入不敷出。人力财力都成问题，杂志难以为继。

《弥洒》勉强出版6期，便再也无法继续维持，只能停刊，还遗下不少欠债。对此，直到晚年，胡山源仍为之抱愧。

《弥洒》月刊停刊，确实遗憾，然而，她毕竟在新文学运动史上，溅起过灿烂的浪花，留下了闪亮的印迹。

几十年以后，赵祖康从钱挹珊处得知，胡山源依然健在，勾起了无限情思。

1985年12月，他兴致勃勃地创作了一首诗作：《悼念钱江春吟稿赠蝶先挹珊两世侄并烦转致山源老友就正》，诗中唱道：

> 时逾半纪，悼念良朋。音容宛在，热泪满襟。
> 羡君多才，慕君俊英。"五四"订交，"回籍"知深。
> 倜傥慷慨，同楼倾心。"泛神""兼爱"，共信艺神。
> 各抒灵感，"应思披罄"。豪情逸志，独帜标新。
> 爱创《弥洒》，随和应声。风行一时，不少知音。
> 天夺我友，诗刊旋停。停云落月，沉吟至今。

---

1 胡山源：《弥洒的经过》，《新文学史料》1980年第2期。

"述"传峰泖，江水长春。

接到赵祖康的诗作，胡山源感慨万千，回赠长诗一首，共忆往事：

老友赵祖康，忽然赐华章。六十余年事，一一灿成行。
君我"梅柳渡"，三人住一堂。晨夕谈文艺，风雨话连床。
组织"弥洒"社，"碧海"生辉光。旌随时势转，从此天各一方。
北伐胜利后，大家吊"国殇"。抗日战争时，音信两茫茫。
沪犊解放前，翩然返故乡。长材建功业，袜线倚寒窗。
云泥判然别，鸣镳分道扬。今闻操薪忧，住院不须忙。
我亦病怔忡，步履感踉跄。自然化规律，不容人躲藏。
何当再叙首，娓娓诉衷肠。曹邱虽已去，遗烈仍芬芳。
坠欢今重拾，毕竟籍津梁。同心同所愿，英灵永偎傍。

回忆往事，总有一番别样的滋味。追寻人生的美好时光，更是令人回味无穷。

第二章
在游历实践中淬炼

佳偶天成　百年好合

1924 年金秋时节，赵祖康与热恋四年的才女张家惠结成百年之好。

赵祖康与张家惠的姻缘，由侯绍裘手牵红绳，源于松江景贤女中。

1905 年，张家惠出生在松江的一个平民家庭。

松江地区具有崇文重教的优良传统。张家父母深受影响，非常重视对儿女的教育，并不重男轻女，对女儿的教育一视同仁。据赵祖康之子赵国屏回忆："我妈妈和姨妈都是'天脚'[1]，我妈妈说，大姨妈裹脚的时候，痛得大哭。我外公不忍，说，'算了吧，嫁不出去就不管了，别让孩子受罪了。'所以，他们是中国历史上最早的一批放脚的女人。"

张家惠不仅没有裹脚，还与其他兄弟姐妹一样，从小就开始接受启蒙教育。

1920 年，张家惠从本县的高小毕业。那年，侯绍裘恰巧正与赵祖康、钱江春、朱叔建到松江接办景贤女中。景贤女中规模不大，只有 11 名兼职教员，上课领一半薪水，侯绍裘、朱季恂境界更高，不仅完全义务劳动，还瞒着家里，拿田契抵押借钱，甚至变卖了田产。

这所规模不大的女校在党史上留下了浓墨重彩。她的校徽或许蕴藏着答案：校徽由三部分构成，中间是自由女神，象征着"自由"，两边分别是一架天平和一颗红心，象征着"平等"和"博爱"。这在当时难能可贵：长期以来，中国妇女身上都绑着男尊女卑、三从四德的枷锁，此时提出促进妇女解放着实有远见。

---

1 天脚指没有裹小脚。

　　景贤女中的课程设计先进而颇具特色，既有国文、数学、历史，又有英文、地理、博物、理化，还有图画、手工、体操、音乐。这些课程既考虑女性的性别特征，又具有鲜明的时代特征；既教给学生完备的知识，也培养她们健全的人格。

　　此外，景贤女中还特别重视演讲。为了号召女同学关心国家大事，走在时代前列，不仅每两个星期组织一次星期日演讲会，鼓励学生就时事发表演讲。而且每年还组织暑期演讲会，地点设在景贤女中、县图书馆、醉白池等地，吸引松江青年和各界人士来听讲。其中 1922 年邀请叶楚伧、邵力子、施存统、沈雁冰、杨贤江等，1923 年邀请柳亚子、沈雁冰、陈望道、邵力子、杨贤江、周建人、沈玄庐、叶圣陶、于右任、任鸿隽、吴研因、傅彦长、黎邵西、汪一厂、王理臣、顾旭候、朱蔚元等，1924 年邀请杨杏佛、吴稚晖、叶楚伧、沈玄庐、施存统、董亦湘、叶圣陶、周予同等。这些演讲者中，既有国共两党的精英，也有著名的知识分子，他们演讲的内容既有宣传社会主义、三民主义的，也有讲工人运动、妇女解放、婚恋问题的，还有讲自然科学、经济、文化、教育的。这些演讲不仅开阔了女学生的眼界，也播撒下革命的种子，松江一批热血青年正是受到演讲的感召，走上革命道路。

　　松江，这个平静的乡村，一时犹如被吹皱的一江春水，波澜起伏：游行演讲，集会议政，排戏演剧，好不热闹。

　　星星之火，可以燎原。在这种浓厚的氛围下，景贤女中逐渐成为培养进步青年的阵地，校内相继成立了国民党松江县党部的雏形"三五社"以及国民党江苏省临时省党部，实际上成为国共两党在松江的活动据点。[1]

　　学校创办伊始，赵祖康便把堂妹赵振华带进景贤女中学习。赵振华与张家惠是小学同窗、好友。因此，她拉着张家惠一起，进入景贤女中。缘此，赵祖康与张家惠结识。

　　在时代新风熏陶下，正值青春年华的张家惠，跟随老师的前进步伐，突破封建旧思想束缚，投身进步文化运动。在此期间，赵祖康与张家惠的

1《松江革命的摇篮：景贤女中》，《松江报》2020 年 6 月 24 日。

接触日渐增多，好感平添。

赵祖康与张家惠的姻缘萌发于一次珠联璧合的演出。

那年暑假前，学校提出要排演一出话剧，向青年学生宣传新思想，帮助他们树立正确的人生观、婚姻观。应侯绍裘之邀，赵祖康开始进行这个话剧创作。

经过几天几夜构思、写作，赵祖康创作了一出独幕话剧，题为《李超群的终身大事》，主要表现进步女青年李超群勇于与封建传统决裂的故事。

李超群的母亲深受封建礼教思想影响，一再逼迫她弃学早婚。但是，李超群是一个思想解放、追求自由、追求进步、向往光明的新女性。她觉得，不应受传统思想束缚，放弃人生追求，浪费青春年华，年纪轻轻就结婚，固守家庭，做一个碌碌无为的家庭妇女，而是应该乘着学生时代大好时光，博览群书，求索知识，增长才干。然后，走向社会，替广大劳苦大众做一点有益的事情。因此，她和母亲发生了激烈的争执。最后，她毅然决然，给母亲留下一封发自肺腑的书信，离家出走，投身于火热的社会进步潮流，去做有意义的事情。

事有凑巧，张家惠和赵振华恰好担纲主演这幕话剧。赵振华演李母，张家惠演其女李超群。演出虽然用松江土语，但因为观众皆是本地人，演员自然投入，观众感到非常亲切，毫无距离感。观众被剧情深深打动，禁不住流下了激动的泪水。

侯绍裘夸奖赵祖康剧本写得好，张家惠和赵振华演得也出色。

这时，赵祖康年过二十，张家惠也年届十八。按照当时社会习俗，已经到了谈论婚嫁的时候。

侯绍裘觉得，赵祖康和张家惠都是有理想、有抱负的进步青年；两人都忠厚本分，有发展情感的基础。于是，侯绍裘有意促成这桩好事。他分别找两人谈心，讲明自己的意图，介绍张家惠和赵祖康先进行通信交往，交流思想，增进了解。

在侯绍裘的撮合下，赵祖康和张家惠开始了爱情的旅程。

春夏秋冬，鸿雁传书；寒暑往复，爱情的种子生根发芽，到1922年，他俩确定了恋爱关系。

旧社会，婚姻嫁娶盛行金饰彩礼。赵祖康和张家惠都是走在时代潮流前的新青年。他们勇于破除封建陋习，不因循守旧，决定婚事新办，只举办简朴新颖的订婚仪式。张家惠父母也欣然接受。两个家庭志趣相投，实属不易。

侯绍裘对他们的新思想、新风尚赞赏有加。他主动提出在自己家里为赵祖康和张家惠举行订婚仪式。

订婚仪式那天，侯绍裘把家里打扫得干干净净，客堂中央放置一张长桌，铺上一块洁白的台布，泡上一杯杯香浓的清茶，摆上甜美的糖果点心，招待前来祝贺的亲朋好友。

侯家客堂并不十分宽敞，但宾客济济。除了双方亲友，还有景贤中学的许多同学。细细算来，不下三四十人。欢声笑语，四下飘散。

订婚仪式开始后，侯绍裘率先向宾客介绍赵祖康和张家惠的认识经过，对他俩的学识品行，赞不绝口。热情的开场白，真情流露的祝福，使现场充满欢声笑语，喜庆热闹。

介绍完毕，他还亲手主持交换订婚戒指仪式。随后，赵祖康和张家惠互诉衷肠，表达共同创造未来美好生活的信念。

接着，赵祖康向来宾分发了一份特殊的礼物：一张自制的精美卡片，卡片呈红底白字，正面写着"真善美"三个大字，表达对生活真谛的理解和追求；反面书写一段美文，大意是：提倡新式婚姻，男方不送金银首饰、衣服彩礼，女方不办嫁妆，以实际行动与陈规陋习决裂。

到场宾客纷纷以茶代酒，频频举杯，真诚祝福这对志同道合的青年，在漫长的人生道路上，互敬互爱，同甘共苦，白头偕老。

1923年，张家惠中学毕业。

1924年金秋，赵祖康和张家惠在上海宁波同乡会（在大上海电影院附近）举行结婚典礼，共同开启长达70年的爱情旅程。

1925年，张家惠应侯绍裘之邀，到上海景贤女中在成人补习班当教员。不久，又到南洋大学的培真幼儿园当教员。

婚后，赵祖康长年东奔西走，四海为家，无暇顾及家庭。因此，1929年，张家惠生下大女儿赵国聪后，就开始回归家庭，当起贤内助。为了让赵祖康安心工作，张家惠侍奉婆婆，抚育子女，包揽家务，里里外外，一人操持，非常辛苦。

1937年，抗日战争爆发，赵祖康把全身心投入到修筑西南、西北的公路，把一家人送到广西、云南后方。在湖南长沙临别时，赵祖康深情写下诗句"我劳国事子安家"，表达对爱妻的慰问与谢意。张家惠深明大义，以纤弱的肩膀负重前行，默默支持赵祖康，即使在战争年代，颠沛流离，也乐观以待。

上海解放以后，从1950年开

1957年赵祖康全家合影

始，张家惠就响应中国共产党的号召，走出家门，参与妇女工作。开始时，她对参加社会工作"一方面深为感动，另一方面又有些犹豫"。赵祖康和两个女儿都给予她积极鼓励。他们说，"在旧社会你常说，十年窗下，一事无成，由于家庭，虚度此生。现在到了新社会，妇女得到解放，这是多少年来无数革命先烈抛头颅、洒热血得来的胜利果实，你应该响应党的号召，学习革命道理，通过工作实践，为人民做些好事。"这一番热情鼓励，坚定了张家惠的信念。

从此，张家惠长年从事妇女工作，组织动员所在地区知名人士的家属积极参与社会公益活动，担任了上海市妇联高知家属小组组长、市妇联执委，受到大家的好评。1957年3月，她又应邀加入民革，担任民革上海市委候补委员，担任妇女工作委员会副主任。她"几乎把全部精力投入妇女工作"。[1]后来，张家惠还先后担任徐汇区和长宁区的政协副主席。她参加工作以后，组织上曾考虑将她纳入公务员编制，给她发工资。但是，她与赵祖康商量后向组织表示：赵祖康的收入高，生活很稳定，不好意思再

---

[1] 中国国民党革命委员会上海市委员会编：《民革党员在新中国》，团结出版社，2000年，第139—144页。

领一份薪酬。

就这样，张家惠在每一个工作岗位上，尽着一名志愿者的义务。

投身工程　留连文学

文学创作是浪漫的，任凭作者思绪驰骋，银河星空，万里翱翔。但是，现实生活却是非常具体的，来不得半点过分的空想。

1923 年初，热衷于文学创作的赵祖康，接到大学老师的邀请，希望他到青岛"胶澳商埠督办公署"的工务局工作。

起初，赵祖康内心矛盾、犹豫：离开年迈的母亲和心爱的未婚妻，还有钟情文学的朋友，实在难下决心。然而，青岛的工作毕竟能发挥自己的专业特长，又可以得到每月 120 元的丰厚收入，承担起家庭的责任。

当时青岛刚刚挣脱日本帝国主义的侵略魔爪，回到中国人民手中，赵祖康也感到非常兴奋。他为自己有机会在刚刚被归还中国的青岛，一展身手，参加那里的城市建设而庆幸。

于是，赵祖康下定决心，辞去苏生洋行的工作，告别母亲和恋人，独自赴青岛工作。

在青岛短短的一年时间里，赵祖康的生活非常充实。

白天，他测量绘图、思考计算，一丝不苟地工作，以极大的热情投入到当地的筑路事业，认真踏实地完成每一项任务。

日晒雨淋，枯燥艰苦的工作丝毫不减赵祖康对文学的爱好。夜幕降临，他回到宿舍，遨游在他所钟爱的文学天地，览红楼，批水浒，填词赋诗，著书立说，思绪驰骋，好不潇洒。一首充满诗情画意的《碧海》生动反映了他对美好生活的憧憬与幻想。

人虽远离故乡，心则依然魂牵梦绕。赵祖康和侯绍裘、钱江春、胡山源等老朋友保持着密切的联系，他们书信文章，来往不断，保持着思想与心灵的沟通。

这一段时间，赵祖康在《松江评论》和《弥洒》杂志上发表了不少作品。他的写作题材很广泛，有随感，有杂文，也有诗歌和小说。

在他所创作的作品中，处处表现出对现实社会存在的种种弊端的不满与愤懑，对同时代青年某些行为的揶揄，对谋求社会进步的渴望。

他创作的诗歌《肉的凯旋》，向我们展现了旧社会光怪陆离的景象：

"亮着鬼火般渗绿的电灯，

摆好腐鼠般浊臭的酒筵；

纸烟气满屋，

瓜子壳遍地"的酒楼妓院，

那些酒囊饭桶、恶老恶少，

"热炒没有上过一只，

啤酒没有喝过三口，"

便邪念顿生，使唤听差取来笔和纸，

"便写上了许多惯写的'芳名'"。

这时，他们

《松江评论》

"第一碟燕窝，

第二碟鱼刺，

接连的海参，干贝，

鸽蛋，鸡片。

主客都很随便地，

从碗里搬些到肚里。

他们也懒得喝酒，

他们也懒得猜拳；

他们像掉了什么似的，

少了什么似的；

他们所悬想的，

他们所热望的，

急不及待的，

全神贯注的；

是要各人所叫的'条子'，

早早地便坐到各自的旁边。"

当"一个个姑娘到了——到了，

一个个客人醉了——醉了，"

这乌烟瘴气之地，立刻发生了其他的变化：

"光怪陆离，电灯也分外有精神了，

氤氲馥郁，崖子里满是香粉气了；

五花八门，客人们的拳像雨点般地落来，

大碗巨盅，客人们的酒尽往口腔里倾倒；——

是姑娘们的殷勤，是'条子们'的酬报。"

就是在这样无聊与狂热中，在这样的荒唐与堕落时，完成了一桩桩肮脏的交易。于是，

一切的一切，都已完了——完了。

现在所有的，现在所有的，

是黑暗中隐隐的，肉的凯旋之歌声！[1]

　　这首白话般的诗直观地描写了旧上海的阴暗和肮脏，反映出赵祖康对上海滩腐败的社会风气的极度愤慨。如果说，《肉的凯旋》是无情的鞭挞，那么他创作的小说《一对社会主义者的五一节》则对在大革命洪流中自称革命的青年知识分子种种虚伪浮夸的行径进行了辛辣的讽刺和批判。

　　《一对社会主义者的五一节》描写了一对自称为社会主义者的青年——全然和石姒，在五一节那天的丑恶表现：

　　　　全然和石姒是一对社会主义者。他们俩在四年前未相识的时候，曾在一种杂志叫作《民众的面包》的上面不约而同地提倡"社会主义者不应有情人"的论调。但是既由这论调为介绍，他们却从此互为情人了。

　　这一对"社会主义者"，在五一节的早上9点半，充分享受了作为情人的欢娱之后，姗姗起床，准备出门参加劳动群众举行的五一集会，发表演讲。

　　他们似乎并不在乎焦急地等待他们的劳苦群众，在家里精心梳妆打扮，直到离约定的演讲时间只差二十分钟时，才叫来人力车，登车出行，最糟糕的是，这时，他们尚未对演讲内容做任何准备，于是，只能利用人力车上的短暂时间打腹稿。

　　　　他想讲讲"五一节与劳动者的密切关系"，可是他的思路常常转到"五一节与人力车夫"，"五一节与社会主义者"以及"五一节与石姒"上边去。

---

1 陈秀英选编：《顺着灵感而创作——〈弥洒社〉作品、评论资料选》，华东师范大学出版社，1990年，第100—102页。

好不容易到了会场，登上演讲台，却由于石姒的出众打扮，使得与会者的注意力都被她所吸引：

> 她的卷曲而剪短的头发，她的玳瑁边金脚卵形平光的眼镜，她的由颈间垂至胸前的金丝项件，她的白灰色的哔叽夹袄，外套着一件玄色的夹纱背心，她的背心的右边纽扣上所箍的金套自来水笔，她的左腕上的金手表，她的短短的华丝葛套裙下所露出的高跟尖头的黑皮鞋，以及一尘不染的牛奶色的丝光袜。

这对所谓的"社会主义者"的言行，实足一副公子哥、大小姐的丑陋相，他们进行的宣传，不但不会引起与会者的共鸣，只能使劳苦大众对社会主义产生怀疑。无怪乎与会者在观赏了他们在演讲会上的言行后会冒出这样的疑问：要"过了几个五一节，我们才得和全然先生一样呢？"[1]

由于赵祖康身处的时代和生活境遇，他青年时代创作的作品，显得特别的沉重，对社会的种种弊端，各色人等，特别是当时一些青年的行为，感到非常的担忧，对民族的前途、社会的进步，表现出特别的关注。

初出茅庐　幸遇伯乐

赵祖康到青岛后，就全身心投入筑路工程中去。

最初阶段，赵祖康的工作还是比较顺利的，也取得了不少进步和成绩。当时，他在青岛参与修筑了一条实验性质的公路。这条公路分别由几段不同质量标准、不同路面设计的路段组成。通过修筑这条公路，赵祖康第一次对筑路工程进行了比较全面的尝试，积累了各种有用的资料，也初步掌握了领导公路建设必需的经验。

由于赵祖康认真负责的工作态度，精益求精的钻研精神，技术水平、

1《弥洒》1923 年 6 月第 4 期。

工作能力长进很快。所以，他很快从青岛"胶澳商埠督办公署"工务处的工务员升任为工段主任。

天有不测风云。

初出茅庐的赵祖康对社会的复杂和人事的纠葛没有任何经验，遭受挫折，在所难免。正当赵祖康想在公路建设上施展身手时，发生了一件不曾预料的事情。1924年春，赵祖康为建设一条公路设计出一套新的方案，施工进展也很顺利。可是，就在这时，他的上级领导发生变更，按照当时惯例，一旦科室领导调整，下属一般都得自动辞职，至少也要做个样子，表个态。科里其他的人都打了辞职报告，只有赵祖康没有照例行事。

他对挚友侯绍裘说过，这样做并非由于留恋已经取得的成绩和地位，实在是因为放不下手中的工作，何况是一件带有开拓性的工作。然而，以事业为第一生命的赵祖康，最后还是被后来的科长炒了鱿鱼。

于是，赵祖康心情沮丧，非常困惑。带着几许遗憾，离开那条未完成的实验公路，回到上海。

也许是因为失望，也许是为求得一份清静，赵祖康回到上海不久，便萌生了当一名教师的念头。

不久，经母校交大老师凌鸿勋推荐，赵祖康在南京河海大学找到了工作，既当教师，又当秘书。如果没有后来的变化，他将成为工程学术领域的教授。

凌鸿勋，字竹铭，祖籍江苏常熟人，是中国著名的土木工程专家、教育家、铁路史研究专家。

1894年，凌鸿勋出生于广州。1915年，以全校夺魁的骄人成绩毕业于南洋公学。毕业后留校任教后，又赴美国哥伦比亚大学学习桥梁工程专业。1918年归国后，历任交通大学教授、代理校长、校长等职。

20年代末至40年代，在铁道部和

凌鸿勋

交通部任职，历任陇海、粤汉、湘鄂、湘桂、天成、宝天铁路或路段工程局（处）长兼总工程师、管理局局长、交通部次长、代理部长以及中央设计局设计委员等职。他长期从事铁道工程建设，1929年起先后主持修造了陇海、粤汉、湘桂、宝天、天成、津浦、广九铁路等重要干线，负责开发了西北地区的公路干道，成为继詹天佑之后国人自己修建重要铁路的又一先驱。1981年，在台北逝世。

在交大任教期间，凌鸿勋就对赵祖康的学识才华非常赏识。赵祖康毕业后，凌鸿勋也始终惦记着这位得意门生。赵祖康在人生重要的转折关头都得到了凌教授的鼎力相助。如果说，侯绍裘是赵祖康政治上的启蒙者，那么，凌鸿勋是赵祖康学术上的引路人。

1924年底，凌鸿勋接任交大校长。1925年秋，他通过交大唐山分校副校长茅以升，盛情邀请赵祖康回母校任教。于是，赵祖康辞去手头工作，返回交大任教。

在交大，赵祖康除了担任助教兼校长室秘书，协助凌鸿勋处理行政和学术方面的具体事务，还帮助凌鸿勋整理从美国带回来的学术研究资料。

任职期间，赵祖康把工作处理得井井有条。之后，凌鸿勋觉得赵祖康还有潜力可挖，便把主编交大校刊《南洋旬刊》和《南洋季刊》的任务交给他。赵祖康按照凌鸿勋"爱国、爱校、求实学、务实业"的办学宗旨，尽心尽力，把这两本刊物办得声名鹊起，广受欢迎。

在交大任职一年多，赵祖康又想走出校门，到社会实践中去，用自己的智慧才华去实现"实业救国"的理想。

1927年2月，经大学同学、时任国民政府交通部官员庄智焕推荐，赵祖康离开妻子，只身前往武汉，进入交通部所属韶赣国道工程局工作，继而转往江西赣州勘测韶赣国道路线。

离开上海前，赵祖康前往凌鸿勋的寓所辞行。凌鸿勋一再表示，如有变故，可再回母校。

这两位师生真是有缘。时隔一年，勘测韶赣国道的工作因故停止。

1927年夏，赵祖康返回上海。其时，凌鸿勋已辞去交大校长之职，专注于铁路工程研究。得知赵祖康的境况，他立即修书一封，把赵祖康介绍

交通大学教员名册（上海交通大学档案馆提供照片）

到广东省建设厅公路工程处工作。赵祖康随即启程赴任，在那儿当技士。

　　赵祖康到广东才两个月，就接到凌鸿勋发来急电，要他赶紧去广西梧州。

　　原来，应广西省政府主席黄绍竑之邀，凌鸿勋出任广西梧州市工务局长。于是，他要赵祖康赶赴梧州，担任梧州市工务局技正、设计科科长，协助他工作。

　　赵祖康在当地的工作开展得非常顺利。他会同局里的技术人员进行了大量调查研究，并编制出建设梧州市街道和沟渠的工程计划，提供给广西省建设会议，受到广泛好评，还得到省政府的嘉奖。

　　这时，凌鸿勋的母亲突然病故，他回家乡奔丧。等他办完母亲丧事，返回梧州市，看到在赵祖康的主持下，梧州市的市政道路工程已经开工，埋管铺路，井然有序。凌鸿勋对赵祖康更加信任。

　　1929年春，应国民政府铁道部部长孙科邀请，凌鸿勋到南京任职。

他鼎力推荐赵祖康接任他的职务。就这样，赵祖康从一名技术科长，直接升任局长。

上任伊始，赵祖康脚踏实地，深入梧州大街小巷，考察当地的地理地貌，历时一年多。在调查研究基础上，精心编制成《梧州市市政工程概况》。

《梧州市市政工程概况》总结梧州市政建设历史，充分反映梧州市政现状，得到广西建设厅的肯定与赞扬，为梧州市政建设的发展奠定了科学的基础，发挥了长久的作用，为梧州后来的市政建设，提供许多可资借鉴的经验。

梧州市政建设的总体方案确定后，赵祖康又着手制定建筑工程承包、建筑公司注册、征用马路建设用地、建筑工程材料标准等一系列规章制度。

此外，还明确规定，凡是建设新的市政建设建筑，必须要先绘图上报梧州市工务局批准，经专业人员查勘无侵占公地、无影响环境卫生，其房屋形式规整，建筑方法稳固，才能发证准许施工。

赵祖康不仅对市政工程建设起步做出严格的规定，对工程建设竣工验收，也制定了详细的复查制度。规定工程竣工后，如果存在建筑物超出原定地界的行为，一律按章严厉处罚。

根据孙中山先生《建国方略》对梧州的建设构想，赵祖康将梧州规划为三个"大区"，为发展经济、满足市民的物质和文化需求，他还规划了建设自来水厂，增建公园、体育场、图书馆和娱乐场所。

赵祖康认为，梧州地理环境非常优越，可以发展得更好，因而他又规划修建了一批新式马路、码头和大型仓库，并决定拓宽中山路，建桂江浮桥，改良河东街巷与规划河西街道。他还亲自抓梧州市首批测量队伍建设，要求测绘人员按照正规测绘标准绘定地图。在很长一段时间里，梧州市都沿用这批地图。

赵祖康的务实工作为梧州开展市政建设打下良好基础。在赵祖康任职期间，梧州的建筑行业、设计行业、房地产开发行业蓬勃发展，凡是由梧州市政府出资建设的工程，均能比较顺利地竣工。[1]

---

1 梁次山：《规划梧州实证建设的赵祖康》（未刊稿）。

在梧州，赵祖康还尝到了初为人父的喜悦，长女赵国聪的诞生让他初次享受天伦之乐。

在广西工作两年有余，广东和广西政局剧变。两省的军阀为了争权夺利，出现内讧，引起社会动乱，殃及梧州市市政建设的正常进行。赵祖康感到极其失望，又万般无奈，只能向当局辞职回乡。

在广西梧州的工作经历给赵祖康留下深刻的印象，赵祖康对梧州也有深厚的感情。新中国成立后，特别是改革开放后，市政建设大发展，梧州市的建设主管部门相关人员曾多次向赵祖康请教梧州市的市政建设问题，他都是有问必答，对梧州的市政建设提供自己的见解。[1]

大学毕业初期，赵祖康东奔西走，在各个地方的市政建设与公路建设方面实践，经受锻炼，增长才干。特别幸运的是，他在事业发展过程中，得到前辈们特别是凌鸿勋的帮助、提携。

留学美国　开阔视野

赵祖康从广西回到上海不久，就接到校友裴益祥的邀约。

裴益祥系交通大学唐山工程学院教授，1929 年出任安徽省蚌埠市市政筹备处主任兼工务局局长。

裴益祥对赵祖康的学识与为人非常欣赏。得知赵祖康情况后，力邀他担任蚌埠市市政筹备处主任秘书兼工务局顾问工程师。

1929 年 9 月，赵祖康告别妻儿，到安徽蚌埠任职。

很快，赵祖康就在蚌埠市政局崭露头角，取得了许多成绩，受到局内外人士赞扬。

上任才两个月，赵祖康又被安徽省交通厅厅长李范一看中，把他调任省建设厅技正，帮助制定安庆市的市政发展规划。赵祖康不负重托，很快完成了安庆市的街道系统和分区设计规划图。

---

1 梁次山：《规划梧州实证建设的赵祖康》（未刊稿）。

1929 年 9 月 17 日，铁道部照准交通大学所请，补派上海本部及唐山、北平两院历届优秀毕业生公费赴美留学，学习美国交通管理方面的最新知识和技术，为发展交通事业培养专业人才。

交大唐校校友张鸿奎路过蚌埠看望赵祖康时，把这一消息告诉了他。

赵祖康闻讯非常高兴。他对康奈尔大学早有耳闻。他在工作中曾经得到一位工程师的帮助，那位工程师就毕业于康奈尔大学。此外，在他任教过的几所大学里，有好几位教授都出自该校。因此，他非常渴望有机会到康奈尔大学深造。

于是，他立即给凌鸿勋和茅以升写信，表达了内心的愿望。

经凌鸿勋和茅以升举荐，加上时任交通大学育才科负责人石远伊的帮助，赵祖康参加了遴选考试。

应该说，赵祖康有幸入选赴美留学之列，实属不易。因为他当时距离大学毕业已逾八年，如果不是特别出类拔萃，恐怕难以脱颖而出。据后来听说，他是以唐山学校 1922 年毕业生中"市政及道路工程系"成绩最好推荐的。[1]

与赵祖康同批受派赴美留学或实习的共计 11 名，计上海本部曹丽顺、蒋凤五、尤玉照、沈奏廷、钟仰麟、潘世宁 6 名，北平铁道管理学院赵廷杰、许靖、刘廷钰 3 名，唐山工程学院赵祖康、张鸿逵 2 名。其中，出身唐校土木系的赵祖康、张鸿逵对应留学的名校是拥有全世界顶尖土木系的康奈尔大学。1929 年 11 月，铁道部电令交通大学，此次 11 名派往美国留学或实习的学生，须具备成绩表证明一式三份。在今天上海交通大学档案馆里，依然完好地存放着这份由交大唐山土木工程学院院长李垕身署名开具的赵祖康赴美留学成绩证明。这份证明介绍了赵祖康的履历，包括在校期间的学习成绩、毕业后的工作经历与学术研究成果。

当时，由交通大学唐山土木工程学院院长李垕身署名，向交通部提交的出国留学申请报告说明：赵祖康"于民国十一年毕业于母校市政工程门后，历任上海、青岛、南京、江西、广西、广东等处各工程公司机关任职。""拟

1《赵祖康自述：我在解放前工作和社会活动中的交代》（1968—1969）（未刊稿），第 13 页。

再力求深造，甚愿出国继续求学，以便与国内所经历者相印证而资回国后之参政。"

报告说，根据"铁道部所颁布的派遣留学生章程规定第二项资格，凡有专门研究者，得呈部请求派遣"的规定，交通大学曾在1929年将赵祖康"名列入呈部请派之列，嗣以部费不充缓期派遣"；"祖康具有章程第一项之资格，特陈请转呈铁道部照章补派"。

报告的附件介绍了赵祖康的履历，以及他在校期间学习成绩、毕业后的工作经历与学术研究成果：

> 历任上海苏生洋行学习工程师、青岛胶澳商埠督办公署工程员、南京河海工科大学秘书兼教员、上海南洋大学秘书兼教员、国民政府交通部韶赣国道工程局工程师、广东建设厅公路处技士、广西梧州市工务局技正兼设计课课长、后升任工务局局长，现任安徽蚌埠市政处暨工务局顾问工程师；曾任中华全国道路建

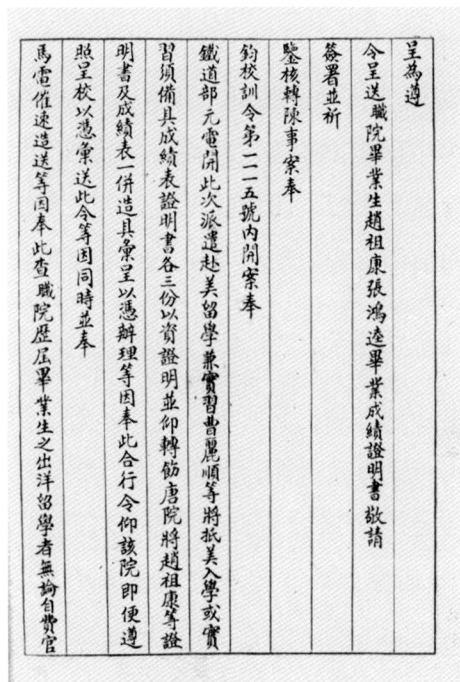

交通大学出具的赴美留学成绩证明
（上海交通大学档案馆提供照片）

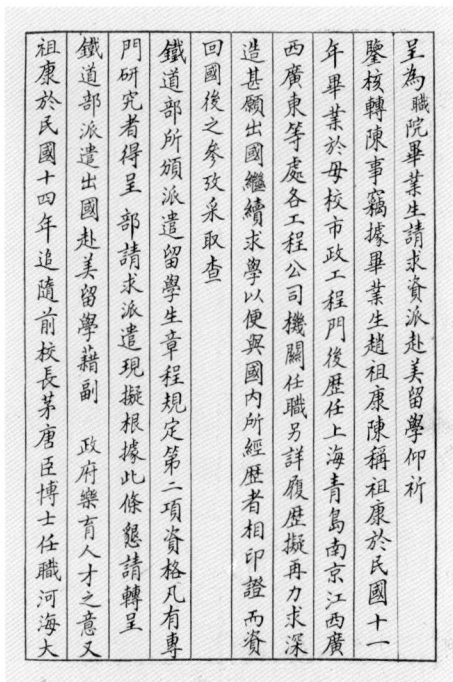

交通大学唐山工程学院出具的赴美留学推荐书
（上海交通大学档案馆提供照片）

设协会工程部董事、道路月刊名誉编辑；中国工程学会总会书记、梧州分会主席委员；现任工程季刊编辑。

发表的学术著作：《市街之设计建筑》（梧州市工务局印行）、《道路名词译订法之研究》（中国工程学会印行）、《梧州市沟渠设计法概述》（印刷中）。学术文章：马克达路（载道路月刊）；南北统一国道计划书（载道路月刊，曾收道路协会全国交通会议）；城市筑路征费法之研究（载市政全书首都新颁筑路征费章程即参照本文）；城市筑路取用土地法之研究；六十年来交通大事年表（载南洋季刊）；青岛之道路与沟渠（载唐大月刊），共计数十篇。[1]

1930 年 1 月 9 日，铁道部次长兼任交通大学副校长黎照寰设宴于上海新新酒楼，亲自为包括赵祖康在内的 11 名毕业生践行，席间，黎照寰亲手送给每人一份特殊的礼物——孙中山的两本英文版著作《实业计划》和《三民主义》，并语重心长地对赴美学生说，"中国还很落后，发展实业是唯一的振兴之路。孙中山先生在《实业计划》一书中提出了他所设想的建设中国的宏伟蓝图和远景计划。你们去美国后，一方面要很好地学习孙中山先生的思想、主张，一方面要刻苦用功，勤奋钻研，努力增长知识，掌握技术本领，以便学成归国效力，为中国走上富强之路而努力实践"[2]。这次的校长约谈，是孙中山实业计划给赵祖康留下印象较深的一次，也是他此后矢志不移地践行"工程救国"的信仰源头。他后来在《回忆黎照寰先生》一文中说：

我在青年时代深受孙中山先生"道路者，文明之母"、"财富之脉"的思想影响，遂立下致力工程，为民服务，发展交通，建设祖国的志向。当时我国知识分子中流行着"教育救国""实业救国"的思想，认为欧美、日本各国强大的原因是文化教育发

1 上海交通大学档案馆档案资料 LS3–233。
2 赵祖康：《回忆黎照寰先生》，上海文史资料选辑：《统战工作史料专辑（8）》，上海人民出版社，1989 年，第 92 页。

达，从而使工业发展日新月异，而我国则因闭关自守、教育落后，以致工业基础薄弱，国弱民贫，屡遭列强欺凌，所以要宣扬向西方学习，提倡新学，培养人才，发展工业。黎先生这一番关于实业救国的亲切谈话，更坚定了我们的信念。于是我们抱着"教育救国""实业救国"的志向去国外学习。[1]

直到晚年，赵祖康依然念念不忘凌鸿勋、茅以升和黎照寰的知遇之恩。

从赵祖康当年屡屡受到前辈的提携重用，不难感受到中国老一辈知识分子尊重知识、爱惜人才的高风亮节，这是中华民族宝贵的精神财富。

滴水之恩，当涌泉相报。赵祖康以实际行动回报了他的老师、学长的帮助，这种回报最终又回馈给国家。

赵祖康继承老一辈知识分子的光荣传统，后来也非常注重提携、重用优秀人才。

带着无限的希望、美好的憧憬，赵祖康一行乘上一艘意大利邮船，开始远航的旅程。

初次远离祖国，赵祖康的内心百感交集，思绪万千。他想到了孙中山先生的名言："道路者，文明之母，财富之脉"；想起了学生时代确立的

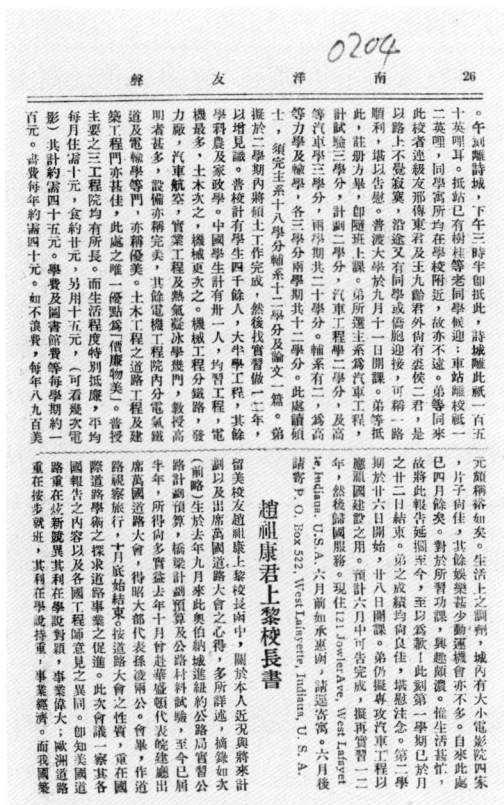

1931 年 6 月 1 日，南洋同学会会刊《南洋友声》刊载赵祖康致黎照寰信件，介绍其留美半年及参加万国道路会议情况

---

1 赵祖康：《回忆黎照寰先生》，上海文史资料选辑：《统战工作史料专辑（8）》，上海人民出版社，1989 年，第 92—93 页。

"教育救国""实业救国"和"交通救国"的理想;想起家中年迈母亲的殷殷嘱咐;盛满着妻女的无限牵挂。

经过近一个月航程,赵祖康和张鸿奎、钟仰麟、曹丽顺、许靖、沈奏廷、赵廷杰等同学,到达美国,开始研修道路和市政建设工程。

康奈尔大学的道路市政专业声名远扬,在中国市政工程界,更是有口皆碑。中国许多市政专家毕业于该校。因此,赵祖康对能进入这所大学学习感到很荣幸。

在短短半年时间,赵祖康首选在美国一流的上下水道(自来水和沟渠)工程课程,同时还选修了道路工程、桥梁设计、工具课程、城市计划与德文等课程。他学习生活安排得非常紧凑,用"夜以继日"来形容,毫不夸张。在他看来,只要将来回国工作中用得上的知识,都应该学一点,哪怕了解一点皮毛也好。

半年奋力拼搏下来,赵祖康感到身心非常疲惫,学习效率明显下降。特别是他原本想在半年内学完两年才能完成的德文课程,考试没有通过,使他对自己的愿望和学习实际成效有了比较清醒的认识。

在这种情况下,赵祖康决定收缩战线,集中精力,把将来最有用的知识学到手。于是,他放弃了与工作关系不十分紧密的桥梁设计课程,全力以赴,扎实学习公路交通课程。

在美国进修期间,赵祖康花费半年时间,学习了通常需要两年才能学完的课程。而后,就全力投入实习之中。他花了近一年时间,到纽约的奥伯奈市州公路处担任实习工程师,跟着工程技术人员学技术、学管理。为了尽可能多地掌握先进的科学技术和施工实践知识,他还深入到施工现场,与工人一起筑路架桥,了解掌握施工过程的每一个操作环节,和他们共同解决遇到的困难和问题,这一切,都为他回国后为公路建设事业的贡献奠定了坚实基础。

留美期间,赵祖康除了进行比较系统的理论学习和实践锻炼外,还有机会接触当时国际上公路建设的前沿知识与信息。1930年10月,他被推举为安徽省建设厅的代表,参加在美国华盛顿召开的第六届国际道路会议,和全世界最著名的公路建设专家一起,交流经验,了解学术发展动态。

令赵祖康喜出望外的是，在这次国际学术会议上，他遇到了阔别已久的恩师凌鸿勋。他乡遇故人，格外的兴奋激动。他和老师畅叙往日的旧事，抒发内心的志向情怀，描绘中国的公路建设事业发展前景，其乐融融，甚为欢洽。

会后，会议组织方安排参观美国中部地区。赵祖康和凌鸿勋被分在一组，两人朝夕相处，参观游览，切磋探讨，友情倍增。凌鸿勋对赵祖康表露出极大的期望，使赵祖康深受感动和鼓舞。

日月如梭，一年半留学生活很快过去。赵祖康对美国富裕的物质生活和优越的学习条件印象深刻，对学到的许多新知识、新技术，充满感激之情。

但是，他在这里也受到过侮辱与伤害。他清楚地记得，刚到康奈尔大学时，他在该校土木工程学院大楼（又称林肯大楼）过道上的橱窗内，看到一幅介绍美国总统胡佛的照片，配文说明，胡佛曾在中国唐山担任过矿山工程师，还写了一些侮辱中华民族的话语。这些话语，使赵祖康的民族自尊心受到严重伤害。

此后，在他留学的一年半时间里，类似的事情还遇到过多次。有一次，赵祖康在美国的《给水与给水工程》杂志上读到一篇文章，对中国城市的给排水系统情况作了侮辱性的介绍，心里非常气愤。于是，他就利用康奈尔大学中国工程学生会的一次集会发言，结合在上海、青岛和梧州等地工作掌握的资料，对这篇文章进行了严厉批驳，还和与会者一起，写信给该杂志社，表达抗议。

更令他愤慨的是，赵祖康和几位中国留学生想参观一下美国著名的尼亚加拉大瀑布，顺道过境去考察一下加拿大的交通情况。不料，在过境时，受到加拿大边防警察的无理刁难，最终未能成行。

这一系列不愉快的经历使赵祖康尝到了弱国国民在外国受欺辱的滋味，更坚定了他发愤图强的爱国信念。他下定决心，用学到的知识和本领报效祖国，使祖国尽快强盛起来，不再受轻视欺凌。

1931 年 6 月，踌躇满志的赵祖康踏上归国的旅途。

学成回国　施展抱负

1931年夏，赵祖康结束留学实习生活，回到祖国。

当时，有的同学实习期满，想方设法留在美国，等取得硕士或博士学位再回国。

对此，赵祖康一时也曾动心，因为只要再读半年，就可以拿到毕业文凭与学位，他的导师也愿意帮助他继续留在美国深造。但是，他早就立下志向，"筑路救国""工程救国"。现在，国家的公路建设还很落后，正是实现抱负的时候。自己所学的专业实用性很强，回国是搞管理，现在学到的知识已经够用，要赶紧回国干事业了。一定要用学到的知识与技能为发展中国公路建设事业服务。

因此，赵祖康排除一切杂念，毅然回国工作。

赵祖康回国后，凌鸿勋想把他介绍到陇海铁路工程局去任职，那里职位高、待遇好。但是，赵祖康恳切地表示，希望从事公路建设工作，这方面自己更熟悉擅长。

经凌鸿勋介绍，赵祖康进入铁道部工务处，从事与公路建设相关的工作。这一段时间，赵祖康把自己在美国所学到的知识全部用在公路建设事业上，深得赏识。

1932年5月，国民政府提出，要全力发展经济，加快建设步伐。为此，特别设立了全国经济建设委员会，曾在交通大学任职的秦汾，出任主任。

秦汾，字景阳，1887年1月生于江苏省嘉定，是我国著名的数学家，1903年，秦汾考入北洋大学堂（天津大学前身），入校后习土木工程，成绩名列前茅。1906年，被送到美国哈佛大学攻读天文数学，获硕士学位。1913年归国，历任教育部专门司司长、次长、代理部务，后又先后在北京大学、交通大学各大学任教。秦汾精擅数学，任教之余，勤于笔耕，先后著有《数学》《微积分》等多种著作，时人誉其为数学权威。1929年，秦汾出任南京国民政府财政部会计司司长，后任财政部常务次长。

秦汾对赵祖康的才能非常赏识，曾对人说："凌鸿勋是我的得意门生，赵祖康是我门生的得意门生，因而，赵祖康就是我门生的门生。"[1]

1932 年 12 月，全国经济建设委员会专门设立公路处。经时任该处处长陈体诚力荐，赵祖康转入公路处工作，受到重用，先后从专员升任道路股长、副处长。从此，赵祖康和中国的公路建设事业结下了不解之缘。

赵祖康曾介绍说："民国二十一年，陈体诚先生任浙江公路局局长，协助全国经济委员会，推行公路建设设施，本人以陈体诚之介绍，供职经委会，担任其事。"[2]可见，全国经济委员会公路处成立伊始，赵祖康就在国家层面的机构供职，参与公路建设的规划设计与行政管理，是国家公路建设的创始人、参与

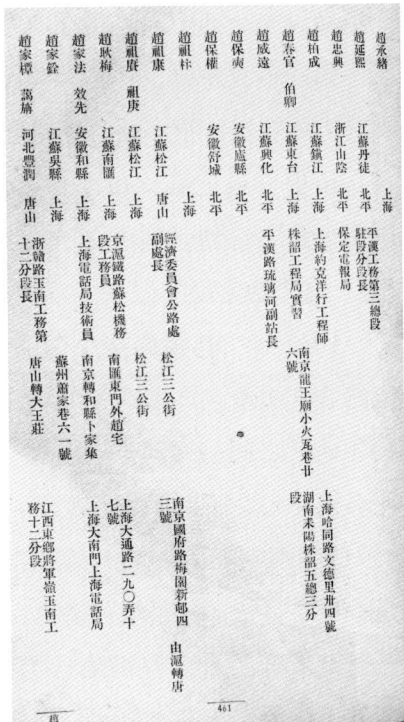

赵祖康任职名录
（上海交通大学档案馆提供照片）

者；赵祖康进入这一部门工作，无疑提高了他的站位，拓宽了他的视野，使他有机会把理想与现实、理论与实际、研究与管理紧密结合。

陈体诚，字子博，1893 年出生在福建省福州市，是清末名人陈宝琛的后代。少年时就学于福州全闽学堂。后来，进入交通部上海工业专门学校土木工程科学习，毕业后被派赴美国卡内基钢铁研究院专攻桥梁构造工程，学成回国后，先任京汉铁路局工程师，参加修建黄河大桥，还担任过北京大学教授。南京国民政府成立，陈体诚先后出任浙江公路局局长、全国经济委员会公路处处长。

秦汾、凌鸿勋和陈体诚，都一致推崇、赏识赵祖康。

赵祖康上任后，清楚地认识到，中国的公路建设还处在初创阶段。辛

---

1 赵祖康：《回忆凌竹铭老师》（未刊稿）。

2 赵祖康：《我国公路建设之过去与展望》，《交通建设》1943 年第 2 期。

亥革命以来，孙中山先生在所著的《建国大纲》和《建国方略》中，对发展中国的市政建设，铁路和公路建设提出过宏伟的设想，但是近 20 年来，实际进展缓慢，很多地方还是空白。

历史资料记载，1912 年，湖南修成一条从长沙到湘潭的公路，成为中国公路之首创。到 1921 年，将近 10 年时间，全国仅修成公路 1 180 公里[1]，这个数字还不足一条京沪铁路的长度。

1932 年，赵祖康接手公路处处长一职时，全国各地的公路建设进展依然非常缓慢，许多地方没有像样的公路，严重制约国民经济的发展，影响各地区之间的交往。在一些交通极不通畅的地方，"鸡犬之声相闻，老死不相往来"还是严酷的现实。

赵祖康感到，这种现实状况要真正改变，绝非一朝一夕所能见效。但是，只要坚持不懈，艰苦努力，做扎扎实实的工作，就一定会取得成效。

万事开头难。赵祖康认为，中国公路事业长期处在"无组织、无计划、无技术"状态。要使公路建设发生根本变化，建成现代化的全国公路网络，必须首先制定全面的科学规划，制定切实可行的规章制度。然后，有计划、有步骤地分步实施。

为此，他借鉴在美国留学时所学到的知识、经验，先后主持制定了全国各省市间互通汽车的规划与办法，进而制定全国联络公路网；制定贯通全国各省市的国道网络，制定全国公路技术统一标准，逐步形成全国公路管理和施工质量监理制度，制定了全国汽车牌照的统一管理制度，等等。经过不懈努力，基本形成了比较系统的公路建设规章制度体系。同时，还创办了全国公路干部培训班，培养造就了一批优秀的公路建设管理人才，充实到全国各省市的公路部门，推动全国公路事业发展。

赵祖康是一位学有专长的专家，又是一位精通业务的行政管理者，更是一位注重实干的工程师。在他献身于中国的公路建设事业后，基本上没有脱离过生产第一线。他认为，筑路架桥，与搞其他科学的不同之处就在于这项工作对实际经验的特殊要求。因此，他从 20 世纪 30 年代开始，长

---

1 陈伯强：《中外著名的公路专家赵祖康》，《人物》1986 年第 4 期。

期坚持一面进行理论研究，一面深入实际，了解情况，积累经验。1932年，他被调入公路处工作以后，参加了领导修建江南地区公路的工作。选择江南地区作为公路建设的试点和示范，一是因为这一地区的经济比较发达，自然条件比较优越，先行建设有助于加快这里的经济建设步伐，也有利于创造经验，为今后的公路建设奠定基础。

在修建苏、浙、皖、南京和上海三省两市六条联络公路的几年时间里，赵祖康不辞辛劳，经常深入施工工地，了解掌握工程进度，现场解决遇到的困难和技术问题，还把自己在美国实习期间所学到的先进科学技术，运用到这项工程建设中，为尽快建好这个全国首条公路网作了重要的贡献。

抗日战争爆发前夕，赵祖康领导组织了公路桥梁标准检验委员会，使大干线上的桥梁由载重量 6 吨提高到可通过载重量 30 吨的普通炮车。抗日战争开始后，他奉命抢修华北和东南前线的军用干线，在 20 天内完成了石家庄至德县、石家庄至保定等 4 条军用公路。继而又在 4 个月内抢修出汉口至宜昌的公路，为中国的抗日战争作贡献。

在赵祖康献身于公路建设事业的漫长岁月中，修建南方的公路只能算是初试牛刀，更艰难复杂的任务还未开始，还有更艰巨的任务在等待他。

筑路先锋　名副其实

中国现代公路建设史是和赵祖康的名字联系在一起的。

抗日战争时期，著名画家刘开渠创作了一尊名为"开路先锋"的雕塑。据赵祖康的子女介绍，这尊雕塑是以赵祖康领导修建西南地区公路的事迹为原型创作的。画家试图通过这一创作赞颂赵祖康对中国公路建设作出的贡献。

如前所述，在 1921 年之前，中国公路的总里程仅有 1 000 公里左右。直到 1930 年，也只发展到 27 000 公里，而且这些公路的建设标准很低，工程质量不高，加上各地军阀各自为政，没有统一的筑路标准，兴修的公路都是零星片段，即使在一个省内，也没有通盘的规划。

刘开渠赠送给赵祖康的雕塑"开路先锋"

1931年夏天，赵祖康满怀一腔报国筑路之志回到祖国，很想在公路建设方面施展自己的才华，贡献自己的智慧。机缘巧合，让他赶上好时机。

1931年10月，国民政府获得国际联盟的财政支持，筹备成立"全国经济委员会"，作为与国际联盟合作的机构。"全国经济委员会"负责筹办的建设事业包括水利、农业、公路、卫生实验、棉业统制、蚕丝改良等部门，由国际联盟分别派出专家来华协助工作。

1932年，赵祖康被调入"全国经济委员会"，担任公路专员，为他施展理想抱负创造了有利的条件。

赵祖康对公路建设的首要贡献是参与制定一系列具体的筑路规划，实施具体的建设方针，确定中国公路建设的基本体制，即：参照美国联邦协助各州筑路的体制，采取由中央督造各省联络公路，以逐步实现公路工程标准化、管理统一化、运输便利化。这一建设方针，很快付诸实施，对以后的公路建设发生了长远的影响。

1932年5月，"全国经济委员会"筹备处奉命协助苏、浙、皖三省在最短的时间里完成主要干道的建设。为此，还成立了"苏、浙、皖三省道路专门委员会"，负责修建三省主要道路的设计审议机关，赵祖康也是该委员会的成员，并且是主要的负责人、建设蓝图的主要描绘者。

根据当时的设计思想，把三省公路定名为"苏、浙、皖三省联络公路"，首先修筑路线6条：沪杭路（上海至杭州线）；京杭路（南京至杭州线）；京芜路（南京至芜湖线）；杭徽路（杭州至徽州线）；苏嘉路（苏州至嘉兴线）；宣长路（宣城至长兴线）。这6条线路的总长度为505公里。修建这6条公路最大的特点是，整个工程的设计施工标准由道路专门委员会内的国际道路专家会同"全国经济委员会"公路部门的道路专家共同制定，从而保证了工程标准的统一，开了中国公路统一设计、分别施工的先河，具有历史意义。

1932 年的七八月间，全国经济委员会筹备处成立道路股，指派赵祖康为股长。负责督导"苏、浙、皖三省联络公路"的施工进度和工程质量，开展有效的监控督导，成为"苏、浙、皖三省联络公路"的实际负责人。经过一年多时间的施工，到 1933 年 11 月，"苏、浙、皖三省联络公路"全面建成。

赵祖康在回忆中指出，"苏、浙、皖三省道路专门委员会及道路股的设立，在旧中国公路史上是由中央成立专职机构具体办理公路工程建设工作的开始"；"三省联络公路基本完成，……引起了国民党中央及各省的重视。此后，国内大部分主要公路的计划、兴建和其他有关设施，基本上是由经委会直接或间接加以监督、指导或影响之下办理的"[1]。

"苏、浙、皖三省联络公路"的成功实践引起国民政府高度重视。1932 年 11 月，国民党军事委员会在武汉召开苏、浙、皖、湘、鄂、赣、豫七省公路会议，七省的建设厅厅长和公路建设官员悉数出席。赵祖康也奉命出席会议。会议闭幕时，蒋介石亲自到会讲话。

会议决定，批准"全国经济委员会"提出的以开辟交通、发展经济为目标的公路网建设设想。根据这一设想，新建 11 条公路主干线，具体是：京沪路（南京至上海）、京闽路（南京至福建）、沪桂路（上海至广西）、京鲁路（南京至山东）、京黔路（南京至贵州）、归祁路（归德至祁门）、京川路（南京至四川）、汴粤路（开封至广东）、京陕路（南京至陕西）、洛韶路（洛阳至韶关）、海郑路（海州至郑州）。干线总长约 12 000 公里，支线 63 条，总长约 1 000 公里，计划分 5 期兴筑，3 年内全部完成，并决定仍由"经委会"负责督造。工程技术标准、工程费用、预算编制标准基本上都按"经委会"拟订的方案通过。

建设方案通过后，赵祖康和其他许多公路建设专家一起，连续奋战一天一夜，绘制出公路路线图，报请国民政府同意，立即付诸实施，这在中国现代公路建设史上，对中国的公路事业和经济建设发挥了重要的作用，

---

1 赵祖康：《旧中国公路建设片段回忆》，《文史资料选辑》第 83 辑。

具有划时代的意义。

赵祖康全身心地投入旷日持久的公路建设，为构筑现代交通网络，进行大量的理论研究和科学实践，为民造福，初步实现自己的抱负。赵祖康的造诣和才干受到全国各地方官员的追捧，他们都有意请他为各自管辖内的公路建设出谋划策，国民党军事委员会武汉行营也想拉他从事军用公路工程。对这样的"好意"，赵祖康毫不犹豫，予以拒绝。

赵祖康的专业知识与实践才能使他在业界声名鹊起，也理所当然地受到提拔重用，很快从股长被提升到副处长，实际担负起主持公路处全面工作的重任，为他在更广阔的建设舞台上大显身手奠定了基础。

七省公路会议召开后，"三省道路专门委员会"就扩充为"七省公路专门委员会"。到1934年，陕西、甘肃和福建等七个省，也被纳入全国经济委员会督造公路的范围。于是，上述机构再次更名为"公路委员会"，统筹这些地区的公路建设事业。

公路委员会成立后，多次召开会议，进一步对有关公路建设的管理与技术问题进行研究，进一步制定、完善相关的规章制度。所有会议的筹备和有关制度的研究制定，赵祖康都是实际操盘手。

通过历次公路会议的研究讨论，公路建设事业逐步走上正规化、科学化、系统化轨道，形成了工程标准、预算审核、经费管理、公路管理和公路运输等完整的建设体系。

从1932年到1934年，短短两年多时间，中国公路建设取得长足的发展。由公路委员会督造的公路由505公里增加到9 969公里。到1936年6月，又增加到21 000公里，其中包括贯穿东西南北的9条干线公路。这时，全国公路的总公里数已经达到了100 000公里，并且初步形成了全国互通的联络公路网。

建章立制　规范管理

陆上交通畅达的基本条件之一在于公路建设的缓速和质量的高下。然而，在具备此条件的前提下，交通管理是否严格规范，就成为保证交通顺畅的关键。向来以严谨认真为最高追求的赵祖康，在美国进修和实习期间，对美国交通发展的经验做了深入而实际的研究。

进修结束，赵祖康就把这些有益的经验运用到我国的交通建设和管理之中，特别是在建章立制、完善我国的交通管理体制方面，贡献突出。他从主持公路工程之始，就十分重视公路工程建设标准的制定。他认为，一个国家的交通发展，固然要花大力气进行建设，但是如果不在建设的同时，制定一套适用、规范的规章制度，建设搞得再好，也无法最大限度地发挥其应有的作用。不立以规矩，不能成方圆。

赵祖康看到，早在 1929 年，国民政府铁道部就颁布了《国道工程标准及规则》。但是，在实践过程中，很少有人把这个规范当一回事。因此，这个规范形同虚设，对中国的公路建设没有实际的约束力。

鉴于这一实际情况，赵祖康从一开始，就不仅着手制定规范制度，更注重制定的规范制度必须得到严格执行。为了适应督修联省公路的需要，1934 年，在他的主持下，制定颁布了《公路工程准则》。这一规范一经颁布，就得到严格贯彻执行。赵祖康提出，各省在修建公路时，如果不严格执行，就不予拨款。在施工中，不执行《准则》，同样不予拨款。这样一来，就迫使各省政府被迫执行，从而开了有章必依、有章必循的先例。

从此以后，在赵祖康的主持下，陆续制定颁布了有关公路勘测测量、公路桥梁涵洞工程等一系列规章制度。这些规章制度颁布后，他同样注重其有效的规范力和约束力，赢得有关方面的好评。

1940 年，赵祖康担任交通部公路技术标准委员会公路组组长时，他又领导编制出版了更加系统的《公路工程暂行标准草案》，把公路分为甲、乙、丙、丁四等，按照主要干线、次要干线、主要支线和次要支线或乡村支线，分别参照执行。这个标准草案，还根据中国的地形，分别划分出平原区、丘陵区、山岭区，并且根据不同的地区，把行车速度分别限制为 100 公里／小时、80 公里／小时、60 公里／小时、40 公里／小时。此外，标准草案还对平面路线、纵面路线，以及断面、交叉与结构，分别做了具体的规定，为以后的公路工程技术标准的进一步发展完善奠定了良好的基础。

1947 年，赵祖康又主持编制了《公路路面规范草案》初稿，分为上下两卷，上卷为"设计"卷，下卷为"施工"卷，共 47 章，为公路的路面建设提供了规范统一的标准，"这在当时是有先进意义的，对以后也有很大的参考价值"。[1]

赵祖康在中国公路建设的规章制度建设方面作出的另一个重要贡献，是开创了公路交通的监理事业。公路交通监理是公路交通的重要组成部分。在 1932 年到 1937 年期间，赵祖康一方面致力于公路建设事业，一方面着手开辟公路监理业务。为此，当时专门成立了"公路交通委员会"。成立这个专门机构，主要出于两方面的需要：一方面，经过几年的联省公路建设，南方地区的公路网逐步形成。然而，由于各省都制定了车辆管理运行办法，颁发了各不相同的车辆牌照，省际之间不能互通汽车。这种情况严重阻碍了交通的统一与发展。为了解决这个问题，有必要建立统一的管理机构，进行统一的管理；另一方面，是对付殖民主义渗透的需要。那时，在上海的外国租界里，英、美、法、日等国侨民在"工部局"的支持下，组织了一个所谓的"汽车协会"，主要是为外国侨民服务。他们看到中国公路管理是一个薄弱环节，因而企图利用这个管理机构侵犯我国的公路管理主权。

赵祖康看到了外国殖民者的侵略野心。因此，他极力主张成立专门的交通管理机构以抵御外国殖民势力的入侵和渗透。这个机构成立初始，定名为"苏、浙、皖、京、沪五省市公路交通委员会"，后来扩大为"全国公路交通委员会"。这个交通委员会成立后，在赵祖康的主持下，做了以下几项工作：

（1）制定规章制度。为了管理上的需要，先后编订了各种规章制度 53 项，其中主要的有 5 省市汽车互通办法，公路联运办法，汽车驾驶人和技工的考核发照办法，汽车车辆检验和发照办法，客货运通则等。并整理了《公路交通管理条例》9 章 130 条，这就为我国开展汽车监理业务奠

---

1 张佐周：《赵祖康》，载《中国现代科学家传记》第 3 集，北京科学出版社，1992 年，第 721 页。

定了基础。

（2）参照国际性的交通标志统一全国交通标志，并制定公路交通标志之设置及保护规则 12 条，对保障交通安全，减少行车事故产生了积极的作用。

（3）公路交通安全宣传。召集有关部门组成了"五省市交通安全设计委员会"，展开较大规模的安全宣传，制成各种展览物品，如图画、行车肇事统计图表、交通工具模型、搪瓷安全标语牌、电影等，在各省市公路沿线展览和放映，引起沿途群众的重视，提高了交通安全的意识。

（4）兴办旅游事业。首先选择南京至黄山之路，在宣城设立"旅游服务社"，为游客提供膳宿和导游业务，以后发展到苏州、无锡、宜兴等地风景区，以及为去莫干山避暑、海宁观潮的客运，提供服务，获得中外人士的好评，开中国旅游事业的先河。[1]

学者本色　笔耕不辍

赵祖康既是讲求科学、崇尚实干的行政官员，又是刻苦研究、崇尚学术的研究者。

赵祖康对学术研究的兴趣始于在母校交通大学工作期间。1925 年发表了他撰写的"从利权得失观划分中国近世交通史之时期"一文。文章最后说明，本文是他的长篇论文"收回交通权刍议"的第四篇文章，而且还未刊载完。

文章开头就指出："吾国交通史之编著，至今盖甚寥寥。"接着，他在文中披露了一个信息，即：他曾编著过"六十年来中国交通四政大事年表"。

文章说明："从利权得失观划分中国近世交通史之时期"一文的写作基础源自这个大事年表。文章指出：

---

1 张佐周：《赵祖康》，载《中国现代科学家传记》第 3 集，北京科学出版社，1992 年，第 721 页。

考吾国之有新式交通事业，（就路电邮航四政论）当以邮政为最早。盖海关邮政部之创设，事在咸丰十一年（西历一八六一）。然而吾国交通事权之丧失，则远在吾交通事业发生之前。是诚可怪而亦可痛之事，世界各国所仅见也。清道光二十二年（西历一八四二年）吾国以鸦片战败，与英订立南京和约。是为吾丧权辱国，外人实行侵略之始。而我交通权之丧失，亦却始于是时。和约第二条明许英国以五口（广州福州厦门宁波上海）通商贸易。所谓通商贸易者，却含有英国船只得自由航行与五口间之意，是实吾国沿海航行权失败之第一步，而亦吾交通权丧失史之第一页也。嗣后咸丰八年（西一八五八年），中英续约又许英船得由海口驶入长江，至于汉口。于是吾内河航行权亦与人以共有。外国航业得在吾国横行若是，而吾则至同治十一年（西一八七二年）方有李鸿章奏请创设招商局之议也。咸丰十一年，邮政创办。然甚简陋。附设于海关，权在外人之手。则与其谓为吾国交通事业之滥觞，毋宁视为外人侵夺交通权之又辟一径也。

是以溯吾国交通权之丧失，当与不平等条约同归于一八四二年。论吾国交通事业路电邮航四政发生与受创之历史，则断自同治初元，未为不可。自道光二十二年至今，为时八十余载，自同治元年至今，则只六十余年。交通大事年表之所以始于同治元年者为此。

此六十余年之交通史，果如何而划分乎。兹为先示各期之年代与名称于左。

第一期　利权萌芽时代　自一八六二年（同治元年）至一八九四年（光绪二十年）

第二期　利权外丧时代　自一八九五年（光绪二十一年）至一九〇三年（光绪二十九年）

第三期　利权收回时代　自一九〇四年（光绪三十年）至一九一一年（宣统三年）

第四期　利权重创时期　自一九一二年（民国元年）至

一九二一年（民国十年）（十年以后，暂置不论。说见勾议之三）

　　此四时期之分，实以路政为主，电政次之，邮政又次之。航政幼稚已极，向在外人势力之下，无所谓利权之丧失与收回也。[1]

　　这篇文章把中国近代政治发展与交通发展联系起来考察，既考察了交通事业发展的大致脉络，又论述了国家主权从沦丧到收复的过程。文章研究思路清晰，史论结合，足见其学术研究态度的规范严谨。

　　赵祖康走上公路建设行政岗位后，在繁忙的行政管理事务之余，依然保持着学者本色，对与公路建设相关的理论科学，保持着极大的兴趣。

　　1932年，他刚到全国经济委员会工作时期，就亲自主持了两条实验公路的建设。"第一试验路"位于南京麒麟门至马群镇之间。为了修好这条试验路，他共布置了31种不同种类的路面试验所用材料，均以国产材料为主，如块石、碎石、青砖、混凝土轨道、竹筋混凝土等。他要在公路界提倡一种爱国货、用国货的风气。

　　1933年10月，赵祖康在南京中山门外明孝陵卫附近京杭国道上主持修建了"第二试验路"，全是沥青表面处理，但运用了不同牌号的沥青材料，而且用不同的操作方法铺筑，其目的就是要研究各种路面对交通量、建筑费和养路费的适应性。

　　在试验的基础上，赵祖康编写了"全国经济委员会第一试验路报告"。本来还要写出第二份报告，因抗战爆发而作罢。

　　1937年，在修筑大西北公路期间，为了解决西北黄土高原修路缺乏路面用的石料问题，他组织工程技术人员在西兰公路咸阳段附近修建了水泥土壤稳定试验路；1941年，他在支持修筑乐西公路时，在工期极其紧迫的情况下，依然抱着对人民负责、对历代负责的精神，成立了"路面工程事务所"，试验级配路面，取得成功后，在这条公路上予以推广。

　　在整个抗日战争期间，他始终坚持把公路建设和科学实验相结合，先后与昆明西南联大、重庆中央大学和乐山的武汉大学合作进行相关的科学

1《南洋旬刊》1925年第二卷第八期。

试验，对这一时期的公路建设以及后来的建设提供了理论指导和实验依据。

平时，赵祖康非常重视技术学习和交流。1939 年，他在交通部担任总管理处处长时，发起组织定期举行的"公路技术座谈会"，每周举行一次，请专家做报告，或组织处里的工程技术人员进行学术交流。不仅如此，还把每一次学术报告的内容记录下来，整理成文，出版了油印的《公路技术》40 余期。他还身先士卒，主讲"公路定线之研究"，提出了一系列很有科学价值的理论，其中包括：

（1）三个控制因素，即：交通量、地形、造价。因为这三个词的英文都含有"T"（Traffic、Topography、Cost），赵祖康把它概括为三 T 因素；

（2）四个定线目标，即：速度、安全、经济和景观。又因这四个词的英文字母开头均为"S"（Speed、Safety、Saving、Scenic），赵祖康把它概括为四 S 目标；

（3）五个定线要目，即：距离、坡度、线形、路宽、排水；

（4）五种山路定线，即：越岭线、山腹线、山脚线、山谷线、沿岭线；

（5）两种定线方法，即：纸上定线和实地定线。

他阐述的有关公路建设的理论原则是他理论研究与实践经验的累积与总结。

1938 年，在国民政府从武汉向重庆撤退时，赵祖康托运的几十箱珍贵的书籍中途因船沉没而丢失。对此，赵祖康感到非常痛惜。到重庆以后，为了表达对这些遗失的书籍的珍爱与怀念，他专门请了一天假，在家里举行隆重的祭祀仪式。

即使在抗日战争的烽火岁月，他也勤于学习，勤于思考。据友人介绍，他自"任职工程界时，对各类书籍，更孜孜不倦，日必一读，且素无嗜好，衣着朴实，其生平任事，坚持三忍主义，一以容忍待人，二以刻苦律己，三以切实做事。……公余读书，绝未稍辍。"[1]

在抗日战争时期，他一面亲临现场，指挥协调西北西南地区的公路建设，一面坚持潜心研究，发表专题演讲、研究文章，总结公路建设的实践

---

1 朱衣:《土木才子赵祖康》,《东南风》。

与经验。

1943年，在重庆公路建设总局发表演讲，系统回顾中国公路建设的历史进程，这个演讲刊载在同年出版的《交通建设》第2期，题目为"我国公路建设之过去与展望"一文。

这次演讲，比较全面系统总结了中国现代公路建设的历史发展轨迹，以及公路建设的发展情况。文章指出："我公路建设，当以民国二十一年为时代之发动时期，……于是采取美国之中央协助地方办法，以为我国公路建设之政策。"

文章介绍说，中国公路建设最初的指导原则，即："从大处着想，从小处入手"；"中央与地方通力合作"；"工程运输统筹兼顾，而政府设施，先以工程为主"。文章还全面回顾了公路建设发展的历史，把它划分为几个阶段：

> 第一阶段，从民国二十一年五月起，照此原则兴造五省联络公路，以南京为中心，筑干线二条：（一）京芜路、（二）杭徽路、（三）苏嘉路、（四）沪杭路、（五）宜长路、（六）改善京杭路，其中沪杭公路最先完成，于是年双十节行通车典礼。是年十一月奉委员长之命召开七省公路会议于汉口，由五省扩大为七省联络公路，以对内军事，对外国防，与经济开发三方面为依据，仍以南京为中心，计划与筑干线十一条：（一）京黔路，（二）京川路，（三）京陕路，（四）京鲁路，（五）京闽路，（六）京沪路，（七）沪桂路，（八）鄂海路，（九）汴粤路，（十）洛韶路，（十一）归祈路，连同支线共约二万余公里，范围虽仅七省，其目标则遍及全国。二十三年初，全国经济委员会以西北运输之重要，派员拨款自行直接兴造西兰西汉两公路。自是全国公路建设进展甚速，当民国二十一年全国经济委员会开始督造公路之时，全国公路仅六万余公里，迄抗战前夕，已成公路十一万公里，五年之间，增加数达一倍，平均每年约增一万公里，此乃最高领袖领导指示及中央与地方合作之结果，亦公路界

同仁共同努力之成效也。

迨抗战发生，公路建设，随战时需要之迫切，而加紧发展，在此时期间，筑路方针，凡有三点：（一）路线配合军事；（二）标准依照国情；（三）施工适应环境。自战事初起，迄南京撤守，国际及国内运输尚以铁路为主，公路所任主要运输之任务尚少，故此时公路建设，以前后方军用最急公路之督造为目标，主要工程着重于西北，曾派工程队至百灵庙，协助地方兴筑归绥至武川及杀虎口之公路，另派队抢修石沧，石德，石保，石柳，四军用公路，以及太原至大同公路，与山东河南各军用公路，此项工程，大都均在华北。至国际通道，亦曾注意准备：西北方面，有川陕路线之改善；西南方面有湘桂公路之修整；并举办五省联运，通达越南；滇缅公路，则与民国二十六年十二月开始建筑；而重庆贵阳间之公路，亦于此时推动，积极修建。

民国二十六年十一月，政府移汉，二十七年二月，全国经济委员会公路处归并交通部，设公路总管理处，此时公路建设以保持武汉为中心，对于万一武汉撤退时之路线，尤积极进行，其一为武汉长沙间公路之督促完成；其二为汉口宜昌间公路之抢修，此路由湖北建设厅公路处会同办理，于武汉撤退前五日完成，而武汉物资之得以全部运出，此二条公路之功，实非鲜浅。同时因粤汉铁路时遭敌机威胁，为加强国际运输力量以改善广九，湘粤，粤桂公路。二十七年初西南各省公路，由中央收回办理，交通部特设西南公路管理局主管之，当时之重要工程；为建筑桥梁，以减少渡口。西北方面曾修筑老河口至白河公路；汉中至白河公路；天水经双石铺，即凤县公路，均在二十七年内先后动工。而滇缅公路则加紧修筑，动员民众十五万人，经部派人员与地方当局之努力，得于八个月内完成，其中重要工程，如功果桥与惠通桥之建造，亦于四个月内完成，深获国际之赞许。旋设滇缅公路运输管理局，举办改善工程，并筹办运输事宜。

二十七年十月政府迁渝，公路建设，以重庆为中心，兴建川滇公路，以补川筑滇线之不足。又以广州沦陷后国际路线被阻，滇缅公路未改善时运量有限，于是有湘越公路之修整，起自湖南长沙，经衡阳，桂林至镇南关；奈甫经接通，而镇南关已受威胁，不得不另筑一路以达同登，于二十八年完成。同时又将四川与湖南广东广西间之公路，设法打通，并修整重庆至宝鸡公路，使西南西北得以联络。二十九年春南宁失守，桂越之国际交通入阻，事先虽有滇越公路之准备，未几亦阻，故我国国际运输，以民国二十九年为最艰难之时期，是时还有通沙鱼涌及金华之东南路线。民国三十年，又鉴于万一仰光发生问题，国际交通，势将全阻，并派员作中印公路之测勘。并自二十九年起加紧修筑乐西西祥两公路，以贯通川中。至民国三十一年，情势大变，四月间仰光失守，五月间浙赣战起，于是公路建设，趋重于西北。而东南各省收复之区，其公路之修复，亦在第三战区司令长官部协助之下，积极办理。同时将绵阳壁山间之公路打通，俾由于往西北，不必经由内江成都。此外民国二十九年至三十年，对于各公路桥梁之加固，亦为重要建设之一。

这段简明扼要的回顾清晰地勾勒出中国公路建设的发展轨迹，建设重点的转变，使中国公路建设的概况基本了然。

1944 年 8 月，赵祖康在《西南公路》第 27、28 期上发表"公路制度漫谈"一文。

文章首先对何谓制度，提出了独到的见解，指出：

"制度的涵义，以字面解释，制式乘法，度是度数。我故以为制度至少应该包括三个意义，一是规定的法制，二是确立的办事方式与程序，三是合理程度内的弹性与伸缩性。前二者是制度的骨骼，后二者是制度的经络，只有前二者，只可名之曰法制，只有后一者，也不成为制度。"

文章批评道，"现在有不少人不知有制度，不愿有制度，也有人以为颁布法规，拘守成例，便尽立制度之能事。我故以常识的见地，略略谈一谈公路制度"。

文章围绕着如何加强公路制度建设，阐述了几个要点："一事业之推行，在其实施之前，在抽象方面，应有三个先决条件，一是计划，二是组织，三便是制度。此种抽象的条件与具体的先决条件，如人力、物力、财力等相配合适当，事业便可成功。我们也可说，凡事先有目标，次视有能的人力、物力、财力，以定计划。再次在此目标与计划之主观条件，及可能的人力、物力、财力之客观条件下，确立组织与制度。所以我们在塑立一种制度时，万不可漠视我们专业的目标与计划之大小，以及客观条件之如何情况。"

接着，文章联系以往的工作实际，总结说，全国经济委员会最初确定的全国公路建设《督造办法》是计划、目标与制度紧密结合的典范，也是制度制定与推行的范例。这个办法的制定与推行为以后的公路制度建设、公路建设的实践，开了一个好头。

文章围绕如何进一步推进各项公路具体制度建设，切实加强公路建设管理，展开详尽的探讨，提出了许多建设性的意见。

在此前后，赵祖康还发表了"当前之公路建设问题"一文，围绕公路建设的各个方面的具体问题，展开科学具体的论述，论题涵盖公路工程建设、交通设施建设、交通管理，以及运输管理、公路保养，公路机械；又发表过"公路与铁路技术人员合作之初步""公路顶线之研究"等纯技术的学术演讲、学术论文，研究论题之专业，学术分析之细致，显示出一个高层行政管理者的专业素养、科学精神。

1944年10月，赵祖康作了题为"公路建设与心理建设"的演讲，发表在《交通建设》杂志上。

文章指出：公路建设具有双重作用，"一是精神的，一是物质的。国父曾说过：'道路者，文明之母，财富之脉。'前者可说是精神的，后者可说是物质的。公路建设与心理建设的关联即在于此"。

接着，文章概括了公路的四大特征："（1）从公路建设范围的空间言，它是全面性的。（2）从公路建设发展的过程言，它是演进性的。（3）从公路建设作用的现象言，它是机动性的。（4）从公路建设内容的效果言，它是大众性的。"

　　文章从对公路四大特征的概括，引申出对于国民心理建设的影响，主要表现在两个方面：第一，《诗经·小雅》上说，"周道如砥，其直如矢，君子所履，小人所视。"他是把道路对人的思想的影响很明白地指出。书经所谓，"王道荡荡"。《论语》所载，"君子坦荡荡"。以及"直哉史鱼，邦有道如矢，邦无道如矢"。也无一不以道路之坦荡平直，象征人之思想行动。这都是很有意义的记载。第二，公路交通所用的交通工具，是汽车。汽车的使用，由于燃油引擎的发明和应用。这只是半世纪以来的事，它的使用，使得一部小的引擎，在一个驾驶人的手足指挥之下，发生很有用的力量，这差不多是一种奇迹。所以汽车的使用，普遍到乡村，普遍到每一个人，于是在每一个乡村农民的心理上，——对于驾驶机械的心理，也发生了很大的作用。

　　作者把深厚的传统文化修养与先进的科学技术运用融会贯通，浅明阐释，视角新颖，见解独到。

　　抗日战争胜利前后，赵祖康还参加了许多科学技术方面的学术团体。1942年，他参加了"中国土壤工程学会"；1948年，他担任了"中国工程师学会"的副会长；同年还参加了中国科学协会上海分会，参与领导工作，是当时科技界非常活跃的组织领导者。

　　除了公路建设方面的专业技术以外，赵祖康还在相关的学科领域取得了较深的造诣。1945年起，他和土木工程界一些志同道合的专家学者，共同创办了学术期刊《工程导报》，专门刊登有关道路和市政建设方面的科学论文，为以后的城市交通建设、市政建设提供了很好的借鉴。据介绍，上海在20世纪80年代筹建延安东路隧道时，就参考过这本刊物刊载的资料。[1]

　　赵祖康凭着对专业的热爱和钻研取得了卓越的成就。除此之外，他在社会科学领域的学问也是值得称道的。他从小广泛涉猎中国传统文化的经典，打好了扎实的功底。学业完成之后，虽然主要从事交通和市政工程方面的工作，但是业余时间，他几乎每天都要博览群书，阅读各种古籍经

1　张佐周：《赵祖康传》(未刊稿)。

典，不管是哲学、历史，还是文学、艺术，甚至对宗教经典，他都怀着极其浓厚的兴趣。赵祖康身居高位，却烟酒不沾，平日里，除了结交志趣相投的朋友，就是看书读报。他对书的爱好到了痴迷的程度。他的工资收入除了日常开销和接济家族成员外，主要用于购买各种书籍。长年累月，他收藏了几十箱书籍，每当辗转迁徙时，他都要精心整理包装，随身携带。

赵祖康被尊称为"公路建设泰斗"，与他扎实的专业基础，严谨的科学态度，丰富的实践经验，还有孜孜不倦的学术研究，密不可分。

当年出版的《中国实业人物志》评价说："赵祖康的名字和公路工程是不可分离的"，"公路工程的大事表，多半与赵氏有关"。这是恰如其分的。

第三章
在抗日烽火中浴血

公路建设　国家战略

公路建设是国家公共建设的组成部分，和平时期，并不属于国家发展的战略重点。但是，国家一旦进入战时状态，公路建设的重要性就上升到国家战略层面，作用关乎国家的命运前途。

在相当长的时期，中国的公路建设集中在沿海经济发达地区，西北与西南地区因经济发展落后、地理环境复杂险峻，公路建设进展十分缓慢。

1931年以后，这种局面开始发生变化。

1931年9月，日本军国主义势力悍然发动"九一八事变"，入侵中国东北地区；1932年1月，又进一步发动侵略上海的"一·二八事变"，1935年，发动侵占华北地区的"华北事变"，直至1937年7月，发动"卢沟桥事变"，对华发动全面侵略战争。

面对帝国主义的军事入侵，中国军队进行了顽强的抵抗，终因敌我力量悬殊，节节败退：1931年底，东北地区沦陷；1935年5月，华北地区沦陷；1937年7月，北平沦陷，同年12月，上海沦陷；1938年3月，南京沦陷，国民政府被迫迁都重庆；1938年10月，武汉、广州相继沦陷。

中华民族危在旦夕。

在这种严峻局面下，努力争取国际援助，对于能不能长期坚持抗战至关重要，也成为国民政府面临的重大考验。

早在1932年上海"一·二八"抗战爆发后，著名的军事家蒋百里就敏锐地觉察到，中日必有一战。他曾向国民政府主席蒋介石建言，要警觉日寇模仿八百年前蒙古铁骑灭南宋的路线，由山西打过潼关，翻越秦岭，占领汉中再攻四川与湖北。彼计若成，亡国无疑。要避免重蹈历史覆辙，必须采取抗战军力"深藏腹地",建立以陕西、四川、贵州三省为核心,以甘肃、云南、新疆为根据地,拖住日寇,打持久战,等候英、美参战,共同对敌,方能最后胜利。蒋百里的建议引起蒋介石的重视并被采纳。

在上述历史背景下,中国西北、西南地区的公路建设被迅速提到了国家战略层面。

1937 年 8 月,"为了适应抗战军运,国民政府军事委员会在南京召开后方勤务会议,议决赶修紧急公路 3 600 公里,遍及苏、浙、皖、赣、闽、鲁、豫、冀、晋、湘、鄂 11 个省;并决定,调整中央战时行政机构,铁道部与交通部合并,将经委会经管的公路业务并入交通部,下设统辖全国公路事业的机构——公路总管理处。为确保国际的援助和后方军需物资的供应,强化公路建设体制,加速对西南、西北大后方广大地区的公路建设,尤其滇缅、中印两条国际公路的贯通,具有重要意义"。

由此中国的公路建设重心发生了根本性的转变。抗战时期,"我国较大规模的新建公路,仅限于西北、西南和中南部分地区。这是抗战时期公路交通的基本情况"。[1]

抗日战争时期,国民政府所辖的公路行政机构的隶属关系历经多次变动:

1938 年,全国经济委员会和公路处撤销,交通部与铁道部合并成立交通部,下设公路总管理处,负责主管公路建设业务。后为适应战时运输需要,中央公路行政部门又两次改属军事委员会。

中央公路行政部门的隶属关系也随之发生数次变动:一时属政,一时属军;工程建设与运输管理,也时分时合,合了又分;其下属业务机构也随之改组。

在抗日战争时期,赵祖康的职务也不断变动:1938 年 1 月,交通部公路总管理处成立,赵祖康被任命为处长;1943 年 3 月,成立交通部公路总局,赵祖康被任命为副局长。

抗日战争特殊的战时状态,中国公路建设出现了特殊的需求,也提供

---

1 中国公路交通史编审委员会:《中国公路史》第一册,人民交通出版社,1990 年,第 274 页。

了特殊的发展机遇；西北西南地区特别艰险的自然地理条件是对中国公路建设特殊的考验。这一切，对公路建设者，既是大展身手的机遇，也是极其严峻，甚至近似残酷的历练。

据国民政府行政院的相关资料记载：抗日战争时期，为适应军事需要及流通物资，兴建与改善之公路主要有：

1）贺连路 自广东连县经连山至鹰扬关入桂省贺县，计长153公里，为粤桂交通要道，二十七年十二月开工，二十八年九月完成通车。

2）黔桂西路 自黔滇路沙子岭经兴仁、安龙、八渡至百色，计长413公里，为黔桂两省西部交通孔道，二十八年十一月开工，二十九年三月完成通车。

3）川滇公路 自四川隆昌经泸县、叙永、毕节、宣威而达昆明，全长969公里，为西南西北联络重要路线，于二十八年八月全线打通，二十九年二月完成。

4）桂穗路 自桂林经龙腾、靖远以达三穗与湘黔路衔接，全长480公里，于二十九年开工，三十年全路打通。

5）汉白路 安康至白河段，计长258公里，为联络西北与武汉之重要路线，于二十七年十一月完成通车。

6）甘川路 自兰州经岷县、武都而达绵阳与川陕路南段相衔接，为四川通西北之安全路线，全长891公里，于二十八年底完成。

7）汉渝路 自重庆小龙板〔坎〕经大竹、达县、万源以达西乡，与汉白路相接，计长592公里，为重庆至汉中之捷径，于三十年底完成。

8）乐西路 自四川乐山迄西康、西昌，计长517公里，为川康主要干线，于二十八年八月开工，三十年一月完成。

9）西祥路 自西昌经会理永仁以达祥云，全长562公里，为乐西滇缅两公路之联络线，二十九年十一月开工，三十年六月完成。

10）川康路　自成都经雅安而达康定，全长 374 公里，于二十九年全线打通。

11）南疆路　自甘肃安西经敦煌入新疆至库尔勒，全长 1 234 公里，为接通之重要路线，三十一年十一月开工修筑，至三十五年一月完成。

12）青康路　自西宁经黄河沿歇武至玉树，全长 797 公里，为由青入藏之干线，于三十二年七月兴工，三十三年九月完成。

13）康青路　自康定自甘孜，以达歇武与青藏路衔接，全长 792 公里，于三十一年兴工，三十三年九月全线通车。[1]

历年公路新筑与改善里程列表

年　度	新筑里程（公里）	改善里程（公里）
二十七年	973	5 584
二十八年	2 583	9 802
二十九年	949	9 317
三十年	2 616	11 883
三十一年	755	15 343
三十二年	1 571	16 666
三十三年	3 338	20 306
合　计	11 675	88 901

抗日战争时期，中国的公路建设，特别是西南、西北地区的公路建设得到飞速发展。赵祖康作为当时主持西北、西南地区公路建设的主要领导之一，殚精竭虑、四处奔波，全心付出，功不可没。他身先士卒，率领几百万公路员工，在极其艰难困苦的条件下，筚褛开疆，浴血奋战，在西北、西南地区兴建了多条战略公路，保证战时公路运输畅通，为中国赢得国际援助，进而赢得抗战胜利，发挥了不可替代的作用。

1《抗战时期国民政府在渝纪实》，重庆出版社，2012 年。

颠沛奔波　转战后方

在民族危机日益加重，抗日战争烽火连天的岁月，公路建设比任何时候显得繁重紧迫。

抗日战争时期，中国的公路建设具备双重意义，一是为发展中国经济，保障全国人民的民生需求；二是为保障交通大动脉，畅通运输，支持对日本侵略者的持久抗战。

在这种特定的政治背景下，赵祖康立志投身的"交通救国"理想，有了英雄用武之地，因而他的意志更加坚定，决心克服一切艰难险阻，用自己的智慧和学识全身心投入各地的公路建设，近以备战，远以造福人民。同时，他对可能发生的种种情况，作了多方面考虑，包括随时准备牺牲生命。

1937年夏天，蒋介石率领国民党政府的一些部门的官员到江西庐山"集体避暑办公"。赵祖康和全国经济委员会的工作人员，也奉命携带一些重要的公路资料，到庐山听候征询。

7月12日，赵祖康带了一个工程技术人员和一个秘书，乘轮船到达九江，转赴牯岭。不料，行装刚卸，他的领导秦汾便告诉他，抗日战争已经全面爆发，形势危在旦夕，要他立刻返回南京。

于是，赵祖康一行在牯岭停留一个晚上，第二天便匆匆下山，赶回南京。

抗战爆发最初几个月，赵祖康的主要精力集中投入在指挥抢修被日军破坏的各地公路上。

当时，战事集中在东南地区和华北地区。

根据国民政府军事委员会后勤部的要求，赵祖康派出以徐以枋为首的高级技术人员，会同桥梁检验委员会的人员，奔赴沪、苏、浙、皖、赣地区，检验主要路线的桥梁，研究决定桥梁加固的办法，储运应急的抢修物资。同时，他还派得力助手张佐周和郑在校，组织来自各方面的工程技术人员，赶赴华北地区战场前沿，冒着敌机轰炸的危险，率领当地人民奋勇抢修最紧要的石（石家庄）沧（沧州）、石德（德州）、石保（保定）、石柳（柳林）四条军用公路，仅用了 20 天时间，便完成了抢修任务。

随着战事的进一步升级，战争的后勤保障任务日趋繁重。为了协调各方的关系，在国民党军事委员会召开的后勤会议上，决定成立专门的"技术委员会"，分设铁路、公路、电信三个组，为抗战服务，赵祖康被指定为公路组组长。根据会议要求，赵祖康和参谋本部的负责人共同商议确定抗日战争期间急需的战备公路路线。

会议结束后，全国经济委员会还趁各省市的建设厅厅长都在南京的机会，讨论了国家的五年公路建设计划。

此后，赵祖康夜以继日，全力以赴研究制定各种保障战时公路畅通的计划方案。他的寓所成为公路处的办公场所，每天忙于各种迫在眉睫的紧急事务：和国民党军政部一起，组建了"汽车总登记处"；和交通部门合作，把军政机关、工厂企业和商业用汽车，统一分类编号，便于战争需要时征用。此外，他还会同资源委员会合作谋划开发制造煤气汽车和棉籽油汽车，研究如何实施应付战争需要的汽油统制问题。

抗战爆发初期，日军的攻势之猛烈迅速，出乎意料。

赵祖康在筑路现场留影

赵祖康没有想到，日本侵略军会很快占领上海，向南京进攻，更没有想到，国民政府会放弃首都南京。

1937 年 11 月 19 日深夜，赵祖康还在进一步谋划如何有效保障交通畅通，适应战争的军需供应。秦汾匆匆来到他的寓所，要他立即收拾好最重要的文件，带上一名工作人员，和他一起乘车出城，离开南京，转移到大后方去。

对此，赵祖康毫无心理准备，只能拉上睡梦中的妻子，冒着风雨，跟秦汾出城，来到南京城十几里外的荒野江边，登上由水利处事先准备好的一艘"利农"号小火轮，连夜起锚溯江而上。

对赵祖康而言，这次出行是他人生中最痛苦的经历。

一路上，他辗转难眠，为国运衰败而担忧，为国民政府仓皇失措悲哀。此时此刻，他更真切地感觉到，国力不强盛，个人满怀爱国壮志，也是无济于事的，只能空悲切。

为了永远记住这次刻骨铭心的旅行经历，赵祖康愤懑地写下了一首诗《出都吟》，诗中写道：

> 机轮摩托响呜呜，千古金陵一掷孤。
> 前线士兵争杀敌，中朝大吏竟迁都。
> 曾听慷慨追文史，却看仓皇作秀夫。
> 我亦今宵同出走，孤舟风雨叹前途。

对敌激愤，对抗日军民的敬慕，对政府败退的不满，对同行的羞惭，对民族前途的担忧，种种复杂的情感都浓缩在这短短的诗句中。

经过几天风雨飘摇，小火轮终于到达汉口。

赵祖康刚开始处理一些最紧要的工作，便接到秦汾从湖南长沙发来的电报，要他马上动身赶赴长沙，参加相关会议，研究如何加强西南地区的交通运输能力。

接到电报，赵祖康马上打点行装，带着妻子和秘书，登上了开往长沙的铁篷车。

当时，铁路运输主要用于运送军用物资，车辆非常紧张，他们只能乘坐简陋的铁篷车，在冰冷的铁板上席地而坐，席地而睡。一路颠簸，长达二十多个小时。

风餐露宿的艰苦生活，赵祖康已经习以为常。但是，对当时怀着身孕的张家惠来说，就格外遭罪。尽管如此，张家惠也乐观面对，陪伴在丈夫身边，度过寒风侵袭的一天一夜。

在长沙，张家惠生下他们的第四个女儿。赵祖康为新生的婴儿取名为国湘，以志纪念。

在长沙工作一段时间后，赵祖康又返回武汉。

1938 年 1 月，国民政府决定，撤销全国经济委员会，公路处划归交通部，成立公路总管理处，赵祖康被任命为处长。

从 1938 年 1 月到 10 月武汉沦陷的十个月里，中日两国进行了规模空前的军事较量，双方投入的兵力多达几十万，战争从地面延伸到江上与空中。由此，对后勤保障工作，特别是抢修屡遭破坏的公路，任务特别艰险繁重。

在此期间，赵祖康协助湖北省建设厅，重点改善并修筑了武汉地区周围容易被水淹没的公路。同时，以武汉为中心，在华中地区范围内，迅速整修了汴洛（开封至洛阳）线、粤韶（广州至韶关）线、武长（武汉至长沙）线、汉宜（汉口至宜昌）线 4 条重要公路，疏通了通向河南、广州和鄂西地区的交通干道。此外，还设法改善了通向江西和安徽两省的干支路线，构筑起辐射式的公路交通网，有力地提高了军事装备和军用物资的运输能力。

就在武汉失守的前五天，赵祖康还全力以赴，指挥抢修好被日军飞机炸毁的武长和汉宜两条公路，努力维持其运输畅通，保障抢运军用物资和向大后方顺利转移其他国家财产。

武汉沦陷前，国民党政府从武汉撤退到重庆。其时，粤港交通遭到封锁，贯穿南北仅有的平汉、粤汉铁路，亦告中断；其余铁路也被日军破坏得残缺不全，基本失去作用。保障交通运输畅通主要靠公路和水运。

1938 年 9 月，赵祖康奉命从汉口赶到重庆，参加国民政府行政院和交通部在重庆召开的公路水道交通会议。这次会议集中讨论了六十多个有关陆路交通的问题，绝大部分是有关公路路线增辟与改善，交通设施的添置与充实。会议决定：重要的公路由国家拨款，直接修筑；还讨论制定了未来两年的公路建设规划，其中大部分重要工程都集中在西南和西北地区。

从此，赵祖康在重庆居住长达七年时间，为修筑西南和西北地区的公路建设辛劳奔波，倾注全部精力，直到身心俱疲，病倒在床。

西兰公路　西北要冲

修建东南沿海地区的公路，与赵祖康在西北地区直接督修公路相比，不啻是初试牛刀。在他几十年的筑路生涯中，真正算得上是人生炼狱的，当数修建著名的"三西"（西兰、西汉、乐西）公路的经历。

修建"三西公路"，缘起于1933年。

是年9月，国民政府财政部长宋子文提出了"开发西北"的设想。为此，他率领全国经济委员会各部门的成员，乘飞机赴陕西、甘肃和青海地区进行实地考察。赵祖康和国际联盟派驻中国的公路专家奥京斯基也随行考察。

考察团到达西安后，宋子文和其他成员继续乘飞机前往兰州、西宁，而赵祖康和奥京斯基则改乘卡车，去青海西宁察看拟议中的甘青（甘肃至青海）公路路线。这次考察，沿着当地原有的大车道颠簸前行。艰难危险的旅程在赵祖康的心目中留下难忘的印象。一路上，在年久失修、坎坷不平的路上行车，险情频出，令人心惊。

更令赵祖康难受的是当地老百姓的赤贫生活。他曾回忆说，"当时西

1936年赵祖康与宋子文视察西北

北各省天灾人祸纷至沓来，赤地千里，生灵涂炭。我在视察西北公路时，目睹沿途农村凋零荒凉，贫苦的劳动人民，不论男女老幼，衣不蔽体，食不果腹，一片凄凉悲惨的景象"[1]。

实地考察，所见所闻，加上联想到平日里国民政府达官贵人的骄奢淫逸，赵祖康的心情复杂，难以名状：国家积贫积弱，危机深重；人民生活艰辛、苦难无际；官僚集团却灯红酒绿，生活奢华，挥霍靡费。

赵祖康内心忐忑，对人民群众的不幸际遇，深感同情；对官僚集团的贪图享乐，却又无可奈何。在他看来，唯一能做的，就是尽心尽力把西北地区的公路建设好，使当地的交通尽快地运转起来，带动经济发展，使广大人民群众能摆脱贫苦，生活有所改善。

修建西北地区的公路，如果照搬南方地区的模式，显然行不通。

当时，西北地区极度贫困，地方政府根本无力修筑公路，只能由全国经济委员会直接投资兴建。资金落实以后，整个修建工程的实施，就全部落在公路处一个部门。

这样的变化，对赵祖康来说，非同寻常。

过去，公路处只要承担公路建设的设计督察任务。现在，则从勘察到测量，从设计到施工，从经费预算到劳工征集，都要承担起来。换言之，公路处从承办督造联络公路转为直接承担筑路，条件之艰苦、工作量之大，所遇问题之复杂，前所未有，更何况西北西南边陲的自然条件极其恶劣，严峻的考验，一个接一个显现。

从另一个角度看，在西北西南地区修筑公路，也是一次难得的机遇，是赵祖康实现"交通救国"理想的好时机，也是公路建设全面实践、经验积累的实验地。

修建西兰（西安至兰州）公路，是经年风餐露宿、备受煎熬的筑路工程。赵祖康全身心地投入。

西兰公路起自陕西省的西安市，途经泾川、平凉、静宁、定西，终点在甘肃省的兰州市，全程700多公里，是西北地区连接陕西和甘肃的主要

---

1 赵祖康：《旧中国公路建设片段回忆》，《文史资料选辑》第83辑。

干线。

西兰公路原为陕、甘驿道，早在 19 世纪，清朝名将左宗棠曾组织当地军民，在这里修建了简易的驿道，作为两省之间的联系通道。驿道两旁还栽种了一棵棵参天的柳树，遮风挡雨。天长日久，这一棵棵柳树枝繁叶茂，显示出勃勃生机。当地老百姓为了纪念这位左宗棠，亲切地把这些柳树称之为"左公柳"。

"民国十六年（1927 年），国民军驻防西北，发动当地驻军和民工修筑桥梁，整修路线，西安至长武间可通行汽车，其后地方政府又酌加整修，该路始具雏形。民国十七—十八年（1928—1929 年），陕、甘两省大旱，陕西建设厅和华洋义赈公会以工代赈，修建长武至窑店段公路；甘肃由当地驻军与华洋义赈公会合力修筑兰州至平凉段公路。以上两段大都利用原有大车道路略加整修，仅能勉强行驶汽车；又因民国二十二年（1933）山洪暴发，沿途桥梁、路基冲毁甚多，交通益感困难。民国二十三年（1934），华洋义赈公会将该路正式移交给经委会公路处继续修理。"[1]

同年 4 月，经委会指派赵祖康和国联派驻的公路专家奥京斯基，再次率领公路考察队，到这里实地勘察。他俩不畏艰险，翻山越岭，披荆斩棘，深入仔细地进行勘测，研究制定切实可行的设计方案。

为了尽快开工建设西兰公路，赵祖康一行在勘测地形、确定公路走向的同时，深入讨论研究施工计划，进行具体的部署。完成路线勘测、确定施工方案后，立即在西安组建了"西兰公路工务所"（后迁至甘肃平凉），并决定指派刘如松为该所的工程司（当时的称呼），具体负责工程实施。

按照赵祖康和奥京斯基研究制定的修建计划，全部工程分为三个阶段实施：

第一阶段，花费两个月时间，作为临时性的紧急工程，主要目标是修复被洪水冲坏的路段，使全线能恢复通车。在这一阶段，在大佛寺、六盘山等险要地带，需要修筑大量的石方；在三关口等一些地带，则搭建几座临时性的木桥。

---

1 中国公路交通史编审委员会：《中国公路史》第一册，人民交通出版社，1990 年，第 210 页。

第二阶段工程，是在临时通车后，再花半年左右时间，对全线进行正式的修整改善，包括建造正式的桥梁、重新修筑永久性的桥涵，对全线的路基进行扩建加固，设置行车安全标志，等等。

第三阶段，是在前面两个阶段工程的基础上，对全线的路面铺撒沥青，进一步改善路面的行车条件，达到通常情况下公路行车的要求。

1934 年 5 月，西兰公路的修建工程全面开工。虽然在施工过程中遇到了许多意想不到的困难，诸如工料紧张，工期紧迫，施工人员经验不足，等等。但是，在赵祖康等的精心指挥和合理安排下，按时完成了第一阶段的任务。

第二期工程开工，正值夏秋之交。天公似乎有意和筑路大军作对，在施工最紧张的时候，下起了连绵不断的秋雨，雨量之大，为当地历史上所罕见。因此，工程进度受到严重影响。有的时候十天半月，无法施工。这时候，在这里土方施工的工程部队调防，工程被迫改用民工来承担。由此带来征用民工、熟悉施工现场等一系列新问题。不仅如此，连绵不断的降雨致使先期筑好的路基遭受破坏，原本勉强通车的路线受阻。这一切致使第二阶段工程无法如期完成，招致各方批评责难。

在这种情况下，赵祖康顶着重重压力，多次亲临现场，帮助总结工程推进中遇到的问题，改进施工方法，提高工程速度和质量。1935 年 4 月，终于完成第二阶段工程施工，为第三阶段工程奠定基础。

1936 年，西兰公路第三期工程动工。在这一阶段，赵祖康又多次亲临现场，指导改进筑路路线，完成修建咸阳渭河大桥工程，并且分阶段完成了全线路面工程。由于此时抗战已经全面爆发，所以工程时间被一再拖延，直到 1938 年才正式建成通车。

1937 年下半年起，苏联向中国提供军用与民用物资援助，西兰公路建成恰逢其时。

当时，遇到的主要问题是如何把苏联的援助物资运到内地，又不使苏联在外交上为难。为了保密起见，全国经济委员会决定用"羊毛车"作为运输苏联援华物资的汽车车队代号。因此，西兰公路当时又被称为"羊毛公路"。

苏联援华物资运到兰州后选择哪一条路线运往内地，在这个问题上，时任国民政府交通部部长张嘉璈与后勤部部长俞飞鹏意见分歧，争执不下。

因此，张嘉璈决定委派时任公路处代理处长赵祖康去西北地区实地考察，然后再作决断。

1938 年 5 月间，赵祖康带着工程师张佐周和秘书陆槐清前往西北地区考察。

这次西北地区之行，赵祖康等不仅要经受艰苦旅程的磨难，更要冒着生命危险。当时，陇海铁路沿线已被日本侵略军占领，特别是在风陵渡一带，河面狭窄，日军可以隔河看到火车的行进情况。当火车驶近该地区时，随时都有可能遭到日军炮火的袭击。因此，火车一般都选择在夜间熄灯行驶，飞快通过这个危险地带。

到西安以后，赵祖康一行转乘汽车沿着西兰路和西汉路兜了一个大圈子，对两种运输路线的长短利弊，做了深入分析，最后采纳了张嘉璈提出的方案，走西兰路和西汉路。同时，赵祖康还提出，对甘肃境内天水至徽县的一段公路进行修缮，加以利用，也可以作为"羊毛车"的运物通道。

由于赵祖康等的考察深入，报告务实可行，因而得到争议双方的一致赞同。

此外，当时还加铺了从兰州至泾阳县的一段公路，抢修出甘新路（甘肃到新疆）兰州、永登、星星峡一段公路，直通新疆，与苏联境内的铁路连接在一起，成为西北地区的国际通道。

修建西兰公路是赵祖康直接参与、全面负责的一项重大工程。西兰公路的建成，对中国在抗日战争期间沟通与苏联的联系，取得苏联对华援助，发挥了重要作用。

西汉公路　南北通衢

西汉公路是赵祖康主持修建的第二条干线公路。

西汉公路全长 447.66 公里，从西安起始，经咸阳、扶风、宝鸡、凤州再向南抵达汉中。再向南延伸，就与西南地区的四川相衔接。

西汉公路是沟通西北和西南地区的要道，在当时，修通这条公路对于解决西北到西南的军事运输，具有重要的战略意义。

西汉公路，始建于1913年，直到1936年，前后历时13年方得修成，可见其修筑难度之大。

1913年，西汉公路由陕西省政府主持修建，历时7年，完成从西安到凤翔段建设，修成156.9公里简易公路。当时，此段公路只是"勉可通行汽车，但雨天则阻碍行车"[1]。

1936年6月，开始建设凤翔到宝鸡段建设，此段公路全长36.6公里，同年10月建成。

1934年11月，开始建设从宝鸡到汉中段公路。这段公路全长254公里，由全国经济委员会公路处接管。李白在他创作的诗篇《蜀道难》中感慨地写道，"蜀道难，难于上青天"。从宝鸡到汉中段公路所经之地，正在这"蜀道"上。

打开陕西省的地图，可以发现，西汉公路穿越巍峨耸立的秦岭山脉。秦岭山脉，平均海拔高度都在2 000—3 000米之间，险峻异常，而且峡谷起伏，湍流处处。要把关中平原和汉中盆地连接起来，打通秦岭山脉，是躲不过的关。

西汉公路建在古代的"北栈道"上，所谓"栈道连云，下临天地"，这就意味着要在群山峻岭之间，劈出一条大路，其工程难度之大，作业之危险，是常人难以想象的。

如何确定西汉公路的最佳走向，极其重要，必须慎重科学。为此，1934年6月，赵祖康亲临工程建设现场考察，并且指派公路处工务科长赵履祺常住工地，督导工程建设进程。

随后，赵祖康请来原浙江省杭徽公路主任孙发端。孙发端毕业于北洋大学土木工程系，是非常优秀的公路建设专家。早年修建苏浙皖公路时，赵祖康与他有过很好的合作经历，对他的敬业精神和专业技术水准高度

1 中国公路交通史编审委员会：《中国公路史》第一册，人民交通出版社，1990年，第212页。

信任。

孙发端到任后，赵祖康随即陪同奥金斯基再次到实地勘测修筑路线。当时可供选择的路线有两条：一条是从西安经周至、眉县齐家寨（进齐镇），褒斜道到汉中；另一条是利用西安至宝鸡原有的土路，从宝鸡渡渭河，越秦岭，经凤县、留坝，沿着古代"北栈道"至汉中。相比之下，第二条线路更具可行性。但是，按这一方案施工，从宝鸡到汉中段，必须在秦岭山脉中开辟新路，工程难度极大。

修路方案确定后，还要对施工方案作最佳的选择。为此，赵祖康又委派另一位公路专家吴必治担负工程的总体测量工作。在吴必治的直接领导下，设置三个测量队，分别对宝鸡至凤县、凤县至留坝、留坝至汉中的施工线路进行实地勘测。

"赵祖康一再要求勘测人员，勘测要科学严谨，确定线路要考虑周全，不仅要考虑工程建设时间、经费，而且要考虑将来行车安全。在此期间，他多次深入勘测第一线，分别与三个勘测队技术人员研究定线方案。在勘测遇到问题时，他就亲自带领勘测人员翻山越岭，风餐露宿，弄清情况，再作决定。

勘测中，遇到不同意见时，赵祖康并不固执己见，只要谁的意见正确，就根据谁的意见办。在勘测宝鸡至凤县段的线路时，他和孙发端意见发生分歧，经过认真研究，赵祖康确认，孙发端提出的方案切实可行，对行车安全具有长远的意义，就放弃了己见，采纳孙的意见，并给予高度的评价。后来，这段公路的设计被公路工程学院作为教材。"[1]

当时，测量工作特别繁重，赵祖康特意从铁路勘测队调来一些技术人员，负责勘测凤县至留坝的地形地貌，确定工程路线走向。因长期工作形成的思维习惯，这些技术人员在选线时，往往选择一些线形直捷，坡度比较大的线路。按照这样的测量方案，实际施工时费时费力费钱，还可能对通车后的行车安全埋下后患。赵祖康了解到这一情况后，耐心与这些技术人员探讨研究，说服他们改变勘察方案。使设计路线不在山道上多作盘

---

1 陆槐清口述，党辉、怀生整理：《赵祖康先生与西汉公路》，《宝鸡日报》1991 年 12 月 27 日。

旋，而是适当延伸，就避免上下层通道之间的互相干扰，线路回头处选在视野开阔处，使上山路线尽收眼底。这一线形设计方案受到同行的高度评价。

留坝至汉中段原先选的是沿河线。赵祖康实地调查后，提出了修改的意见。他认为，这样的设计方案施工难度大，过河次数多，必然增加建桥的费用。不仅如此，当夏季雨水增多，山洪暴发，就有冲桥毁路危险。

于是，他委派总工程师吴必治重新进行研究。最后决定，利用古"北栈道"地形，沿褒河，经画眉关、武关河、灰洞关、观音庙等地选线。尽管选定的这一段公路施工时多遇悬崖峭壁，极为艰难危险，但是建成后，可以长久保障行车安全，一劳永逸。这显示出他对历史负责、对人民负责的科学精神。

西汉公路从1934年底开工，到1936年5月下旬通车，历时整整一年有半。在此期间，两万多民工顶风冒雪，夜以继日，流血流汗，共完成土方300余万立方米，石方约50万立方米。在修建西汉公路过程中，还在"鸡头关"建造了一座钢结构桥。此工程难度极大，在运输十分困难的情况下，施工人员坚持土法上马，艰苦建设，终于在1937年6月建成。

从此，难于上青天的秦岭蜀道，天堑变成通途。汉中地区人民难抑内心的喜悦，当西汉公路正式通车时，全城市民涌上街头，观赏隆重热闹的通车典礼。

西汉公路凝聚着赵祖康和工程建设者的心血智慧，也得到中外同行专家赞赏，更在公路建设的专业教材中被奉为经典。

西汉公路筑成后，与兰新公路贯通，形成北到新疆，南接四川的南北通道，构筑起支援中国抗战的交通动脉。

在建设兰新公路与西汉公路的同时，经委会持续拨款，委托西北地方政府先后又修建了多条公路：汉白（汉中至湖北白河）公路全长533公里，它横贯陕西许多重要县城，东与湖北连接，通过湖北省会武汉，又与河南省南阳连接，南经紫阳或镇巴，与四川省（今重庆市）万源县连接；汉宁（汉中至四川宁羌，今宁强）公路全长156公里，它的建成使川陕间连接通道增加至5条；甘新（兰州至新疆）公路全长1 992公里，这是当时西北地区最长的公路，也是连接甘肃与新疆的主要干线，更是新疆通往内地的主要干道；甘青（甘肃至西宁）公路全长 111 公里；甘川（兰州至四川昭化）公路全长 695.8 公里。这些打通西北西南地区的交通大动脉把边疆与中原地区交通相对接，对当时政治、经济与军事都具有重要作用。特别是西汉公路建成后，运输苏联援华物资更加便捷安全，受到业界很高的评价。

在上述公路建设中，赵祖康作为公路处的主要负责人，承担起直接领导与督查的重任，他还多次直接深入工程第一线，了解工程进展情况，帮助解决遇到的困难。据介绍，甘青公路未开通前，有近 300 公里的官道，全程有 20%—50%"纵坡陡峻"，"工程艰巨行车危险"。在建设工程开工前，赵祖康曾亲沿"官道"视察，"确认甘青公路走甘新线的必要，并决定由甘、青两省分别组织测设、施工"[1]。不仅如此，赵祖康还让其堂弟赵祖庚直接参与甘青公路建设工程建设。

赵祖康目睹昔日的荒野沟壑变成车流不息的通衢大道，修路时的种种艰难险阻在脑海里闪现，内心激动，诗情勃发，写下诗作《过大散关寄阿聪——1938 年 5 月于西汉道中》：

> 山苍苍，云茫茫，秦岭之高不可当，鸟飞不得度，猿攀不敢望。成路一百又八转，轻车片刻上高冈。山峻出奇峰，云飞起大风。三月凿通千里路，当年意气不凡庸。工伕两万冒霜雪，戍兵百廿护交通。电台电话消息捷，飞刍挽粟马如龙。一朝通车到南郑，万人空巷兢道夺天工。我今重过散关下，旧题勒石认钩画。男儿识字果何为，放翁工部徒诗客。长吟寄于阿聪歌，应念风尘两鬓白。

这首激情澎湃的诗篇展示了西北地区壮丽险峻，摄人魂魄，把当年不畏艰难、意气风发的景象描绘得栩栩如生，把通车时万人空巷、欢欣彻畅

---

1 中国公路交通史编审委员会：《中国公路史》第一册，人民交通出版社，1990 年，第 221 页。

的场景展现得淋漓尽致。

考察任务后，赵祖康应西南联大校长李书田邀请，到校就西汉公路的修建情况做了一场学术报告，精彩的演讲、生动的事例深深打动了与会师生。

西汉公路有力支持了中国的抗战，也对西北地区的经济建设与社会发展产生了长远的影响。世事沧桑巨变，西北地区人们提起西汉公路，依然想到赵祖康。

1990年，时任中共上海市委副书记的韩哲一出差路过西汉公路秦岭大散关，看到当年赵祖康题写的"古大散关"石刻碑文，感慨激动，特地在石刻前拍照留念。当地陪同人员得知赵祖康依然健在，非常高兴，再三表示，大西北人民至今铭记着他的名字。回沪后，韩哲一把照片送给赵祖康，并向他转达陕北民众的感激之情。

1996年，在西汉公路筑成60周年之际，陕西省宝鸡公路局特地修建两座碑亭，其中置放一座赵祖康当年撰写的诗文石刻，以致敬意。时任陕西省公路局局长袁雪戡还撰文纪念。

西汉公路：酒奠梁。赵祖康题字碑亭，左边为"路魂"碑石

为赵祖康先生题石修柴关岭酒奠梁碑亭记

赵祖康，上海松江人，生于一九零零年，曾赴美留学专攻道路工程，成为我国著名道路市政工程专家中国公路事业开创者之一。早年受孙中山民主革命思想影响，以致力工程为民服务为终生志向。解放前曾任全国经济委员会筹备处公路专员、交通部公路总局副局长。解放后曾任上海市人民政府副市长、人大常委会上海委员会副主任等职。三十年代期间，在沦为半殖民地之中国，无论人力财力均异常困难，赵先生无视施工环境极端恶劣、工程异常艰巨之条件下，亲自主持修筑西安至兰州、西安至汉中与乐山至西昌三条通向西北西南大后方公路主干线，其西安至汉中尤为中枢，而宝鸡至汉中段横贯秦岭越大散关、酒奠梁、柴关岭、鸡头关等险阻。祖康先生以久顾风尘殉祖国之献身精神，无畏惧于日寇入侵后之险恶时局，呕心沥血、百折不挠，罗织技术新锐，参与测设施工，亲定修建方案，深入现场督导。历经三载，终于一九三六年十月将宝汉公路修通，为支援抗日战争前线做出贡献。赵先生以极其热忱之爱国精神，亲书柴关岭、酒奠梁碑名以志铭，其书法铁钩银画、龙蟠凤舞也，足垂世彩虹，映碧水银，带系青山。抚今思昔，为永怀开拓之先贤者，激励后辈再创辉煌。值此宝汉公路开通六十周年之际，决定特为赵祖康老先生亲书之志石，修建碑亭两座，护石于亭内，以避风蚀雨，泐并属余撰文以志之。

陕西省公路局局长　袁雪裁撰文　同州奔先意象斋主　任步武书丹

陕西省宝鸡公路管理总局　敬立　公元一千九百九十六年中秋季节

保护古迹　功在千秋

西安曾是中国十余朝的古都，汉中地区则是古代政治军事要塞，是兵家纷争之地。

西汉公路沿线，历史遗迹极其丰富。因此，在西汉路沿线筑路架桥，如何正确处理好建设与保护的关系，极其重要。在 20 世纪 30 年代，历史文物与历史遗迹保护并不为人重视。

在西汉公路勘测过程中，赵祖康、张佐周等非常重视保护古代历史遗存，在工程必经之地，千方百计保护文化古迹，免遭损坏，使这一带的重要文化古迹得以保存。在开通西汉公路的艰苦工程中，念念不忘保护中华民族的古迹，足见赵祖康、张佐周深厚的文化底蕴、历史情怀。

修筑西汉公路必须经过一条绵延二百多公里的古栈道：石门栈道。

栈道被誉为"世界第九大奇迹"，是古人为了在深山峡谷中通行，在峭岩陡壁上凿孔架木连阁，形成一种道路，能通行车马，是古代交通史上一大壮举。川陕之间的栈道始建于战国，兴盛于秦汉。

汉中是栈道之乡，在穿越秦岭、巴山的七条栈道中，褒斜道因其开凿时间最早，使用时间最长而为栈道之冠。它南起汉中褒谷口，北到四川眉县斜峪关，全长 235 公里，是古代关中通往巴蜀的主干道，也是兵家商旅的通行官道。

褒斜古栈道有七种建筑形制，包括：平梁立柱式、斜撑式、依坡搭架式、千梁无柱式、石积式、多层平梁加棚盖式、凹槽式。在整条古栈道上，还建有"五里一邮，十里一亭，三十里一驿"。

褒斜古栈道在古栈道中最便捷、最平缓、使用时间最长，最具古道特征，被称为"蜀道之冠"。褒斜道的开通沟通了中原与西南地区的联系，推动了巴蜀地区经济文化的发展，在中国古代政治、军事、文化、交通、商贸、建筑、邮驿等诸多方面产生了重大影响，被桥梁专家茅以升先生称之为"与长城、大运河比肩的中国古代第三大建筑奇迹"。

石门栈道修整在留坝至褒城 130 华里的山岩上。这种栈道是在悬崖峭壁上凿洞然后铺上木板，供过往的行人通行。古谚云："栈道连云，下眩无地。"所谓连云栈，即由此得名。据史书记载，楚汉相争时，张良曾建议刘邦烧此栈道，表示没有进取西京之意，以麻痹项羽。另传刘邦、韩信一举平定三秦之战的"明修栈道，暗度陈仓"，就是指北栈道。

东汉年间，为了打通褒斜道，在南端褒谷口的河道西侧，开凿了一段穿山隧道，距今已有 1 900 多年，史称"石门"。石门当是世界上最早的人工通车隧道。

据记载，东汉永平四年（公元 61 年），汉明帝刘庄"诏书开斜，凿通石门。"在铁器已经使用，但火药尚未发明的年代，古人采用火烧水淬的办法，破石开凿，历时五年，至永平九年（公元 66 年）完工。褒斜道穿行其间，顺畅无阻。当时没有"隧道"一词，遂用诏书中"石门"二字命名。

东汉建和二年（公元 148 年），汉中太守王升为司隶校尉杨孟文撰写一篇题为《故司隶校尉楗为杨君颂》的颂词，简称《石门颂》，详细记述杨孟文请求整修褒斜道，以及褒斜道复通后的情景。

《石门颂》全文共 655 字，镌刻于古褒斜道南端石门隧道西壁。《石门颂》是汉隶的极品，被书家称为"隶中之草"。1947 年出版，中华书局出版的《辞海》封面，"辞海"二字便取自《石门颂》。

除了《石门颂》，褒斜道南口石门内外的摩崖石刻，记载了千百年间褒斜道屡毁屡建的历史，颇具书法价值，举世瞩目。连同"汉碑"在内的褒斜道石门摩崖石刻，共计有 100 多方，而现存汉中市博物馆的"汉魏石门十三品"，均为国之瑰宝。1967 年至 1971 年，国家在石门故地兴建水库，文物工作者和技术人员采用人工开凿的方法，将石刻与山体整体剥离，妥善保存下来二十多通石刻，并完整无缺地搬迁到古汉台珍藏，还专门开辟展室，将其中"汉魏摩崖十三品"按年代顺序陈列展出，以便中外游客、学者游览，考察研究。它们分别是：

> 东汉：《鄐君开通褒斜道》摩崖，简称《大开通》。
>
> 东汉：《故司隶校尉楗为杨君颂》摩崖，简称《石门颂》。
>
> 东汉：《右扶风丞李君通阁道》摩崖，简称《李君表》。
>
> 东汉：《杨淮杨弼表记》摩崖，简称《杨淮表记》。
>
> 东汉：《石门》摩崖。
>
> 东汉：《石虎》摩崖。
>
> 东汉：《衮雪》摩崖。

三国：曹魏《李苞通阁道题名》摩崖。

北魏：《石门铭》摩崖。

南宋：《玉盆》刻石。

南宋：《鄐君开通褒斜道释文》摩崖。

南宋：《山河堰落成记》摩崖。

南宋：《释潘宗伯韩仲元李苞通阁题文》摩崖。

这些石刻精品受到很多名人的顶礼膜拜。孙中山、康有为、梁启超、鲁迅、于右任、齐白石等无不对石门石刻推崇备至，日本书法家种谷扇舟更是写下"汉中石门，日本之师"八个大字，以表崇敬之情。

这些墨迹除书法造诣高外，更是一篇篇对穿越秦岭巴山的秦蜀古道屡毁屡建历史的描述。正是这条条栈道，才有司马迁《史记》中所说的"栈道千里，无所不通，使天下皆畏秦"，使得秦王朝横扫六合，一统天下；正是栈道的开通，才使汉王刘邦走出汉中，出散入秦，建立大汉王朝；也正是如此，才让汉中人张骞走出栈道，成为丝绸之路的开拓者，因此，秦蜀古道连接了古代的丝绸之路。栈道的开通成为关中和成都两个天府之国的交通要道，成为黄河流域文明与长江流域文明交融的文化通道。

在"汉魏摩崖十三品"中，仅存的曹操手书真迹特别珍贵。

褒水流经褒斜道石门下之河谷，因石多浪激，如飞雪翻滚。相传建安二十年（公元 215 年），曹操率部征伐张鲁来到汉中，在谷中见此情景，大书"衮雪"二字，以抒心怀。

清人王晚香有诗赞曰："滚滚飞涛雪作窝，势如天上泻银河；浪花并作笔花舞，魏武精神万顷波。"这后两句对"衮雪"二字的风姿和曹操的性格作了传神的描绘。

曹操手迹

"汉魏摩崖十三品"中，还有"玉盆"二字，相传是汉朝良相张良经过褒谷关时手书，"然原石经流水冲，磨泐殊甚，字迹隐隐可见"[1]。

此外，褒谷石门隧道所在地河东岸，有一山峰，有形似下山猛虎作弓腰欲扑状者，故称石虎峰。在此石向南，另有一石虎峰，整个山峰形如下山猛虎。相传西汉谷口隐士郑子真见此，书写了"石虎"二字，镌刻于石虎峰下。褒谷二十四景中的"石虎啸风"由此得名。

保护大散关遗迹是赵祖康与张佐周对古代文化遗址保护的又一力作。

大散关亦称"散关"，位于宝鸡市南郊川陕公路 19.5 公里处的清姜河岸，因置关于大散岭而得名（一说因散谷水而得名），为周朝散国之关隘，故称散关。大散关位于宝鸡市南郊秦岭北麓，雄居秦岭之首，是进入秦岭的重要关隘，也是连接关中和汉中古道的要冲，历来是兵家争夺之地。自古为"川陕咽喉"。

秦汉时期（前 206），刘邦"明修栈道，暗度陈仓"就从大散关经过。三国时期，曹操西征张鲁亦经由此地。据陈寿《三国志》记载："（建兴六年）春，亮复出散关，围陈仓，曹真拒之。"散关是一个交通枢纽，具有很重要的战略位置。南宋著名诗人陆游曾留下"楼船夜雪瓜洲渡，铁马秋风大散关"的诗句。

历史上，大散关一带发生过多次战争，是著名的古战场之一。据史料记载，大散关曾发生战役 70 余次。大散关设于西汉（一说散关之名最晚当始于秦代），废弃于明末。关址处立有"秦岭"石碑一块。在散关岭上的古散关关门遗址东面，立有"古大散关遗址"石碑一块。

汉高祖刘邦在刀光剑影的"鸿门宴"后，被项羽贬到汉中，封为汉王。在汉中，刘邦登坛拜将，任用战将韩信等精兵强将，"明修栈道、暗度陈仓"，兵出大散关，逐鹿中原，最终打败项羽，统一天下。

唐朝诗人陈子昂在《西还至散关答乔补阙》中说："揽衣度函谷，衔啼望秦川，蜀门自兹开，云山方浩然。"

南宋诗人陆游也曾描述："大散阵仓间，山川郁盘行。"

对这些珍贵的历史古迹，赵祖康特别珍惜。他在了解西汉公路勘察走

---

1 郭荣章：《石门摩崖石刻研究：十三门品专辑》，陕西人民出版社，1985 年，第 18 页。

向时得知，筑路定向要经过石门栈道和大散关，多次指示筑路总工程师张佐周，"既要把公路修好，也要妥善保护好石门栈道等古迹。对凡是要毁坏古迹的定线必须重新设计"。此后，他还与工程技术人员一起商量，反复修改工程建设图纸，将路线改在鸡头关上游建桥过河，并开凿两个全长 66 米的山洞。然后，请交通界老前辈叶恭绰手书"新石门"三个大字，赵祖康亲笔题词"虎视梁州"，刻于山壁，与古石门对峙，一新一旧，相映成趣，既保存了古迹，又增添了新景，独具匠心。

由于赵祖康、张佐周的精心设计、实际指导，在工程建设中巧妙迂回，使大散关历史遗迹被完整地保存下来，展示了他俩的远见卓识。如今，石门栈道已经成为汉中地区重要的旅游景点。

张佐周对西汉公路怀有很深的感情，去世前，留下遗嘱，要将他的骨灰埋葬在鸡头岭上。陕西人民为了深切怀念这位可敬的工程专家，特地把张佐周墓地标注在石门栈道景区的导游图上。

滇缅公路　国际通道

滇缅公路东起云南昆明、西出边境重镇畹町与仰光公路相接，全长 963 公里。沿途皆高山大河，地形险峻。

滇缅公路原来是云南省滇西的一条省道干线。早在 1935 年，从省会昆明通至中缅边境的下关地区，即滇缅公路的东段在云南境内的部分 411.6 公路已经修成通车，只需在原有的基础上改建、扩展。需要新建的是从下关到畹町一段，全长 547.8 公里。

开通滇缅公路是抗日战争时期具有战略意义的大事件。

1937 年 7 月，日本帝国主义发动全面侵华战争。同年 8 月，进一步进攻上海。12 月，上海沦陷。日本侵略军进攻矛头直逼国民政府首都南京。不久，南京也沦陷于日本侵略者的铁蹄之下。国民政府被迫迁都重庆。

此后，沿海地区相继沦陷，中国沿海地区的战略屏障丢失，直接影响到中国与国际间的联系，中国抗战也失去了国际支援的主要通道。

1937 年底，连接广东与湖北的粤汉铁路，因日军占领广州而中断，广西海防也在日军威胁之下。

在此情形下，尽快开辟新的国际通道成为能否长期坚持抗战的战略任务。修建滇缅公路，连通云南到仰光的西南国际通道，成为中国获取国际支援的生命线。

"1937 年 8 月，国民政府在南京召开国防会议，商讨如何应对日本的侵略，决定在西南西北地区修建战略公路，特别是开辟从云南经缅甸的国际公路，从而建立起新的国际通道，寻求国际支援。国民政府将目光放在了西南，迫切需要修通滇缅公路，从云南直接贯通缅甸仰光港，以便抢运国民政府在国外购买的和国际援助的战略物资。"[1]

国民政府的这一战略构想与时任云南省政府主席的龙云不谋而合。8 月 15 日，国防会议结束后，"蒋介石到北极阁龙云下榻处作礼节性拜访时，龙云趁机向蒋建议：'上海战役恐难持久，南京会受威胁，上海既失，国际交通顿感困难，南方战区可能扩大，香港和滇越铁路都有问题。'蒋问道：'你的意见怎样？'龙云答：'我的意见是国际交通应当预作准备，即刻着手同时修建滇缅铁路和滇缅公路，直通印度洋。公路由地方负责，中央补助；铁路则由中央负责，云南地方协助修筑。'蒋连说：'好得很，好得很。我告诉铁道部和交通部照此办理。'"[2]之后，蒋责成交通部和铁道部分头负责，交通部责成公路处具体负责实施，赵祖康成为修建滇缅公路的具体主持者。

据赵祖康回忆，为了修建这条公路，国民政府拨出专款 320 万元（据徐以枋回忆为 200 万元）[3]，并责成公路总局帮助具体实施。为了按时建成滇缅公路，赵祖康亲自乘飞机赴云南，会见云南省政府主席龙云，和他商量滇缅公路的施工进度，以及如何分期拨款的问题。龙云对赵祖康非常尊重，专门设宴款待。在云南停留期间，赵祖康还与云南省公路总局会办杨

1 谢本书：《乌蒙骄子龙云》，云南人民出版社，2015 年，第 73 页。

2 谢自佳：《抗日战争时期的滇缅公路》，载云南省政协文史委员会编：《血肉筑成抗战路》，云南人民出版社，2005 年，第 52 页。

3 上海文史资料编辑部：《文史资料选辑》，第 83 辑。

文清，就加快工程进度的一些具体问题交换意见。

赵祖康深知修建滇缅公路事关重大，格外重视，指派交通部科长赵履祺，率领技士吴文喜、雍知兴、严德一、汤辰寿等技术人员前往云南，监理督工；后又增派徐以枋和郭增望协助当地政府解决施工过程中遇到的问题。徐以枋回忆，当时他正在江西帮助洽商加固公路桥梁，"接赵副处长电报，嘱前往昆明协助省方修筑滇缅公路"。[1]

1937 年 12 月，滇缅公路下关至畹町段正式动工修建。

从下关到畹町段的公路全长 548 公里，这段公路的修建非常困难，"在天时、地理、人力、物力等方面都有相当困难。这里每年雨季达六个月；西段（靠近缅甸的路段），特别是澜沧江和怒江两旁，雨季时期瘴气很厉害，据说一到清明节后，居民不敢出门，民间有'要过怒江坝，先把老婆卖'的歌谣，意思是在那个季节里出门，就不能生还了。其实这种情况主要是疟疾流行，医药卫生落后造成的。地势方面，沿线越过横断山脉，山岭崇峻，水流湍急，石方艰巨，架桥困难。人力方面，云南省人口稀少，在西段筑路，民工须从东段各县招往。边境地区民族复杂，很多人吸食鸦片，体力较差，做工效率很低。技工非常缺乏，吊装工人无处招雇。物力方面，除沙石材料可就近采用外，木材则须远途伐运，五金材料和机械设备更毫无来源"[2]。工程之艰巨，由此可见。

修建滇缅公路，最艰难的是抢建通澜沧江和怒江上的两座悬索桥。徐以枋认为，根据澜沧江附近沿岸路线、地形，不适宜马上建造正式桥，应先建一座临时桥保证整条公路的贯通，以后再另选正式路线和桥址建造正式桥。最终，澜沧江功果桥采用跨度为 90 米、宽 3 米能通 7.5 吨货车、用石砌桥塔构成的索桥。

当时怒江上有一座建于明朝末年的惠通桥，初为铁链索桥。它位于滇缅公路（中国段）六百公里处，是连接怒江两岸的唯一通道，徐以枋的设计方案是：原桥台不变；用混凝土将两岸钢架桥塔填实包裹，加固为钢骨

1 徐以枋：《我参加滇缅公路修建工程的经过》，载云南省政协文史委员会编：《血肉筑成抗战路》，云南人民出版社，2005 年，第 52 页。

2 上海文史资料编辑部：《文史资料选辑》，第 83 辑。

水泥结构；两边主索由 2 根增为 8 根，吊杆及横梁均增密加固，改建成一座桥面净宽 4 米，维持原跨径约 84 米，能通 10 吨重载重货车，有加劲木桁构的悬索桥。

为此，徐以枋亲赴缅甸仰光采办材料和加工构件，在仰光完成两座桥的设计图纸后，立即赶回功果桥工地，经过 100 天的奋斗，功果桥在 1938 年 6 月 5 日建成通车。随即，他又和郭增望转移至怒江边指导惠通桥施工，1938 年 10 月下旬竣工通车，每次可通行 10 吨卡车一辆。

其时，恰逢赵祖康奉命赴美国采购交通器材。在美国期间，赵祖康依然惦记着滇缅公路修成后的情况。因此，当他完成采购任务以后，回国途中，专门转道云南，考察了滇缅公路。

考察期间，赵祖康听取了赵履祺和徐以枋等汇报，了解滇缅公路修建过程中在设计、制造构件和抢修施工中遇到的巨大困难，有许多民工因此受伤，甚至死亡。令赵祖康痛心的是，他的好朋友、时任交通部技正钱昌淦为了抢修被日军飞机炸毁的澜沧江大桥，从重庆乘飞机赴云南途中，遭到敌机的扫射，不幸牺牲。

1938 年 11 月，滇缅公路提前两月全线通车。

滇缅公路全线打通后，随即进入工程的第二阶段，对全线进行改善维护。从这一阶段开始，整个工程由国民政府交通部专门组建的滇缅公路运输管理局负责施工，云南省的有关方面不再参与。

滇缅公路改善工程主要是要把已经打通的那些路基太狭、弯道太急、坡度太陡、行车困难甚至危险的地段，加以拓宽或改线。经过工程技术人员和广大筑路工人的艰苦努力，滇缅公路的行车条件，比过去有了较大的改善。虽然限于经费不足，整个工程质量尚未达到预期的标准，但是，毕竟在中国西南地区建立起了一条连通国际的交通运输线，在抗日战争时期，为赢得国际援助提供了必要的条件。

在抗日战争后期，日本帝国主义为了切断中国与国际的联系，把滇缅公路作为重点轰炸目标。从 1940 年到 1942 年，日军飞机不断地在此进行狂轰滥炸，但是在中国军民英勇顽强的抗击下，在这段时间内，始终保持了交通运输的畅通，特别是在香港、越南连接我国内陆的两条交通运输线被切断后，滇缅公路"就成了支援我国抗日战争的唯一的国际通道"。[1]中国利用西南地区运输处的五百辆卡车，从仰光源源不断地运输军用物资回国内，支持抗战。

据李温平回忆："珍珠港事变"后，"赵祖康即调我随陈孚华去滇缅公路帮助谭伯英局长安钟瑞副局长及美国柏油公司派来的劳德顾问（后派为总工程师），我为总工程师助理，铺了畹町至龙陵黄草坝135.4公里的铺柏油路面工程。原拟一鼓作气修到昆明，不料1942年5月，日军窜到惠通桥我方，不得已正好宋希谦36师自西昌调到桥头，遂炸断该桥与日军隔江对峙几近两载。其时陈孚华未及过桥桥已炸断；蔡世琛从惠通桥过江回来。陈孚华善于游泳，被日军拘留，他则乘机跃入怒江洪流被冲下对岸获救。陈蔡两人回到重庆交通部报到由赵处长安排陈去修青藏公路，蔡则回到福建公路局后转入第二机械筑路工程总队参加了福厦公路的修建"[2]。李温平的回忆进一步证实，赵祖康参与了滇缅公路全过程的领导，还证实了当时确实已经开始青藏公路工程的建设。

1942年日军占领缅甸，滇缅公路中断运输。

修建滇缅公路，不仅受到国民政府的高度重视，而且因为当时的国际形势使然，美英法等国政府也非常关注。当时，国民政府与英国政府商定，以缅甸的腊戍与我国的畹町作为滇缅公路的衔接点。

因此，早在滇缅公路开工时，英国驻中国大使馆参赞就实地考察了解工程情况。国际联盟也专门派员前来考察，缅甸政府的交通部部长也特地到滇缅公路来了解工程的进度。

开始时，他们对中国能否在一年内建成滇缅公路都抱着怀疑的态度。滇缅公路工程完成后，英美政府对中国人民勤劳和勇于牺牲精神表示由衷的敬佩。

1938年冬，滇缅公路即将完工，美国总统罗斯福委派驻华大使詹森在回国述职时，取道滇缅公路，实地了解公路的建设情况。为此，詹森经

---

1 上海文史资料编辑部：《文史资料选辑》，第83辑。
2 李温平给交通大学《校友通讯》的信函。

过此地时，特地拍摄了照片。"听说他回到美国曾向罗斯福报告说，这条公路工程艰巨浩大，包括两条悬索桥都没有用机械施工，全凭人力在短期间内修成，对中国人民的伟大力量，表示十分敬佩。"

事实上，滇缅公路的辟通对抗日战争时期世界反法西斯联盟共同抗击日本侵略者的斗争，发挥了积极的作用，在中美、中英和中缅人民的友好交往历史上，写下了光辉灿烂的篇章。

美国政府颁发的纪念勋章

1946年6月，美国政府向在第二次世界大战期间各国作出杰出贡献人士颁发独立自由勋章。配合盟军反攻、领导修建滇缅公路等战时通道的赵祖康与李温平获颁独立自由勋章。当时由李温平赴美国领取独立自由勋章，回国后转交给赵祖康。

1987年4月3日，赵祖康在上海把这枚勋章捐赠给中国人民革命军事博物馆陈列展出。

乐西公路　悲壮泣血

1938年11月，滇缅公路通车后，国民政府军事委员会重庆行辕公路监理处即奉命组织力量勘测、筹建乐西公路。1939年春，乐西公路由交通部接办。从1939年5月开始分段勘测，到1940年5月，历时一年，完成全线勘测任务。

乐西公路起点照片

乐西公路从四川乐山到西昌，公路的走向是：乐山—峨眉—龙池—金口河—富林—农场—冕宁—西昌。公路全长566公里。从1939年8月开始分段同时开工，到1940年底试通车，历时一年有余。

乐西公路的修建是公路建设史上

最特殊的事件，也是赵祖康公路生涯中刻骨铭心的记忆。

说它特殊，在于乐西公路是国民政府亲自督办建设的公路。据记载，在乐西公路建设期间，时任国民政府主席蒋介石先后六次口谕、手谕批示督办赶工：

第一次："必须迅速完成。"

第二次："乐西公路务于本年 12 月完成，否则照军事违命误期论罪。"

第三次："乐山至西昌公路于本年 6 月以前完成。其筑路程度须于每星期日详报一次，新筑各公路之工作，应以此路为中心，其他公路令饬暂缓。"

第四次："成都行辕贺主任省府贺秘书长西昌行辕张主任康定刘主席钧鉴

（一）所有乐西公路应征未到民工限九月底前一律出齐如再延误县长应予撤职仍令该县负责派工完成。（二）此后交通部公路总管理处赵处长祖康到达乐西路督工时凡关修筑乐西公路事得就地指挥川康两省民工管理处长县长及其以下人员如有办理不力准予电请行辕查明惩处希转饬所属有关机关及县长遵照为要中正手启微川待参。

国民政府军事委员会委员长侍从室第三组
中华民国廿九年九月五日"

第五次："不敷之石工应速就地募练，抓紧工作。"

第六次："加紧督饬赶办，即期完成，不得有误。"[1]

乐西公路对于当时坚持抗战具有重要的战略意义。

1938 年 10 月，在日本帝国主义侵略者的大举进攻下，国民党步步后撤，直至广州和武汉也相继沦陷，国民党政府被迫撤到重庆。其时，中国

---

1 见乐西公路纪念馆介绍，四川雅安。

与国外主要的联系通道——粤港交通遭受日军封锁，贯穿南北的平汉铁路、粤汉铁路，亦告中断，重庆和外面的联系，不得不依靠公路和水运来解决，而和国外的联系必须借助当时已经开通的滇缅公路。但是，川滇之间公路交通很不顺畅，从重庆到云南边境，必须绕道千里，方可到达，极为不便。乐西公路修通后，川滇之间交通状况将大为改善，距离将

乐西抗战公路线路图

大大缩短，从而使我国有一条通向国际的陆上通道。

此外，乐西公路建设还具有多重意义，对此，研究者做了具体分析：

> 乐西公路发端：1938 年，为构建抗战物资国际通道，完善以重庆、成都为中心的大后方公路网，国民政府决定修建乐西公路。
>
> 修筑乐西公路，概括地说，具有五大战略考虑：第一，连接滇缅公路，由乐西路比川滇东路至成都快捷 295 公里；第二，为了新辟至印度的康印公路（中印公路前身）：构筑桂越、滇越之外的第三条国际通道；第三，拟开发攀西和沿线矿产资源支撑持久抗战；第四，安康稳藏：筑路安康，促进康藏往来；第五，未雨绸缪，为防范日军进一步侵略重庆，准备迁都西昌，以利长期抗战。[1]

时任乐西公路总工程师郭增望也曾回忆说，当时，蒋介石担心日本持续轰炸，重庆不能继续作为陪都，一旦重庆不保，就撤到西昌，把那里作

---

1 见乐西公路纪念馆介绍，四川雅安。

为新的陪都。[1]

另据研究文章记载：

> 抗日战争时期，随着日军侵华战争发展，国民政府节节败退，先是放弃南京，迁都重庆，据守西南、西北半壁河山。后因战事更加吃紧，国民政府又计划进一步西迁，在西昌建"第二陪都"，打算在重庆失守时，把国民党政府迁往西昌据点驻守，依靠英美继续与日周旋。1939 年，在西昌设立"国民政府军事委员会委员长西昌行辕"，直接控制西昌地区；扩建西昌机场，便于大型飞机起降；限 1940 年底修通乐西（乐山至西昌）公路，以确保进出畅通无阻；修筑西祥（西昌至云南祥云）公路，使之与滇缅公路衔接；调嫡系部队驻防川滇西路沿线，以加强军事实力；设置广播电台，扩大无线电通讯设施，以保障宣传、联络；选址泸山东麓邛海西岸一带辟建"新村特区"，以应急需。蒋介石委派其得力干将张笃伦为行辕主任，并抽调拱卫陪都重庆的国府警卫军第 36 师（由德国训练装备的三个师之一）来西昌防守。

乐西公路的建设难度空前。乐西公路所经之地历来被世人称之为天险

蒋介石在西昌的特宅

所在，山岭陡峭，奇峰不绝。其间，著名的安顺场是太平天国翼王石达开兵败之地；1935 年中国工农红军长征时抢渡大渡河的壮举，也发生在此地。在如此险峻的地方，开山筑路，真可谓艰苦卓绝。此外，还要翻过 2 800 多米、终年多雨的蓑衣岭。蓑衣岭

---

1 郭增望：《乐西公路修建概述》，《文史资料选辑》，第 83 辑。

终年云雾缭绕、滴水成雨，马帮驮马翻越此岭，必先戴上蓑衣斗笠。蓑衣岭由此得名。[1]1941年1月由乐西公路工程处创办的《乐西公路》半月刊上，刊载过一首打油诗："朝登蓑衣岭，风劲雾正浓；须眉皆雪白，幡然一老翁。"这是蓑衣岭自然环境与气候特征的真实写照。

2020年3月28日，笔者随民革雅安市委副主委董敏雷，专程登上蓑衣岭，其时风雨交加，云遮雾障。岭上空气稀薄，着实感受到此处地势之险峻。现在时值初春，身穿棉衣，尚且瑟瑟发抖。遥想当年乐西公路修筑时，工程人员衣不蔽体，食不果腹，何其辛苦悲惨，所谓褴褛开疆，真是贴切。

乐西公路经过之地，不仅自然条件极其恶劣，而且还有虎狼出没，险象环生；土匪横行，草菅人命。时任乐西公路驻皇木的卫生站站长王伯俊回忆：

> 1940年4月底，我们乘汽车从成都出发去雅安，途中宿邛郲。一过邛郲，时见路边墙角横七竖八躺着许多死尸。后来遇三个持枪人拦截我们的汽车，押着两个被绑的人强行搭乘。可是走不多远又遇人拦截，上来把那两个被绑的人放了，把那三个持枪人又绑了起来。虽然没伤害其他人，却令人惶惶不安，仿佛此时才悟知"天高皇帝远"，一路上兵非兵、匪非匪，叫人整天弄不清怎么回事。
>
> 在富林住了几天，我即率皇木厂卫生站人员登山去皇木厂。山路崎岖，尤其马烈一带地势陡险，有时不得不手脚并用。回身俯看，峰岭茫茫，渊深无底，触目惊心。千里迢迢而来，更听说"大相岭高又高，还不到小相岭的半山腰"，越走山越大，似乎无望回返了，一些城市来的年轻女子不禁放声大哭了起来。
>
> 皇木厂是汉源县的一座山镇，据说海拔两千余米。四周峰峦山岭尽在脚下，沉浮于云雾之中。尤其南侧的岩窝沟，深邃莫

---

1 刘忠福主编：《乐山交通文史掌故与传说》，九州出版社，2010年，第187页。

蓑衣岭
（乐西抗战公路纪念馆摄）

测，岩窝沟周边真可谓鸡犬相闻而终生无法往来。……旧时公路盘桓于大山深壑之间、蜿蜒于激流天险之侧。

蓑衣岭为全路最高点，海拔 2 800 米。蓑衣岭至岩窝沟是全工程最艰巨的一段。尤其岩窝沟，巨岩壁立，路线曲折，施工人员伤亡惨重。乐西公路五个卫生站中数皇木厂卫生站的医疗负担最重。每遇工程事故致人员伤亡，卫生员即来通知医生护士前往。有时我也亲临现场，常遇一些无法解决的问题，如岩窝沟山势陡峭，巨石嶙峋，沟深无底，屡闻民工掉下去却不见踪影。有时依众人指点，约莫绝壁半空中老树残枝上挂着人影，可是上下千丈，天地遥遥，工地上人群奔波徘徊，都束手无策，空遗浩叹长在记忆之中。

一次，施工队火药库爆炸，施工队经理等管理人员二十余人被炸死炸伤，皇木厂卫生站忙得不可开交。在半个世纪后的今天，烧伤病房是要求室内高度消毒的，以便让病人伤口暴露，利于分泌物排泄和治疗。如果放在普通的一般外科病房治疗，即使是今天的医疗水平，对大面积烧伤的病人来说仍然是危险的。然而那时的皇木厂卫生站完全没有对付大面积烧伤的治疗条件，只有用菜油涂敷以保护创面预防感染。当场没死的伤员，绝大部分在治疗中还是死去了。有些乐观的伤员，缠着绷带头一天还能说调皮话，第二天就因急性尿毒症死在病床上。我至今也忘不了在艰苦和简陋的山野环境里束手无策面对那一幅幅令人寒心的烧伤和死亡的情景。

为了创造医疗条件，我决定自行设计制作木质手术台。我向当地民团的任队长要求将一座戏台拆除，用戏台厚实的木料做我的手术台。任队长当即满口答应。不料拆除不久，皇木厂的袍哥、舵把子提着手枪，带一帮持枪人群气势汹汹直奔卫生站。医护卫生人员如大祸灭顶，四散逃跑。其实，逃出天主堂并逃不出当地舵把子的势力范围。我是站主任，只有留下来应付局面。总务刘文超自动留下陪着我。舵把子的武装人员跨进大门即四面围上来把我围在中间。舵把子很年轻，只有二十几岁，他提着手枪，将我上下打量一番，然后盯着我冷冷地说："王主任，多少年来，我们的戏台没人敢动，你一来就拆了！"我说事先已得到任队长同意。谁知他们对"任队长"三字不屑一顾。我始知任队长在他们眼中并无权威。

西康没有空袭，不躲警报。可是地震之外还有虎狼。天主堂位于皇木厂村镇边缘，夜间常有老虎潜至门前窗外巡视窥探。在我们刚到皇木厂不久，一天深夜我住宅的板壁外有巨大的骚抓声，伴有大动物的喘息声，房屋板壁也被拱动。我夫人大声问隔壁房东：是不是老虎来了？房东隔着墙壁喃喃低声道："说不得它的名字哟，不要说话、不要说话！"

我们来到皇木厂之后即把天主堂窗户格子都装上了玻璃。一个月色空明之夜，药剂师丁子平到窗前想看看院子的月色，不料一只已跳入院内的豹子立身伏窗正窥视室内，与丁子平近在咫尺隔窗对视。丁子平吓得大声喊叫起来，豹子一惊，纵身越墙跑了。

卫生站人员一到天黑就不敢轻易出门。其实那个时代，白天皇木厂街市人来人往熙熙攘攘，可是一到天黑家家都关门闭户，街市全都冷冷清清，任凭大小野兽在门外厮打、蹿跳、追逐、叫唤，整个皇木厂夜里完全是野生动物的天下。天将拂晓，大小动物自觉离去，皇木厂街市开始有人开门走动，慢慢重又恢复人间的热闹。

西康的地震、虎狼……似乎是大自然开的玩笑，昔日凶险在记忆里却是奇趣无穷。[1]

---

1 王伯俊：回首八十年（未刊稿）。

除了蓑衣岭，还必须穿越一座海拔 2 600 米、传说被诸葛亮称为"不毛之地"的菩萨岗。赵祖康曾介绍说："乐西公路之高差达二千四百三十余公尺，为国内其他公路之冠，最高处海拔两千八百三十五公尺，亦超过上述各路，因此盘山工程至为浩大，山岭既高，受气候季节影响自大，尤为工程实施上不易排除之障碍。"[1]

除了工程筑路条件艰险，生活条件、后勤保障也十分困难。乐西公路所经过的地区，除了乐西和西昌地区以外，几乎没有产粮区，民工生活必需的粮食都要从乐山和西昌运入。因为路途遥远，运粮食就需成千上万民工，人扛马驮，行走几百里路运送。开山筑路的工具，如钢钎、火药、炮引等，必须从外省市购运至工地。这种情况在公路建筑史上，极为罕见。

据介绍："早在 1935 年，蒋介石在峨眉山下创办军官培训团时，就萌发了修筑乐西公路的设想。因为当时从四川去云南，必须绕道贵州，行程漫长且艰险，极为不便。打通乐山到西昌的道路，就可以大大缩短路程，具有重要的战略意义。"[2]

1938 年，抗日战争形势日益危急，主要交通干道被日军切断。修建乐西公路被再次提上国民党军事委员会的议事日程。是年底，重庆"行营公路监理处"组织力量，开展勘测工作。当时勘测了三条线路：第一线走大渡河北岸线，自乐山经苏稽、峨眉、高桥、金口河、黄木厂、马烈、富林、农场、洗马沽、擦罗、拖乌、冕宁、泸沽达西昌；第二线走大渡河南岸线，自乐山经沙湾、沙坪、金口河、罗回、盐井溪、大田坝、海棠、洗马沽、擦罗、拖乌、大桥、冕宁、泸沽达西昌；第三线的北段乐山至海棠与第二线相同，南段自海棠经腊梅营、大干沟、王家屯、越西、越小相岭、甘相营、泸沽达西昌。第三线海棠至泸沽一段路，原来是经商者去西昌的驿道，也是重庆"行营公路监理处"推荐的路线。

1939 年 4 月，乐西公路改由国民政府交通部负责实施勘测修建。经过勘测技术人员的反复勘测比较，认为原先提出的第二、第三线方案不太

---

1 赵祖康："视察乐西中川公路之观感"。

2 刘忠福主编：《乐山交通文史掌故与传说》，九州出版社，2010 年，第 188 页。

理想，而第一线的选择比较安全经济。最后，经国民党军事委员会审核批准，采纳了按第一线施工的方案。

乐西公路开始勘测时，赵祖康正在美国采购交通机械设备。同年6月，他回国后，交通部部长张嘉璈便责成他负责这条公路的统筹领导。

1940年春，随着日本军事进攻的势头加强，抗战局面更加严峻。因此，国民政府准备西撤至西昌，修通乐西公路更加紧迫，蒋介石"手令"给交通部，要求年底前必须打通，否则，将以"贻误军机论处"，张嘉璈赶紧找赵祖康商量办法。

赵祖康将实地考察乐西公路的所见所闻，特别是施工中遇到的严重困难，向张嘉璈汇报。张一方面命令交通部尽力支持乐西公路的修建工作，一方面要赵祖康当面向蒋介石陈情，并向其允诺，尽力赶工期。赵祖康面见蒋介石时，如实陈述了施工中将遇到的重重困难。这是赵祖康第二次面见蒋介石，也是唯一一次接受蒋介石的单独召见，接受军令（赵祖康第一次是作为翻译，陪同波兰公路专家奥京斯基面见蒋介石的）。

督修乐西公路犹如一场旷日持久的劳役。对此，赵祖康曾经这样写道：

> 根据我对全路整个观察，该路施工中的主要困难，不仅是工程技术上的艰巨复杂，同样重要的是千头万绪的行政性事务工作。首先要应付好川、康两省复杂的政治环境和人事关系，稍有不慎，都会影响工程进度。回忆当时接触的与该路施工有关的机关单位，除两省的省政府、行政专员公署，沿线各县政府，以及成都、西昌两个行辕之外，还有川省民工管理处、川境民工督工专员办事处、川境民工工粮储运总部、成都行辕石方工程总队、夷民筑路司令部、康境民工管理处、纠察组、西昌行辕粮料管理处、西昌行辕政治部边民筑路队政治指导员办公室、西昌行辕政治部宁远剧团、南段督修司令部、北段督修司令部、富段督修专员办事处、卫生专员办事处、交通警备队等十六七个之多。筑路过程中，西昌行辕主任张笃伦和成都行辕主任贺国光，名义上都负有督修责任，虽不能说他们没有一点帮助，但这两个行辕和两

省当局以协助该路为名，设置了如上所列举的一大批临时性的单位，人员冗杂，事权不统一，而许多经费却要求列入乐西公路工款中开支，特别是西昌行辕，不问全路员工的繁重任务和艰苦生活，每当蒋介石催得紧，他们就逼得凶。川、康两省沿路地方势力也很大，如得不到他们的支持，工作就十分困难。如乐山一个帮会头子，人称"蒋大爷"的，富林的"羊司令"（名羊清全），泸沽的"邓司令"（名邓秀挺），都是独霸一方的"土皇帝"，对他们应付稍有疏忽，便处处为难。国民党内部，也腐朽不堪，障碍重重，不论拨款、拨粮，乃至运料，有关部、局、处、科某些经管人员，常常办事拖拉，尽管你报表俱全，手续齐备，有时还得由工程处人员力陈困难，多方解说，才能解决。[1]

时任乐西公路副总工程师张佐周回忆，更有画面感："回忆我奉命于抢修之际，受任于西康之间，深入所谓不毛之地，宿未晚先投宿，鸡鸣早看天之荒村野店，……富林地处丛山之中，孤悬于乐山、西昌之间，政令不及，崔苻遍地，'司令'称王，生杀颐指。毒贩结队，扬长过市，白天帮会横行，杀人越货，夜间狼嚎墙外，焚尸而食。身处于虎狼之乡，幸存于恶霸特务之间，至今思之，不寒而栗。"

赵祖康检阅石工大队

在这篇回忆文章中，张佐周还描述说："富林恶霸'羊司令'周围百里之下，都是他的势力范围，他的名片就是通行证。我想顺之则合污，逆之则难处，老同学雷宝华曾以关注的心情对我说，要好好应付'羊司令'，否则，将一筹莫展。我当时

---

1 赵祖康：《旧中国公路建设片段回忆》，《文史资料选辑》第 83 辑。

回答他说，我以鬼神而待之，所谓'敬鬼神而远之'。他也颇以为然。但人鬼相处，焉能长久，终以征了他三姨太的地，惹起了他对我的不满。若非及时离开，险遭不测。"[1]

在如此险恶的自然条件和社会环境里，赵祖康率领工程技术人员和二十多万衣不蔽体、食不果腹的民工，顶严寒，冒风雪，日夜奋战在崇山峻岭间，个个衣衫褴褛，饥寒交迫，骨瘦如柴，其境况之惨烈，令人不敢直视。

更令人头疼的是，当地的土豪劣绅敲诈勒索，使本已捉襟见肘的建设费用，大打折扣。建设者还要时不时费尽心思，应付各方滋事扰乱，不测事件屡屡发生。

1940年12月底，当乐西公路最危险、最艰难的蓑衣岭工程完成后，施工人员特地做了一块纪念碑，嵌在岭上的岩壁内，由赵祖康题写了"蓝褛开疆"四个大字，并且撰写碑文，以志纪念：

> 蓑衣岭当川康来往要道，海拔2 800余米，为乐西公路所必经，雨雾迷漫，岩石险峻，施工至为不易。本年秋祖康奉命来此督工，限期迫促，乃调集本处第一大队石工并力以赴，期月之间，开凿工竣，蚕丛鸟道，顿成康庄，员工任事辛劳，未可听其

蓝褛开疆纪念碑（乐西抗战公路纪念馆摄）

---

[1] 张佐周：《读"乐西公路"有感》（未刊稿）。

湮灭，爰为题词勒石，以资纪念。

乐西公路特殊之四，在于筑路大军人数空前，死难人数空前：

> 乐西公路建设期间，先后动员四川省 21 个县，西康省 10 个县，组织民工联队，交通部成都行辖、西昌行辖组织石工大队，先后动员 24 万各族民工、石工参与筑路；共死亡工程技术人员、民工、石工、包工、兵工 4 000 余人，平均每公里躺下 8 人，为中国筑路史上死亡之最。[1]

赵祖康在乐西公路试通车典礼上介绍说：在岩窝沟施工期间，"在岩窝沟两岸，又数千工人，日夜赶做，炮声不绝，泥灰冲天"；在岩窝沟的悬崖旁，还看到一条泣血的标语"用我们的血和肉，去填满岩窝沟"。[2]

当年修建乐西公路的一位亲历者为乐西公路撰写了一副对联："抗日卫国，一寸道路一寸血；褴褛开疆，一米路桥一米魂。"[3] 生动描述了修建乐西公路的艰难、悲壮与巨大牺牲。

岩窝沟

为了按期修通乐西公路，赵祖康付出了沉重的代价。当这条公路草草修成后，赵祖康因过度劳累而吐血，病倒在床上。赵祖康的二女儿赵国明心痛地回忆道，她曾看见父亲在乐西公路修通后拍的一张照片，照片上的赵祖康，形容

---

1 乐西公路纪念馆介绍，四川雅安。
2 见赵祖康当时的演讲手稿。
3 政协汉源文史委编：《汉源县文史资料》第八辑，第 222 页。

枯槁，简直就像一具骷髅，实在惨不忍睹。[1]

1941 年 1 月，经过一年多时间的拼命苦干蛮干，乐西公路以降低工程标准，减少路宽，以容纳一辆卡车通过为度，终于勉强通车，解了燃眉之急。[2]

乐西公路第一期工程完工后，赵祖康赴实地试车。对试车经过，他做过详细介绍："我们于一月二十四日从重庆出发，在成都住了二天，到乐山后，因准备一切，又停留三日，二月一日出发试车，随带小车一辆，大卡车一辆，第一天到峨眉，因事留住一天，以后每天继续前进，二月七日到达富林，即召集工程处及石工队各主管人员，商讨第二期赶工计划，二月十一号继续前进，十四日到达西昌，实际在路上行走九天，……共走三十六小时又四十分……行程共计五百十五公里行走平均每小时十四公里强。"[3] 乐西公路通车时的实际状况，清晰了然。

在赴西昌的试车途中，赵祖康还对全路情况进行了认真仔细考察。到达西昌后，又接连召开工程会议，制定第二期工程施工计划，以进一步改善路况，保障行车安全。

赵祖康主持乐西公路修建，时间长达一年有余，积劳成疾，身心俱疲，但他无怨无悔。

在养病期间，他写下诗句"久愿风尘殉祖国，宁甘药饵送余生"，以明心志。[4]

然而，此刻蒙受的不白之冤却让赵祖康痛心疾首……

蒙冤受审　病卧床榻

乐西公路第一期工程完成后，沽名钓誉的政客捷足先登，争功邀宠。

---

1 1997 年 8 月 19 日采访赵国明笔记。
2 郭增望：《乐西公路修建概述》，《文史资料选辑》第 83 辑。
3 见赵祖康："乐西公路试车观感"。
4《文史资料选辑》第 83 辑。

时任西昌行辕主任张笃伦，听闻汽车开到西昌，立即致电蒋介石，邀功请赏，并亲自布置场地、张灯结彩，举行庆祝乐西公路通车盛典。

同样是张笃伦，日后又把乐西公路建设中出现的种种问题全部嫁祸给筑路工程处，甚至恶意诽谤攻击赵祖康。

赵祖康为政清廉，不贪财，不谋权，却面临一场"审贪"风波。当时他正躺在病床上，雪上加霜。

"审贪"风波源于乐西公路通车后国民政府行政院组织的通车观光。

乐西公路第一期工程试通车后，筑路工程处正继续修补完善公路状况。因为乐西公路建设的特殊性，通车后，在社会各界反响很大，纷纷要求参观、体验新建成的乐西公路。

1941年7月，国民政府行政院以考察民生状况、促进经济建设为主题，组成以王家祯为团长的"康昌旅行团"，从乐山出发，赴西昌考察。

当考察团行车到达富林地区时，恰逢连日暴雨，导致山洪暴发，刚建成的流沙河上木架桥被冲毁，致使考察团行程受阻，被困于富林长达9天。得知这一情况后，张笃伦明知造成困难的客观原因，非但不向考察团做任何解释，反而恶意攻击筑路工程处"弄虚作假、谎报通车"。

蒋介石获悉状告后震怒，下令组成专案调查组，彻查此案，并责成时任国民参政会主席莫德惠亲自担任调查组负责人。

赵祖康闻讯，气愤之极。

风餐露宿、拼死拼活，一年多的奔波辛劳，结果竟蒙受不白之冤，使这位不谙旧中国官场的知识分子，身心俱疲，咯血不止，病倒在床，险些丧命。他无力辩护，只能听之任之。他坚信，不做亏心事，不怕鬼敲门。

这时，正在重庆读中学的堂弟赵祖刚得知消息，赶紧找到赵祖康，了解情况。赵祖康坦然地告诉赵祖刚，"你志甚高，甚佳，但心要虚；你气甚壮，但言要逊。至于我所谓的经济问题，那是肯定没有的事，请你放心，安心读书"[1]。

赵祖刚对赵祖康说，我知道您一向淡泊明志，宁静致远，绝不可能有

---

1 赵祖刚：《怀念堂兄赵祖康》（未刊摘）。

经济问题。我只是担心您的身体健康。对此，赵祖康也很乐观。他坚信，修建乐西公路不是为一党一团谋私利，而是为人民造福，为子孙后代造福，无怨无悔。

所幸，莫德惠等沿乐西公路实地察看，深入调查，最后得出结论：所谓赵祖康等贪污，纯属诬告，谎报通车也不符实事实，在高寒地带筑路，本来就很艰难，加上工期如此紧张，能在一年多时间里修成，实属不易；实际勘察结果表明，筑路工程处尽心努力，公路各项工程状况良好。审查报告得出结论，赵祖康功不可没。

审查报告送交蒋介石后，蒋在审查报告上写了一段批语，大意是：让赵祖康好好养病，病愈后继续予以重用。同时，蒋介石了解到，赵祖康病情比较严重，因本人为政清廉，生活现况相当拮据。于是批示，拨一万元帮助赵祖康治疗养病。事后，宋子文专程前去探望，称赞赵祖康对事业的忠诚和责任意识。[1]

"审贪"风波从此平息。

据赵祖刚介绍，那时他正在重庆交通大学求学，居住在赵祖康家里。

赵祖康携家人赴成都疗养，友人在成都接机时留影

1 1997 年 8 月 20 日访问赵国明笔记。

据他介绍，当时，赵祖康一度非常苦闷，对病中遭受陷害，愤懑不平，却又无可奈何。

"审贪"风波过去后，赵祖康被安排到成都疗养。

疗养期间，赵祖康沉醉于读书学习。不仅自己学，而且与夫人一起学。他俩共读浩瀚艰深的《二十四史》，还阅读了一些哲学、佛学经典。在上海历史博物馆收藏的文物中，笔者见到了赵祖康亲笔手书的读书笔记："《论语》初读"，字体俊秀，内容丰富。

当时，四川省主席张群曾出面款待赵祖康，并表示愿意引荐赵祖康结识一些政界要人，被赵婉言谢绝。

此后，张群又旧事重提，赵祖康感到盛情难却，于是，他表示，希望介绍他认识一些学界翘楚。于是，张群把一些在成都的专家学者介绍给他。通过与这些专家学者的交往，赵祖康身心得到调整，又进一步提高了自身素养。

在与众多学者交往、切磋过程中，赵祖康与国学大师钱穆的交往得益最多。据赵祖刚回忆，在和钱穆交流对于中国古代的哲学经典——儒学的

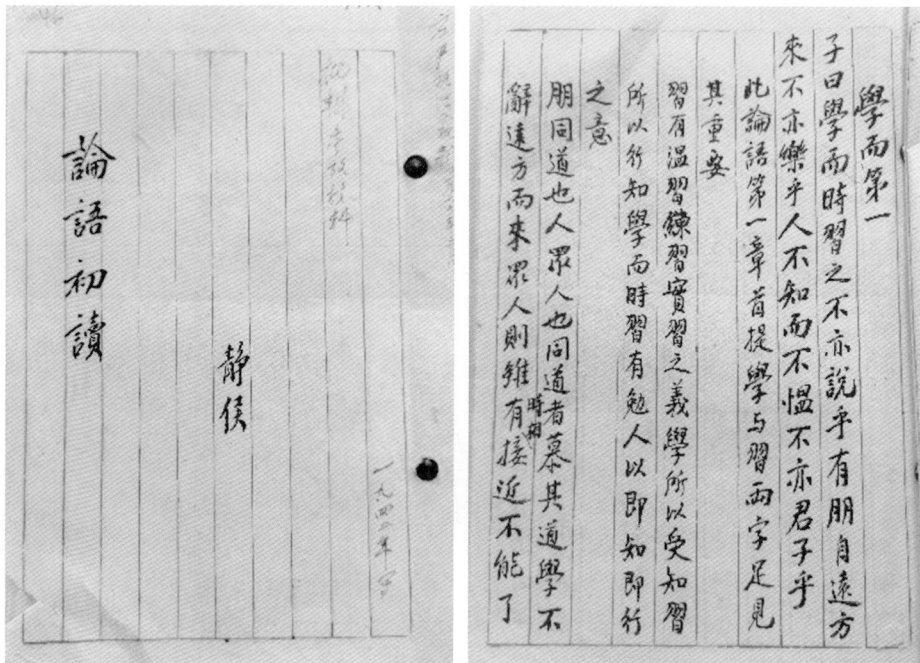

赵祖康在成都养病期间写的学习札记

看法时，赵祖康提出了自己对儒学的独到见解，认为中国的儒学是"始于礼，终于仁"。

作为一个工程技术专家，赵祖康对中国传统文化也有深入了解与独到的见解。

披肝沥胆，为民造福，反遭诬陷，让我们看清了旧时代政治的黑暗；对进步文化的不懈追求也使我们认识到赵祖康一身正气、两袖清风的思想来源。

赵祖康疗养期间与夫人的合影

筑路群英　彪炳史册

在赵祖康的影响与感召下，当时，有一大批杰出的专业技术人才，集中到赵祖康的麾下，投身中国的公路建设事业，他们中有的有修筑沪杭、

汉渝公路筑路工程参与者合影

杭徽等多条干线的施工经验，有的刚从欧美留学归来，英姿勃发，满怀一腔报国激情，群贤毕至，人人握灵蛇之珠，家家抱荆山之玉。

他们在赵祖康的带领下，放弃优越的工作生活条件，来到大西北、大西南，顶风雪、冒严寒，克服种种艰难困苦，甚至不惜为此付出生命代价，将自己的青春年华、汗水热血，洒在铺就的每一公里路上。

他们的名字应当载入史册，他们的付出应该被后人铭记，他们的贡献应该被后人颂扬。

钱昌淦，1904 年 11 月 7 日在上海地区的崇明岛出生。他是清华大学优秀学生，然后到美国继续深造，1925 年获得美国纽约特洛伊镇（Troy）伦斯勒工艺学院（Resselater Polytechnic Institute）最高荣誉。他的专业是民用工程学，特别是桥梁工程。1929 年，钱昌淦成为在上海的远东工程公司的代理总经理，后来又成了总经理。

1934 年，钱昌淦得到了参与修建中国第一座现代化桥梁的合同，他和中国的工程师、工人一同修建在杭州的钱塘江大桥。

1937 年，钱昌淦参加了交通部参与领导修建的"滇缅公路"桥梁工程，在修建的过程中，这些桥梁常常遭受到敌人的轰炸。1940 年 10 月 29 日，他受命乘飞机去视察在建桥梁的损害程度。飞机从重庆起飞后不久，便遭到日军飞机攻击，不幸牺牲。为了纪念这位桥梁建设专家，特意把简称的澜沧江大桥命名为昌淦大桥。

孙发端，公路专家，号效文，字效父，1895 年生于安徽省桐城县，1921 年毕业于北京大学土木工程系。曾任交通部第七区公路管理局副局长兼总工程师等职。中华人民共和国成立后任西北公路局副局长，交通部公路设计院副院长等职。他毕生从事公路修建事业，曾测量安徽省最早的、工程艰巨的歙县至昱岭关段公路，测量并参加修建浙江省鄞县至奉化、杭州至昌化、杭州至长兴、黄岩至乐清、永康至缙云等公路。

抗日战争期间，他曾主持修建四川万源至重庆公路；1939 年，转赴西南、西北，先后主持修筑了四川至陕西、乐昌至西昌等线。其中乐山至西昌公路，是由乐山沿经襄衣岭、越大渡河经冕宁至西昌，沿途峭壁陡峻，险流湍急，施工难度大。一次，孙发端带领人员试渡大渡河，船毁人亡，仅孙发端一人被激流冲落至浅滩，幸免于难。

他主持修建的川陕公路，其中宝鸡至汉中的古连云栈道全长254公里，陡壁悬崖，堪称天险。许多外国专家断言此路不可能修通。孙发端怀着强烈的民族自信心，跋山涉水测量选线，找到最佳施工线路和方案。

中华人民共和国成立后，孙发端一直担任主管技术业务的行政领导工作，为西北地区的公路建设和全国公路的勘察设计工作，尽心尽力，作出了巨大贡献。尽管年事已高，不能再亲自去选定最佳路线，但他作为技术领导的主要责任者，仍不遗余力地为新中国公路建设事业鞠躬尽瘁，奉献一切。20世纪60年代初，适逢辽宁遭受特大洪水灾害，公路损毁严重，孙发端不顾年事已高，亲自率领工作组前往辽宁省，以他丰富的经验和技术，指导和协助当地公路交通部门顺利完成了水毁公路的抢修工作，保证了军事和生产运输的安全畅通。

张佐周是赵祖康最得力的助手、卓越的公路建设专家，为中国公路建设的发展作出了杰出的贡献。张佐周是直隶（今河北）保定人，出生世家，天赋超人，通古博今。1932年以优异的成绩毕业于北洋大学土木系。

毕业后，张佐周报考全国经济委员会公路处道路股，主考官是时任股长的赵祖康。赵祖康慧眼识英才，从此就将他招募于麾下，委以重任。

刚参加工作，张佐周就显示出特异的禀赋，创造了公路建设的许多新发明。

张佐周接受的第一项任务，是修建处于沪杭公路要冲的上海闵行汽轮渡码头。在建造过程中，他独具匠心，采用了钢引桥连接船的码头固定浮泊设计，渡轮采用两头推进的钢壳柴油机轮，一次可载运10辆汽车过江，这在当时属全国首创，引人注目。

1933年，张佐周参加徽杭公路（杭州到安徽）建设，负责工程建设督导。根据这条公路的地形地貌，他又独创了"发针形回头曲线"建设方案，展现出青年精英的匠心与才华。

张佐周因成绩突出崭露头角，曾出任国民党政府交通部公路总局设计科科长、上海市工务局第四区工务处处长。

1934—1936年，赵祖康指派年仅24岁的张佐周，走进秦岭，参与主持修建打通蜀道西汉（西安到汉中）公路建设，先后担任副工程司、分段长和鸡头关桥工务处主任等职。

在此期间，张佐周进行了极其艰难的探索与实践，特别是在主持架设鸡头关大型钢架桥时，对半刚性路面设计理论进行研究，并把研究成果迅速推广。

特别值得一提的是，在修筑西汉公路过程中，张佐周以深邃的历史眼光，非常重视对中国古代文物的保护，尽一切可能保护重要的历史遗迹：著名的"国之瑰宝"石门摩崖石刻，汉代张良亲笔的"玉盆"、曹操手书的"衮雪"，还有函谷关、陈仓栈道，等等，都因为张佐周的先见之明、刻意保护而免遭损毁。直到人生暮年，张佐周在病榻上，依然念念不忘"古石门"，写下"忆古石门"七言诗。病逝后，更要求长眠于汉中褒谷河畔，厮守在曾经魂牵梦绕，最难割舍的石门栈道故地。

新中国成立后，张佐周历任上海市工务局副处长，上海市市政工程管理局总工程师，上海市政工程设计研究所所长，上海市城市建设局副总工程师、总工程师、高级工程师，为上海的市政建设和道路建设贡献了毕生智慧。

徐以枋，曾用名驭群。1907 年 11 月 17 日出生于浙江省平湖县一个望族家庭，其父是清朝的贡生，在族中有较高的威望，这对徐以枋的个性形成有很大的影响。他毕业于浙江平湖治谷小学和嘉兴秀州中学，各项成绩均名列前茅。他抱着科学救国的愿望，考入上海复旦大学理工科土木系，1928 年毕业，获土木工程学士学位，并荣获学校颁发的"最优"金质奖章。由于提前修满规定学分，于 1928 年 3 月进入杭州市工务局工作。

1928 年 9 月，徐以枋应邀到江苏建设厅任技佐、技士，完成了宁杭公路的测量工作，并审核各县公路的建设项目。1930 年 7 月，进上海市工务局工作。1933 年 7 月，被调至南京全国经济委员会公路处任副工程师，兼任技士、督察工程师，办理七省市兴修的公路工程。

1937 年，抗日战争爆发，徐以枋在奉命协助江西省公路局加固宁赣干道沿线桥梁后，年底又奉命赶往云南昆明协助该省于一年内抢建修通国际通道滇缅公路。面对国家危急的局势，他决心要为抗日战争早尽力量。

徐以枋受省方委托，对澜沧江和怒江上的两座悬索桥的赶建担任技术上的全面指导。在既无资料，又缺器材、设备的情况下，他毅然负起重任，在一年内如期抢建完成通车，获得中外人士赞扬。

接着，徐以枋又参加和领导了川康乐西公路、川滇西路、康青公路、南疆公路的建设，长期在艰苦环境中与穷山恶水、高原旷野打交道，一心扑在公路事业上。1944年，因督修康青公路获交通部嘉奖。1945年，因参加公路建设取得的成就，获国家颁发的奖状和勋章。

1946年，徐以枋应上海工务局局长赵祖康之邀，担任该局沟渠处处长，并应复旦大学土木系主任金通伊教授邀请兼任桥梁学教授。1947年2月，交通部、上海市政府派他去美国考察公路、市政工程一年。回国后，先后任上海工务局道路处处长、副局长。

新中国成立后，他任上海市人民政府工务局副局长，他全力参与和领导新上海的市政工程建设，贯彻城市建设为生产服务、为人民服务的方针。他身体力行，深入现场，及时了解和解决工程疑难问题。1955年起，他任市政工程局局长，1958年，任城市建设局局长，担负起建设现代城市、市政工程设施先行的重担。

徐以枋任市防汛指挥部副总指挥时，提出了"围起来，打出去"的技术政策，在海塘江堤的防汛上，徐以枋通过实践提出了"保滩与堤防并重，以保滩为主；基建与维护并重，以维护为主"的技术方针。对上海市区地面沉降问题，他通过调查研究，科学地和创造性地得出了地下水的汲用量是影响市区地面沉降的主要因素和根本原因的结论，并采取有效措施，基本上稳定了地面的沉降。

1975年开始，徐以枋直接参与和领导了当时国内跨径最大的重庆长江大桥的设计，获得国家优秀设计奖和优质工程奖。与此同时，徐以枋还高瞻远瞩地全力支持和领导了上海泖港大桥的设计和建设，获得国家优秀设计奖，为市区黄浦江大桥的建设作好了技术和人才准备。徐以枋积极参与上海南浦大桥和杨浦大桥的建设，他是大桥设计评估委员和顾问，也是大桥建设顾问委员会的顾问。

为表彰徐以枋在土木工程方面至今60余年的卓越贡献，中国土木工程学会在 1987 年 7 月授予他荣誉证书和"从事土木工程 50 年的老专家"光荣称号。

除了上述杰出的公路建设专家，还有张昌华、张鸿逵、鲍必昕、李树阳、李善梁、刘承先、刘树升等，他们为中国公路建设的贡献同样应该载入史册。

在乐西公路建设过程中，培养造就了许多中青年技术骨干，锤炼出一批新中国成立后交通建设的领军人物。如：当年乐西公路工程处施工课长成希颢新中国成立后任交通部基本建设局副局长兼总工程师，当年工程处第三总段长华敬熙新中国成立后任交通部公路勘察设计院副总工程师，当年工程处第二桥工所主任、川滇西路总段长刘承先新中国成立后任交通部工程管理司副总工程师，当年乐西公路与川滇西路分段长吴成三新中国成立后任铁道部基建总局副总工程师，当年工程处第七总段长成从修新中国成立后任湖南省交通厅副厅长兼总工程师。

此外，还有千千万万在中国抗战时期参与公路建设的工程技术人员和筑路民工，他们风餐露宿，用血汗铸成条条通衢大道，为抗战出力，为后代造福。

康青藏路　志存高远

康青公路属于青藏公路的组成部分。当时，青藏公路是指宁玉公路、康青公路及康藏公路的联合体。其中康青公路设有专门工程局修筑，西康德格至西藏拉萨的康藏公路限于政治因素仅拟定规划而未付诸实施，康青公路开建时正值抗战的艰苦时期，国力被战争消耗殆尽，筑路经费紧蹙，再加上复杂的地理环境，路况质量未能达到预期目标。但这些筑路活动开启了藏区现代化公路交通建设的滥觞，在当时能付诸实施并使部分路段粗通，已经是历史的一大进步。

在赵祖康毕生从事的公路建设生涯中，规划建设青藏公路是浓墨重彩的篇章。

抗日战争后期，赵祖康参与了领导青藏边区交通的规划与建设，还曾亲自前往青海地区进行实地考察。他在"文化大革命"期间写的一份回忆材料中说，当时因"支气管炎咳血病时常发作，外出视察公路远不如以往之多"，"一次是视察川康（或青康）雅安至天全一段"[1]，还委派堂弟赵祖庚直接参与工程建设。

如前所述，早年，赵氏家族生活在上海松江的一个大院。赵祖康的父辈共有六个兄弟，赵祖康的父亲排行老二。大伯父家只有女儿，没有儿子。按照旧社会的风俗，赵祖康在赵氏家族中，当算长子，在第二代中是领头羊。因此，赵祖康的言行举止、思想理念，直接影响到这一代人的人生道路选择。他的堂弟赵祖庚因为深受赵祖康的影响，同样走上了工程救国的道路。

1910年2月，赵祖庚生于原江苏省（今上海市）松江县，是赵祖康的堂弟。与赵祖康一样，他先在江苏省立三中（现松江二中）求学，中学毕业后，考入交通大学土木工程专业深造，1932年毕业。大学毕业后，先到南京工作，主要从事南京城区的地下水道建设，参与秦淮河治理工程。

1935—1936年，应赵祖康之邀先后参加陇海铁路、西兰公路（西安到兰州）、西汉公路（西安到汉中）建设；1938年，参加滇缅公路建设，同时兼任英语翻译等工作。1943年，参与康青公路建设。[2]

新中国成立后，参与建设云南箇旧锡矿公路重大公路工程建设等。1954年，调交通部工作；1962年，又被调入交通部成都公路局，任总工程师，参与建筑西南三线公路。1964年调西安公路二局任

赵祖康的堂弟、公路专家赵祖庚

---

1 赵祖康1968年书写的回忆材料，现存上海历史博物馆。

2 抗日战争胜利后，转赴重庆，担任公路局（公路五局）副局长。

总工程师，建筑青海等地国防公路。1966 年 11 月去世。[1]

　　青藏交通建设是发展藏区社会经济和国防建设的需要。青藏边区落后的交通状况使藏区的产品不能大量输出，农牧民亟须的生活日用品的输入亦很困难，商品奇缺，物价腾贵，严重影响了民众的日常生活。滞后的交通状况也影响了国防建设和汉藏区之间的文化交流。开通康青公路，东接川、滇，以通内地，北连青海，经新疆可达苏、印，西出德格、昌都，复为入藏印之大道，是青康地区的交通枢纽。此线修成之后，不仅沿线资源可获开发，还可以加强民族间文化交流。

　　康青藏边区交通建设也是持久抗战的战略需要。1941 年 5 月，中国远征军入缅作战失利，自昆明通腊戍的滇缅公路被敌军截断，同盟国的租借物资输华西南交通线被阻断。陆路只有通过甘肃河西走廊抵达新疆的甘新公路尚通，并由于屡经辗转，绵延数千里，运输成本过高，且兰州到西安段亦遭受日寇的威胁。相反，新疆经青海西宁直抵西康沿线属于大后方，战略位置相对安全，且距重庆的距离大为缩短，故康青公路的修筑被提上议事日程。

　　1937 年，国民政府交通部开始对康青公路沿途情形进行勘察，1938 年 12 月，公布了对康青公路沿线的调查实况。调查以西宁玉树间为第一段，玉树甘孜间为第二段，甘孜康定间为第三段，对沿途距离、宿处、饮食、气候、风俗、治安、币制、海拔、温度、形胜等做了梗概性记述：康青公路沿线里程 3 230—3 410 余华里，计 42 马站，乘马缓行尚需 50 天左右，日均行程在 64.6—68.2 华里之间，落后的交通状况严重制约了康青藏边区同祖国内地的交往和联系，制约了国民政府筹边方略的实施。

　　康青公路起西康之康定、折多塘、两路口、营官寨、泰定、道孚、甘孜、大金寺，至青边玉树抵西宁，全长约 1 400 公里，实系青藏公路康青段。1939 年，西康省政府呈请修筑，随后省交通局派队首先踏勘康定至太宁（今乾宁县）段。1940 年，国民政府交通部派员初测了太宁至甘孜段，随后又踏勘了甘孜至玉树段，最后厘定康青公路起康定，途经营官寨、太

---

1 2020 年 5 月 25 日采访赵祖庚子女记录。

宁、道孚、炉霍、甘孜、玉龙、石渠至青边玉树，长约 760 公里，并列入是年国民政府行政规划，准备筹筑。随着太平洋战争的爆发及国际反法西斯战局的演变，1941 年 8 月 15 日，蒋介石认定，康青公路实为国际交通重要线之一，于开发边疆、巩固国防关系甚大，遂饬令交通部修筑。

1940 年，国民政府拟在营官寨修建民航机场，以方便联络。1941 年春，拟筑康定至营官寨公路，即康青公路之首段。该段路线自康定起，沿折多山经大坪、折多塘、二台子，过折多山垭口，再经提茹而达营官寨，全长 71 公里。沿途地势起伏，落差极大，康定至折多山垭口长 32.5 公里，落差竟达 1 800 米，工程艰巨。康营段原定为丙级路，在实际修筑过程中临时按"赶筑单车道通车之暂行标准"施工。1941 年 10 月开工，1942 年底，康营段全线打通。

1943 年 8 月 15 日，营官寨至甘孜段开工。同年 11 月，营甘段打通，然因经费问题，全程仍有 1/3 路段为单车道。营甘段全长 313 公里，载重五吨半的道奇卡车全程行车尚需 17.5 小时，平均时速 18 公里。试车后即遇冰雪封山，未能再有汽车通行。1944 年甘玉段开工时，兼事改善营甘段未完工程。

甘玉段为康青藏边区甘孜经歇武寺至玉树一段，因与青藏公路同一路线，由青藏公路工程处办理。1944 年 10 月 20 日，全线土路勉强打通。11 月 7 日，康青公路甘玉段试车，从西康甘孜出发，22 日抵达青边玉树。1944 年 11 月 30 日，国民政府交通部公路总局专门委派容祖浩、川康公路管理局工程师赵祖庚、甘玉段工程处处长邵福宸及西康省政府、参议会，中央大学教授和新闻记者共 14 人组成试车团，从康定出发，进行康青公路全线试车。12 月 13 日，试车团返回康定，往返共用时 44 天，行程 1 600 公里。去程平均时速 16.8 公里，回程 14.4 公里。

1943 年 7 月至 1944 年 10 月，通过各族民工和兵工的艰辛劳动以及工程技术人员的共同努力，宁玉公路勉强打通并与康青公路衔接。宁玉公路共完成路基 828 公里，有半永久及临时桥梁 17 座，但路面、护墙均未完成。青藏公路宁玉段试车后，未能正常通车，但为新中国成立后青藏公路的修筑奠定了基础。

抗战后期，国民政府为适应国家抗战和国防建设需要修筑的康青公路和青藏公路因工程质量低劣、失养或其他复杂深刻的原因，在路面粗通试车后旋即关闭。但围绕筑路活动，国民政府当局和国内有识之士对康青藏边区国防的重要性有了更深刻的认识，勘线活动与筑路过程中，青康各族人民、兵工及国家工程技术人员克服诸多难以想象的困难，为公路的建设付出了艰辛的劳动，边区民众的国家意识亦得到了增强。

尤为重要的是，抗战时期康青藏边区筑路活动为新中国成立后青藏高原的交通建设奠定了坚实的基础。首先，奠定了初步的路基。1950年4月，西北军政委员会主席彭德怀视察青海时，指示康青公路分两年施工，是年修至黄河沿。其中即明确指出："修建桥涵，以抢修通车为原则，尽量利用旧线。"1953年，西北军政委员会投资旧币950亿元，重点改建西宁至黄河、黄河沿至玉树段公路。5月，成立青藏公路工程局。1954年11月，西宁至玉树公路在地形、地貌极其复杂，环境极为恶劣的条件下，恢复全线通车，并为以后大规模公路改建打下了基础。12月15日，青藏公路西宁至玉树段快速通车，与抗战时期公路修筑奠定的基础不无关系。军民共建、分段筑路、屯垦养路等经历，为新中国高原公路建设提供了借鉴。[1]

笔者在上海历史博物馆找到了馆藏的《青海省青藏公路工程概况》文稿及规划图，这份珍贵的史料包括六个部分：

一、修筑缘起

青海为吾国西陆重镇地区至为重要。当兹抗战建国同筹并进之际，开发本省交通久为朝野所重视。民国二十八年，交通部曾有康青公路踏勘队之派遣；三十年行政院继有康青视察团之组织；三十一年西北公路工务局奉交通部之命，复派总工程司吴必治成立康青公路宁玉段踏勘队，作路线之最后踏勘，途经打阅月之辛苦跋涉，勘定东西两线计：

---

1 毛光远：《抗战时期国民政府青康藏边区交通建设刍议——以康青公路和青藏公路为中心的历史考察》，《西华大学学报》2013年第二期。

（甲）东线：以西宁为起点，南由贵德同德什藏寺，至主营房折向东南，经苏呼唐龙古哇赛池、夏木寺、苏藏至马里，复折向西，行经嘉绕、阿坝、作孟慢壮吉穷拉日高鲜草呼公马至呆寓木，更折向西北，经长许、贡马雪口、河石渠、系色许至花儿多，由此折向西南，经歇武、通天河以达玉树，全长约一千四百三十公里。

（乙）西线：由西宁西行经湟源，越日月山至共和，折向西南，经大河坝、东鄂拉姜路、棉草湾、长石头、黄河沿大休马滩、查拉湾至岔河，复折向南行，经竹节、寺歇武以达玉树，全长约计八百二十公里。

嗣经交通部与青省府叠次洽谈结果，决定采用西线（附路线图）并设置工程处着手筑修。

二、筹借经过

本路本年度经费六千万元，自经最高当局核定后，工程处于五月间奉令成立，当即在渝洽购应用器材，罗致工作人员，积极筹借，第一二两测量队于五月十三日由渝出发，同月二十九日到达西宁；第三四两测量队于五月二十一日由渝出发，六月十日到达西宁；第五六两测量队于六月十日由乐山出发，七月八日到达西宁。各队因购办御寒衣物，请拨马匹帐篷等事，经短时逗留后，第一二测量队于六月二十八日、第三四测量队于七月三日、第五六测量队于七月十七日分别由西宁出发，前往指定路段工作。

同时工程处亦于六月十四日在西宁大校场正式成立开始办公。

三、施工计划

本路由西宁至玉树可分为西共段（西宁至共和）、共大段（共和至大河坝）、大黄段（大河坝至黄河沿）、黄歇段（黄河沿至歇武）、歇玉段（歇武至玉树）等五段，队西与共大两段并称为西大段，系现有路线必须改善者外，其余均像新三本年度施工计划。原拟修通大黄黄歇两段，对于西大段不过酌配少数工人，略加整理与改善而已。嗣奉省府命令，以西大段坡陵湾急，必须彻底改善，并为（一）利用农时。（二）便利运输。（三）逐渐实施起见，乃变更施工序见，修西大、大黄两段，西大段派工五千以一个月为完工期限；大黄派工五千，以三个月为完工期限。俟西大段工程完竣后，再将工人调至黄歇段，继续工作。嗣以天时人力等种种关系，设法打通至黄河，沿由黄河沿至玉树一段，只能待至明春再行继赶。

四、工程进度（附三十二年度三线统计表）

本路为争取时间、加紧赶工起见，采随测随修办法，除各测量队自六月二十八日起陆续前往工地开始测量，随即成立总分段，准备施工，外省民工亦于七月十三日起相继至建工地。允将重要地段开始修筑，经以九十天短促之时间打通至黄河沿，计测竣路线 500 公里，完成正式路基 140 公里，通车便道 360 公里。兹将各三段工程进展分述如下：

1. 工务第一总段　六月二十九日开始测量，计测竣路线 96 公里，于七月十三日开始修筑，计完成通车便道 37 公里、完成路基 59 公里。

2. 工务第二总段　七月一日开始测量，计测竣路线 111 公里，于七月十八日开始修筑，计完成通车便道 90 公里，完成路基 21 公里。

3. 工务第三总段　七月二十二日开始测量，计测竣路线 89 公里，于七月二十三日开始修筑，计完成通车便道 57 公里，完成路基 32 公里。

4. 工务第四总段　七月二十一日开始测量，计测竣路线 77 公里，于八月十八日开始修筑，计完成通车便道 50 公里，完成路基 27 公里。

5. 工务第五总段　八月三日开始测量，计测竣路线 67 公里，于八月二十七日开始修筑，计完成通便道 67 公里。

6. 工务第六总段　八月九日开始测量，计测竣路线 59 公里，于九月十九日开始修筑，计完成通车便道 59 公里。

五、员工生活

本路自开始工作以来，员工生活俱极艰苦，兹略举数事，以明其艰苦情形已达于何种程度。

1. 气候方面　本路沿线气候特殊，一日之内，恒常数变。忽而天气晴朗，炎日当空；忽而阴霾四布，雹雪交作，冰雹之大，逾于鸡卵。布制帐篷每为击穿，员工竚立篷内蒙毡以避。此种苦况，实非一般人所能想像。当地俗语有云：四五□淋□□得哭，盖即说明夏季生活之悽苦情形也。至入冬令以后，则冰雪封山，朔风砭骨，虽衣重裘，仍觉无温，倘不善保护，即有坠耳裂肤之虞。此本路员工因气候恶劣所感受之痛苦一也。

2. 饮食方面　本路沿线地势高寒，普通农作物不能滋长，当地土人除牛羊肉外、以糌粑为惟一食物。本路员工所需米麦，概由西宁运来。有时接济中断，即不得不暂食糌粑，而糌粑性热味又苦涩，食时已感不惯，食后更大便固结，极痛苦至云。菜蔬则当地既无出产，西宁又无法运来，佐餐之物只有白水煮羊肉略加盐巴而已。饮水一事尤为困难，盖本路沿线多属荒漠，原理常百里不见绿洲，尤以大河坝以南，虽间有一二沟潦水滩，可以取水，但积水既久已变质，更加羊粪牛溲，益形污浊，饮之后，每生疾病患者则面浮肿、腹中痛胀，有时于水草滩内掘坑取水，初则水味尚甘，但经时不久味变苦，不能再饮矣。至于盛水用具，每用新鲜羊肚，气味腥恶触臭作呕，以上种种情形，迺本路员工在饮食方面所感受之痛苦二也。

3. 燃料方面　本路沿线不产煤炭，又无木柴，所需燃料概用牛粪，而牛粪又需干时检拾，干时烧用，尚不预为储备，则一遇雨雪，即有断炊绝食之虞，以故外段员工视如至宝，非仅与工余之暇，以拾牛粪为例常课业，即在工作当时，几遇牛粪必予检拾，以备不时之需。月前第四测量队因缺乏牛粪数日，不能举火，全体员工只有生吃冷水拌糌粑，致多人患病，情至严重，此本路员工因燃料缺乏所感受之痛苦三也。

4. 作息方面　大河坝至玉树段平均海拔均在四千公尺以上，空气稀薄，气压甚低，一般员工非仅在工作时，每感心胸窒滞，呼吸困难。即在睡卧以后，仍觉精神疲惫，喘息不已。此本路员工在作息方面，因气压太低，所感受之痛苦四也。

总观以上，各种本略员工生活之艰苦，非一般人未曾足履斯土者所能想像，惟本路为青省由西宁以达玉树之主要干线，关系重要，故本路员工仍能秉于责任之艰巨，□□以报国家其精神之坚毅、矢志之忠诚，似亦有足嘉尚者。

六、明年度计划

本路本年度工程以开工过迟，更以人力天时配备等种种关系致所做工作较少，明年度应承之工程，远较本年度巨，现大体方针已经决定，可分四点计（一）尽极短时间内由黄河沿打通至玉树。（二）将西大段已成路基再加改善并铺路面。（三）将大黄段已成，便追加以彻底改善。（四）沿线重要桥梁逐段兴建，倘明年度预算能照所编之准则，在冻前当可通至玉树，他日斯路完成，南出西康、西通藏印，抗战前途不无利赖。

青藏公路工程规划

此工程计划形成的确切时间，文件未标明，尚难确定，但结合文件叙事的内容推断，应该形成于1943年底。

赵祖康把这一文件视若珍宝，一直随身珍藏，直到逝世。由此可以推论：早在20世纪40年代，国民政府便开始规划建设青藏公路；康青公路是青藏公路建设规划的组成部分；康青公路动工建设标志着青藏公路建设从那时起已经实质性启动；赵祖康亲自领导参与了青藏公路建设规划的研究制定，是中国青藏公路建设重要的发起人、规划者之一。

第四章
在迎接解放中新生

两袖清风　返回上海

1945 年 9 月，赵祖康卸下全国交通运输委员会公路总局副局长一职，返回上海，担任上海市工务局局长。

赵祖康是时任上海市市长钱大钧点名的市政管理官员。钱大钧知道，遭受战争创伤的上海市政千疮百孔、衰败不堪，必须要找一个干练懂行的专家领导组织重建。他马上想到了赵祖康。

赵祖康一行从重庆到上海时携带了大量现金，赵祖康要求随行人员，对这笔款项严加看管，不准拆封，全部用于公事。[1]

赵祖康为政清廉，在当时的官场有口皆碑。

赵祖康对公路事业执着追求，对技术精益求精，是典型的专家型官员，深得国民政府行政高官垂青，都乐意与他合作共事。

在人们眼里，赵祖康是个"好好先生"，书生气十足，无欲无求。

赵祖康内心非常清楚，以他的身份地位、掌握的权力，只要稍有邪念，就可以利用工程发包、订购筑路建材等机会，大捞一把，迅速暴富。他晚年曾说过，新中国成立前，在他当公路处长、公路总局副局长时，要想得一点不义之财，实在是易如反掌。赵祖康不仅自己保持清廉，而且对贪污与中饱私囊者也不姑息。据长期跟随他工作的秘书陆槐清回忆，他刚到赵祖康身边工作，就"从侧面了解一些他的为人。最突出的是严惩贪污。"

陆槐清在回忆录中举了一个生动的事例。

---

1 赵祖康长女赵国聪口述资料。

当时西北国营公路管理局是新设的一个办理西兰公路运输管理业务的机构，在德国买了几十辆汽车，客货运输营业不善。局长姓郑，广东人，宋子文的人，有的说是亲戚，他精明能干，唯一的爱好就是"钱"。他胆子大，捞钱本领强，从筹备到开张营业已捞到一大笔钱。据说他有三不怕："开发西北"的领导部门在宋子文手里，所以他天塌也不怕；西北办事处那个刘麻皮，宋的朋友，跟他称兄道弟，还怕什么；陕西省当局常常伸手向宋要钱，拍马还来不及，决不会找他麻烦，凭这三条，因此有恃无恐。至于地方上臭名沸腾，他满不在乎，"笑骂由他笑骂，好官我自为之。"

赵先生主持全国公路，在当时算是一门新兴事业总得有些朝气，耳目一新。大家都知道修筑公路是一个花钱单位，瓜田李下，无风尚且可以掀起三尺浪，稍有不慎，流言蜚语，接踵而至，这一点赵先生心里十分清楚，所以特别重视考察各级从业人员，十分慎重，是否廉洁奉公，平时考察尤严。这次来到西安，为了巩固自己地位，很想雷厉风行，有所作为。下车伊始，就传谕属员洁身自好，不可以身试法。就在这个当儿，那个天不怕地不怕的郑局长被人以贪污渎职告发到赵先生麾下，这对赵先生真是一次试金石：查办呢，还是庇护呢？据说赵先生深得宋伦理学奥妙，认为郑局长有三不怕，何不"即以其人之道还治其人之身"，而且，自己也盘算一下：与其姑息养奸弄得自己令名扫地，不如补偏救弊，还可博个强项美名。由是密嘱带去的秘书科长进行彻查。不消三天功夫，查明属实，赵先生只好来个"挥泪斩马谡，"即下手令："着郑某停职议处！"

"无欲则刚、有容乃大"，是赵祖康安身立命之本。勤俭为根，静心为上，是他的人生境界。秉持这样的理念，赵祖康在官场始终保持清醒的头脑，坦荡荡，俯仰天地，不为利禄所动。

1938年10月，国民政府派出以实业部部长陈光甫为团长的经济代表团出访美国，与美方达成"桐油借款"协议，商定以四川出产的桐油作抵押，向美国借款四千五百万美元，购买汽车及其他交通器材。

达成协议后，陈光甫致电孔祥熙，要他派懂行的技术官员去美国，协助他完成采购任务。

孔祥熙要求交通部部长张嘉璈选派人员，张嘉璈提名赵祖康前往。为了顺利完成采购任务，赵祖康特别建议，加派交通部副总工程师张登义同行，确定符合中国公路实际的采购方案。

到美国后，他们采用国际通行的招投标办法，开出招标书。招标书根据中国国内公路实际情况提出具体要求，美国多家汽车制造公司参加投标。

按照国际通行惯例，买卖双方协议达成后，卖方公司一般都会向经办人支付"佣金"。因此，美国福特汽车公司照例要给赵祖康等送一笔佣金，被婉言谢绝。

赵祖康对福特公司表示，希望把这笔佣金折算成车款，降低所购车辆的单价。福特公司感到不可理解，不同意这样做。在这种情况下，赵祖康等只能收下了这笔钱，但随即把这笔佣金上交给陈光甫处理。

在美国采购汽车时，类似的情况还有许多。比如，一家美国的轮胎制造公司负责人也找到赵祖康，提出只要同意将该公司的产品规格纳入招标规定，就可以提供佣金。赵祖康表示："如果佣金送给政府，我可以考虑，要是给我个人，对不起，请……"一席话说得来人面露羞色，向赵祖康道歉后悻悻离去。

赵祖康的才能与品行得到陈光甫的高度赏识。因此，他曾提出，希望赵祖康在美国居留，帮助政府做合适的工作，还可以把家属带来。对此，赵祖康婉言谢绝。他对陈光甫说，如果要在美国居留，早年留学时就可达成，不需要等到现在。眼下国内战事如此吃紧，正需要他为国出力，作为主管公路建设的国家官员，不考虑留美的。

对此，陈光甫表示钦佩。

1939年5月23日，赵祖康致函中国驻美国大使胡适先生，信中写道：

适之大使学长先生赐鉴：

　　此行来美，得迭聆听教益，录所欣幸。我国自抗战以来，各种设施，仅就应付而言，均感捉襟见肘，财、才、材三者莫不贫乏，为之奈何！美国为西方物质文明发达至最高度之国家，先生驻节于此，声誉素隆，对于今后华美两国如何于财、才、材三者密切联系，想已成竹在胸设法推进。……康因交通部公路总处事极须回处料理，定明日起程，未能再到华言辞，尚请见谅。……[1]

5月24日，赵祖康启程回国。

离开美国之前，福特公司和通用汽车公司分别给赵祖康送来了两辆轿车和两辆卡车。对方特地说明，这是公司谢礼，给他私人支配，将分别在香港和缅甸的仰光交货。

赵祖康回国后，派人把这两辆卡车从仰光经滇缅公路带回国内，原本想全部上缴给交通部。不料途经昆明时，被宋子文半路要走一辆，另一辆小轿车被运回国内，由交通部调拨给贵阳西南公路管理局。抗战胜利后，这辆车转到国民党南京市政府。解放前夕，再转到上海市政府工务局。新中国成立后，赵祖康把这辆车交给工务局。

面对诸多的发财机会，赵祖康都不为所动，始终保持清正廉洁本色。因此，赢得了普遍赞誉。

赵祖康为政清廉的本色保持了一辈子。据他的子女介绍，赵祖康夫妇俩生前设想，为母校交通大学设立一笔奖学金，用于奖励品学兼优的大学生，终因囊中羞涩而未能如愿。这是后话。

百废待兴　重整市政

对于赵祖康而言，重要的不是官职的大小，而是能不能发挥自己的专

---

1 胡适：《胡适来往书信选》（中册），中华书局，1979年，第414页。

业特长，能不能实现自己的抱负。到上海干老本行，符合自己志趣，能发挥专长，施展拳脚。再者，上海是故乡，是生长成才的地方，尽自己绵薄之力，把上海建设好，利国利民，两全其美。

1945 年 9 月 8 日，赵祖康踌躇满志，从重庆返回上海，走马上任。

历经八年战争破坏的上海，满目疮痍，百废待兴。

抗日战争爆发之初，侵华日军对上海狂轰滥炸，全市无数房屋被毁，道路坑洼，路桥断裂，市政设施严重受损，市郊公路的破坏尤甚。

上海沦陷后，在日伪统治下，市政破坏有增无减。公路、桥梁长期得不到保养修建，到处坑坑洼洼，伤痕累累。全市上下，满目疮痍，生灵涂炭，市政瘫痪，遍地狼藉。更糟糕的是，原先架在市内苏州河上风雨飘摇的陈旧木桥竟被拆毁，苏州河两岸民众出行非常不便。

上海市政的破败给上海的经济建设和人民生活带来极大不便，赵祖康看了心寒心痛。但是，他并不气馁。他决心通过不懈努力，重建大上海。

到任后，赵祖康抓住关键，立即着手整顿工务局机构设置，理顺管理职能，把上海的市政管理引上规范有序的轨道：按工务局掌管的事项，分成两大类：一类属于业务工作，以上海城市建设为基本目标，具体划分为道路、沟渠、房屋、桥梁、园林、河浜及堤塘；另一类属于规划与行政工作，包括计划、调查、检验、规范、文书、人事、经费及材料。

同时，研究制定了一系列规章制度。据统计，从 1945 年 12 月至 1946 年 10 月，上海市工务局先后制定十多种规章制度，包括组织章程、组织通则、组织规则或办事细则，以及土地费、养路费的征收和代办工程（如掘路、通沟等）执行办法等。[1]

这些重新制定、颁布执行的规章制度，有一些显著的特征：首先，规章制度的制定，根据内容、要求的不同和组织层次与系统关系而各有区别，如市工务局机关执行的称为章程；所属单位执行的定为组织规则；由几个单位共同执行的则为通则。此外，对有关养路费征收和挖路通沟代办等，订为暂行办法；对道路征收工程受益费，则订为实施细则或征收程

---

1 杨文渊主编：《上海公路史》第一册，人民交通出版社，1989 年，第 131 页。

序。规章制度名称的不同体现制定者工作的规范严谨。通过这样的办法明确界定各单位分工负责的任务。

这些规章制度的制定和执行规范了各级市政组织机构的工作，有效加强了市政公路设施管理，理顺了市政建设的基本要求和操作规范，促进市政工程规范有序展开，对于促进养路和土地受益征费，也发挥了作用。

抗战胜利初期，市工务局首先对上海的市政道路情况进行了全面调查。在此基础上，区分缓急，权衡轻重，分步实施。第一步，想方设法恢复上海的交通。据统计，抗战胜利初期，市工务局接收的道路总面积约747万平方米，其中损坏的路面面积约300万平方米，急需修复的为34万余平方米。通过增加道班分区修理，截至1946年底，修补各种路面总面积为123万平方米，相当于全部损坏路面的三分之一。其他市政设施也有不同程度的修复和建设。

不幸的是，抗日战争胜利不久，战争创伤尚未痊愈，国民政府又发动了全面内战，致使军费猛增，通货恶性膨胀，货币不断贬值，建设经费一减再减，进而使上海市政建设各项规章制度形同虚设。

全面内战爆发后，交通运输量急剧增加，而且载重汽车特别多，十轮大卡车、坦克、炮车等经常在市区干道上行驶，刚刚修好的道路重遭破坏，原先完好的道路，也遭受严重损坏。据统计，当时上海的道路"以面积而言，达750万平方公里，以长度言，达880余公里"。抗战胜利时，市内损坏最剧，"急须修补之路面达35万平方公尺之多"，此外，"战时遗留之防御工事，防空井、障碍物、堡垒、封锁物、土井等等，遍及全市，均急待清除"。[1]

上任伊始，面对"敌伪八年摧残，组织松懈，设备缺乏，图籍散失，工程破坏"的现状，他殚精竭虑，挖东墙补西墙，用少得可怜且日夜贬值的市政建设经费，逐渐医治战争对上海市政设施造成的创伤。同时，审时度势，确定了"以整理与建设二者并重"的基本方针，"于整理进展之中，徐图建设，建设推行之际，无碍整理"[2]的实施办法，把恢复和建设妥善地

1《上海工务局报告》，载上海公路史编写委员会编：《上海公路史资料汇编》（一），1946年3月，第311页。（内部刊印）

2 同上。

结合起来，收到了明显的实效。

在赵祖康的领导下，经过工务局全体员工艰苦努力，上海市政建设得到了一定发展，市政面貌初步改善。

从 1946 年到 1949 年初，市工务局在修复重点翻建改善破损道路的同时，还先后完成了苏州河上的外白渡桥大修，福建路桥的抢修，重建恒丰路桥、乌镇路桥等工程。这些工程为维持苏州河两岸交通，改善市中心区交通拥挤状况，发挥了重要作用。

1947 年下半年后，通货急剧膨胀，物价发生剧烈波动，市政建设捐税和专拨款项，相应贬值。

因此，1948 年以后，新建道路或市政设施完全停滞，连小修小补也受到限制。战争日趋紧张时，连燃料和沥青也难以寻觅，市政建设举步维艰。在价高款绌、困难重重的局面下，市工务局勉强修复一部分主要道路，保证交通运输的基本需求；千方百计节减费用，增用移动式路拌沥青炉，随地修补；加强国产煤沥青修路的试验研发，以节省外汇；加强对压路机等陈旧机械的维修，以挖掘潜力，提高效率等技术措施，渡过一个个难关。

在三年多时间里，赵祖康常常陷入无米之炊的窘境，他用有限的资金勉力改善上海的市政状况，同时还着眼未来，勾画上海发展的蓝图。

都市规划 蓝图见证

抗日战争胜利后，上海和全国一样，开始编制各省市的城市建设规划。上海是当时全国唯一编制完成《大上海都市计划》，并正式出版的城市。

编制上海城市发展规划经历了漫长的历史过程。

1927 年，国民政府成立以后，上海市政府邀请相关专家，研究制定上海城市发展规划，这一城市规划设想以江湾为市中心区建筑道路和其他公共设施。提出这一设想的直接原因在于帝国主义列强近百年来对上海的入侵与瓜分，租界割据，各自为政，造成上海市政设施系统极其混乱，市区中心人口膨胀，畸形繁荣，而周围地区发展缓慢，市政状况糟糕不堪。

　　为了改变现状，上海市政府设想，以江湾地区为核心重新规划设计，建成一个新上海。

　　上海城市发展规划确定后，一度已开始实施，现存的一些历史遗存包括原市政府大楼、体育场、图书馆等民国建筑，还有一系列以"国"字、"政"字开头的路名。

　　1937 年 7 月，抗日战争全面爆发，大上海城市建设规划停止实施。

　　1945 年，抗日战争胜利结束。经历"长时间的战争动荡，大量人口的涌入，城市规模的不断扩大和老城区越来越高的人口密度，以及租界用地的长期分割，上海城市建设面临着严峻挑战。如何正确应对未来发展的需求，合理布局城市空间，是当时迫切需要解决的问题"[1]。

　　为迅速开展重建、复兴上海，上海市政府开始启动研究规划新的大上海都市计划。1946 年 8 月，编制工程正式启动。《大上海都市计划》是一项浩繁的系统工程，牵涉到上海的历史与现实，过去与未来，以及城市生活的方方面面，赵祖康是这一未来建设蓝图的主要策划人、组织者、描绘者。

　　1946 年 8 月，上海市政府专门成立了上海都市计划委员会，时任上海市长吴国桢担任主任委员。在上海都市计划委员会成立大会上，吴国桢就编制上海都市计划做了说明，他指出：为医治战争创伤，复兴上海城市必"先确定今后都市建设标准，规定大纲及目前施政准绳。如全市分区：商业区、住宅区、工厂区、码头区等，当然有天然条件，但区划必须有规定，而后施政方有办法。若谈到花园都市，那么更要有计划了"。

　　上海市参议会议长潘公展也提出："大的事不能不有理想，不能不顾到将来，国家建设亦复如是。"

　　上海都市建设委员会成立大会通过决定，任命赵祖康担任委员兼执行秘书，通过的决议明确："遇主任委员缺席时，由委员兼执行秘书代理主席。"可见，赵祖康是上海都市计划项目的实际主持者。

　　在《大上海都市计划》编制规划说明中，赵祖康指出："溯自抗战胜利，上海市政府于 1945 年 9 月复员，秩序初定，百废待举，整理固不容

---

1 上海市城市规划设计研究院编：《大上海都市计划》引言，同济大学出版社，2014 年，第 3 页。

稍缓，建设尤关重要。遂由各局进行恢复工作，以为应急措施，兼由工务局负责筹办都市计划工作，以树通盘久远之大计。"[1]

1946年1月，赵祖康把咨询专家组织起来，成立技术顾问委员会，具体帮助制定上海城市的发展规划。同时，还建立起了各个专题研究机构，分工合作，开展长达3个月的研究商讨。同年3月，先期工作大体就绪，规划设计从理论论证转向具体实施。

业务行政方面，由工务局设计处负责；专业技术方面，则邀请中国建筑师学会理事长、著名的建筑师陆谦受和外国建筑设计专家、圣约翰大学德籍教授鲍立克担纲领衔，又在工务局内选派6名学有专长的建筑师、工程师加盟其中，共同组成都市计划小组，负责都市计划蓝图绘制。

经过8位专家的持续努力，历时3个月，到当年6月，描绘出《大上海区城计划总图草案》和《上海市土地使用及干路系统计划总图草案》。上海都市计划委员会从1945年10月到1949年6月，编制工作长达四年，历经初稿、二稿、三稿，1946年6月拟成初稿，1946年底编印初稿；1947年5月拟成二稿，1948年2月编印二稿；1949年6月完成三稿。

1949年初，国民政府大势已去，这时，有人建议停止项目。赵祖康在1月5日的日记中记载："参议会第八次大会闭会，通过年度预算。预算审查报告本列有对都市计划撤销之建议，嗣经删去。甚矣，曲高和寡，短视者之不可以语远。"可见，原本要被删去的都市计划预算，经赵祖康据理力争，才保留下来。

2月6日晚，赵祖康夜访张菊生（即张元济），"谈局势，并请指示出处，张说只要在岗位上尽力并为下一代计划（指我的都市计划），是没什么的。"得到张菊生的鼓励，赵祖康更坚定了完成都市计划的信心。

4月20日，赵祖康又赴杭州访问张晓峰，"谈都市计划，张意拟□象山港为上海附属港。"

此后一段时间，赵祖康锲而不舍，在为完成编制任务四处奔走，继续努力。

---

1 上海市城市规划设计研究院编：《大上海都市计划》引言，同济大学出版社，2014年，第3页。

同时，赵祖康还与鲍立克、程世抚、钟耀华、金经昌等中外专家一起，争分夺秒，终于在 5 月完成第三稿修改。

期间，国民党淞沪警备司令部曾几次派人索要计划三稿，准备带去台湾，险象环生，因赵祖康等坚决抵制，没能得逞。

1949 年 5 月 27 日，上海解放。5 月 28 日，新任上海市市长陈毅会见赵祖康，办理新旧政权交接。赵祖康将大上海都市计划三稿面交给陈毅市长，得到陈毅的充分肯定、热情赞扬。

上海解放后，上海都市计划委员会并没有解散，编制规划工作依然持续进行。1950 年 7 月，经陈毅批准，第三次修订的大上海都市计划正式印发给市政府各部局参阅。《大上海都市计划》图文并茂、描绘精致，规划详实具体，厚厚两本、洋洋洒洒，长达数千万字，凝聚各路专家的辛劳与智慧。

大上海都市计划从初稿至三稿，是不可分割的整体，初稿、二稿、三稿的内容是延续、细化与补充的关系，一脉相承，主要包括以下三个方面内容：

（1）计划初稿、二稿、三稿的主要内容与衔接：初稿的框架体系最完整，其规定的规划原则和理念，在此后的两稿中得到了很好的继承。二稿对初稿中的总论、历史、地理、基本原则和市政公用事业、卫生、文化等都予以继承，并不再重复，重点对人口、土地区划、道路交通进行了细化。三稿对二稿的区划进一步深化，修改、调整，修改、调整，确定了道路交通中的主要结论，同时进行了关于工业、住宅和建设方式等问题的讨论。

（2）上海城市建设专题研究报告：上海都市计划委员会在大上海都市计划二稿完成后，又完成了上海市建成区暂行区划计划说明、上海市区铁路计划、上海市港口计划、上海绿地系统计划初步研究报告。

（3）相关会议记录。贯穿初稿与二稿的会议记录，反映了规划最终成果的核心思想，记录了规划编制的整个组织与决策过程，包括围绕规划主要结论的思想交锋与激烈讨论，也体现了当时讨论重大问题时，采取了少数服从多数的程序方式。

《大上海都市计划》是上海结束百年租界历史后，首次编制的上海市全行政区完整的城市总体规划，也是中国第一部现代城市总体规划。《大上海都市计划》在分析总结上海历史、地理、自然、社会环境的基础上，系统引进西方现代社会规划的思想，以全球视野、区域角度、客观态度，研究制定上海城市总体规划。

《大上海都市计划》从发起到成稿，历时三年有余，参与编制人员专业化程度之高，讨论气氛之民主热烈、成稿效率之高，在中国城市规划史上独树一帜，具有很高的科学价值与历史意义，成为以后上海城市建设规划的重要参考资料。

在制定规划设计方案过程中，中外专家学者充分运用欧美国家在公路建设方面采取的"卫星城市""邻里单位""有机疏散""快速干道"理论，保证了规划设计的先进性、合理性。

《大上海都市计划》的编制从编制原则到具体编制过程，体现出高度的专业性、科学性、前瞻性与可操作性，不仅图文并茂，而且调查统计数据详实，真正体现了编制者所具备的科学精神与工匠精神，是一部不可多得的上海城市建设规划的教科书。

正如同济大学教授李德华（《大上海都市计划》编制的参与者）所言：大上海都市计划"将现代城市规划所承载的思想、理念和科学原则引入中国，其中闪耀的理性主义光辉意味深长。大上海都市计划中的一些重要规划思想传承至今，对上海的城市规划和城市建设有着重要影响；可以说时至今日都具有重要的现实意义。"[1]

《大上海都市计划》全部文稿在上海市城市规划设计研究院保存了60多年。2014年，经该院整理编辑，已经由同济大学出版社完整出版。这些历史档案资料，真实记录了60多年前上海一大批社会精英的智慧与贡献，反映了他们对未来上海的畅想，是不可多得的思想财富、文化财富。

他们做了大量扎实的基础性调查研究工作，为以后开展这方面的工作，积累了丰富的第一手资料，也为当代上海的城市改造提供了有价值的历史参证。[2]

---

1 上海市城市规划设计研究院编：《大上海都市计划》引言，同济大学出版社，2014年，第3页。
2 杨文渊：《上海公路史》，人民交通出版社，1989年，第160—161页。

赵祖康为编制《大上海都市计划》倾注的心力与智慧充分反映在他撰写的《上海大都市计划》两篇序言中，赵祖康对编制缘起与编制过程做了简要回顾："是年 ¹10 月，工务局邀集本市市政及工程专家，举行技术座谈，集思广益，奠立始基。1946 年 1 月，改组为技术顾问委员会，充实研究机构，分工合作，连续商讨。同年 3 月，筹备事宜，渐告就绪，爰更成立都市计划小组，积极推动设计工作。同年 6 月，大上海区域计划总图草案——暨上海市土地使用及干路系统总图草案拟成，以立本市都市计划之范畴。事属草创，期间因调查事项之繁琐，统计数字之不足，参考资料之

上海都市计划三稿初期草图

残缺，重要设备之未全，设计工作，自难邃跻于尽善尽美之城，盖无待言。顾以三月光阴，由此初步收获，非赖在事人员殚精竭虑，共策进行，曷克尽此。……本年 8 月，本市都市计划委员会正式成立，……8 月 24 日，举行第一次大会，开始确立纲领、决定政策之工作。11 月 7 日，召开第二次大会，当由祖康先嘱咐设计组就所拟总图草案，参考 6 月以后历届会议之结论，编撰《大上海都市计划总图草案初稿报告书》，以供提会讨论之需。以惠予充分之宣导。"

1947 年 5 月，《大上海都市计划》第二稿出版。在出版序言中，赵祖康再度撰文，说明制定这一计划之困难："本都市计划，我从事愈久，而愈觉其艰难。"难在哪里呢？

赵祖康写道："国家大局未定，地方财力竭蹶，虽有计划，不易即付实施，其难一也；市民谋生为遑，不愿侈言建设，一谈计划，即以为不急之务，其难二也；近代前进的都市，常具有崭新的社会政策、土地政策、交通政策等意义在内。值此干戈遍地，市尘萧条之际，本市能否推行要在

视各方之决心与毅力而定，其难三也。但自计划二稿脱稿以来，我人在确认'理想与事实兼顾、全局从小处着眼'为推进计划之两大原则下，多方研究，继续工作，卒于最近完成。"

赵祖康撰写的两篇序言为后人认识《大上海都市计划》提供了基本视角：参与编制《大上海都市计划》者都是上海各个方面的专家学者，其中出力最多的是中国著名的建筑师陆谦受，还有中国建筑学会理事长、圣约翰大学教授鲍立克。[1]

赵祖康作为《大上海都市计划》主要负责人，事无巨细，都要周全考虑安排，工作极其烦琐。

据上海都市计划委员会秘书处会议记录记载，秘书处每周举行一次例行会议，会议一般都在下午5点以后召开，具体讨论都市计划进展情况，研究具体工作部署，解决工作中遇到的问题与困难。除特殊情况外，每次会议均由赵祖康亲自主持。除此以外，秘书处还多次召开联席会议，联席会议由各专业委员会成员参加，这些会议也由赵祖康主持。

即使在解放前夕接任上海代理市长一职后，赵祖康依然没有放下这项工作。

从1949年1月到5月，赵祖康在他的日记里，记载了编制《大上海都市计划》有关的事宜：

1949年2月4日："下午都市计划秘书处开会讨论三稿"；

1949年2月6日："晚访张菊生谈局势并请指示出处"，其中也谈到大都市计划事宜；

1949年2月24日："都市计划秘书处继续开会赶做总图三稿"；

1949年2月28日：从南京"回沪，催办都市计划工作"；

1949年5月30日：其时，上海已经解放，当日"与陈毅市长畅谈二十分钟……又谈及都市计划"；

1949年6月14日："夜草建设新上海初步设施意见书，备明天面递

1 上海市城市规划设计研究院编：《大上海都市计划》，同济大学出版社，2014年，第2页。

陈毅市长"。[1]

据赵祖康长子赵国通介绍，他父亲对《大上海都市计划》呕心沥血，孜孜不倦，夜以继日地工作，就是想把这项计划作为"见面礼"赠送给新上海。[2]

群贤汇聚　勾画未来

抗战胜利后，上海过去积累的建设成果遭受严重破坏，市政状况破败不堪，重整市政、发展社会经济迫在眉睫。

如何重整？如何发展？是急功近利，还是着眼长远，结果迥异。

赵祖康怀着对国家民族复兴的热望，投身上海城市的重新规划与建设。他志向高远，不满足于小修小补，而是着眼长远，希望通过制定一揽子的城市建设发展计划，达成上海复兴的目标。对此，赵祖康阐释说：

> 过去百年间，外人在上海之市政，表面虽有层楼巨厦之足壮观瞻，道路水电等设施之可供需应，惟建设区域，仅限于租界一隅，且又着眼于外人本身之商业利益为前提，缺乏通盘筹划。前市辖区域，则以租界之横梗中心，及其畸形发展之影响，市政建设，相形见绌，虽有市中心建设之计划与设施，以图并驾齐驱，竞争繁荣，惜乎抗战之始，首遭劫毁，八年沦陷，一切设备，既经兵变，复失保养。胜利后，人口激增，需求迫切，遂至供求失应，举凡交通运输，居住卫生等设备，靡不呈匮乏纷乱之象，社会经济两项建设，亦因物质建设之贫乏而共趋凋散矣。[3]

秉承这一长远目标，赵祖康担任市工务局长后，坚持对社会各方申请

1 陈立群编著：《上海——1949》，同济大学出版社，2019年。
2 2020年2月27日采访赵国通记录。
3 赵祖康：《上海建设计划概述》，《市政评论》1949年第一期，第13—14页。

的改扩建工程仅发放临时执照，并很快启动《大上海都市计划》的编制工作，以期今后的城市建设工作有一份总图指导。[1]

　　1945 年 10 月 17 日，赵祖康在市工务局举行技术座谈会，邀集上海富有市政建设学识的中外专家学者座谈，为制定上海发展蓝图出谋划策。

　　1946 年 8 月，"大上海都市计划委员会"成立，直属上海市政府领导，由上海市长吴国桢兼任主任委员，赵祖康任当然委员兼执行秘书，担纲该计划的制定。委员会分两个部分：一是当然委员 8 人，除赵祖康外，还有市政府秘书长何德奎、市地政局局长祝平、市公用局局长赵曾钰、市教育局局长顾毓琇、市卫生局局长张维、市财政局局长谷春帆、市警察局局长宣铁吾、市社会局局长吴开先，囊括上海市政府全部领导成员；二是聘任委员 18 人，这支队伍阵容更加强大，由实业界、学术界、工程界著名人士组成，其中有中国建筑师学会理事长陆谦受、京沪区域铁路管理局局长陈伯庄，行政院工程计划团主任工程师汪禧成、上海浚浦局副局长施孔怀，南京市政府秘书长薛次莘，建筑师关颂声、范文照，上海浙江实业银行总经理李馥荪，中央大学建筑科主任教授卢树森，上海医学院主任医师梅贻琳，交通银行总经理赵棣华，会计师奚玉书，上海新华银行总经理王志莘，上海金城银行经理徐国懋，上海市政府主任参事钱乃信等。

　　为了完成"大上海都市计划"的设计编制任务，还组成了一支人数众多、专业背景过硬的设计编制队伍，这些人是曾经的同学、校友或同事，因熟识而参与，另一方面是因为志同道合，大都具有共同的学术背景、学术追求、先进理念与世界眼光。"大上海都市计划"给他们创造了契机，搭建了平台，让他们聚集在一起，描绘上海未来的蓝图。在这支设计编制队伍中，鲍立克是其中的杰出代表。

　　鲍立克是德国著名的设计师、时任圣约翰大学建筑设计教授。1903 年，鲍立克出生于德国萨克森州的工人家庭，其父亲是一位具有社会主义倾向的政治家，因此，鲍立克自幼受到父亲的思想影响，政治上也追求光

---

1 侯丽、王宜兵：《鲍立克在上海——近代中国大都市的战后规划与重建》，同济大学出版社，2016 年，第 142 页。

明进步。20 岁时进入德国萨克森理工学院（后来更名为德累斯顿工业大学）学习，后又根据其父的建议，转入柏林工业大学学习建筑学。

1933 年，鲍立克应儿时好友罗尔夫·汉堡嘉之邀，和犹太女友一起来到上海。罗尔夫·汉堡嘉 1930 年来到上海，开办建筑设计事务所"Modern Time"。此后，鲍立克在上海整整待了 16 年，直到完成"大上海都市计划"后，于 1949 年 10 月才离开上海，回到东德（民主德国），并成为东德最有影响力的城市规划专家。

鲍立克到上海后，找到了用武之地。最初几年，他在罗尔夫·汉堡嘉主持的时代设计公司从事室内设计工作。1935 年，他在华尔道夫酒店中国餐厅的设计中一举成名。此后，又先后参与百老汇大厦等一系列著名建筑的室内设计，事业发展得红红火火，还开设了自己的建筑设计事务所。

1943 年，圣约翰大学建筑系成立，鲍立克被聘请为都市计划学教授。期间，他指导学生完成了多项上海的都市设计作品。这一专业背景令他成为"大上海都市计划"的核心人物。

鲍立克是一位现代主义建筑师，他强调"科学系统工程性、前瞻性与独特性。在这一点上，与赵祖康的上海都市计划理念不谋而合"。在鲍立克看来，上海的定位就是国际大城市，是中国的经济中心。必须明确上海在中国的特殊位置和与内陆的关系，要与中国的经济发展和土地制度配合完成。如果不建立这一理念，就不能编制出一个真正的都市计划。上海城市规划的研究专家认为，《大上海都市计划》基本上是按照鲍立克的观点进行的，在一定意义上讲，《大上海都市计划》体现鲍立克的设计理念。[1]

陆谦受 1904 年出生于广东省新会，1923 起在香港建兴事务所实习。1927 年 3 月赴英国伦敦就读于英国建筑协会学院建筑系，1930 年毕业并成为英国皇家建筑师学会会员。1930—1947 年，应中国银行行长张公权之邀，主持上海中国银行建筑课，任课长。1935 年当选为中国建筑师学会副会长，1946 年起，中国建筑师学会理事长。

---

1 侯丽、王宜兵：《鲍立克在上海——近代中国大都市的战后规划与重建》，同济大学出版社，2016 年，第 142 页。

陆谦受认为，一件成功的建筑作品必须具备几个要素：第一，不能离开实用的需要；第二，不能离开时代的背景；第三，不能离开美术的原理；第四，不能离开文化的精神。陆谦受设计的代表作是 1935 年建成的金城银行（位于河南路 17 号，现为青岛市商业银行），整幢建筑平面近 L 形，占地面积 802 平方米，建筑面积 2 190.9 平方米。主顶部设有一高耸的仿欧洲古典式钟楼形成构图中心，高约 12 米，形成建筑的高潮点，同时起到两边街道的对景作用。整个建筑为全三层纵向沿道路转角水平展开的方式，整组建筑给人华丽、俊秀且古典的感觉。

陆谦受的另一代表作是上海中国银行大厦。该建筑 1936 年建成，1937 年投入使用。中国银行建筑采用当时流行的西式建筑风格，建筑样式与建筑材料中努力融入传统民族风格，在外滩"万国建筑"群中最具中国特色。四角攒顶、斗拱撑檐的中国银行大厦，与尖顶高耸、带有明显西方装饰艺术派风格的和平饭店北楼（旧称"华懋饭店"，又名"沙逊大厦"）相映成趣、中西合璧，成为外滩建筑群北段的标志性建筑。

程世抚，1907 年 7 月 12 日生于黑龙江省。1929 年毕业于金陵大学园艺系。1932 年获美国康奈尔大学风景建筑及观赏园艺硕士学位。同年回国。

抗日战争胜利后，在上海从事城市公园、广场的规划设计，编制了上海市、南京市绿地系统规划。

1946—1949 年，全程参与编制"大上海都市计划"，主要负责绿地系统设计。

金经昌，1910 年出生于武昌，后迁居扬州。1931 年考入同济大学土木系，1937 年毕业。1938 年赴德国达姆斯塔特工业大学学习道路及城市工程学、城市规划学专业，1940 年毕业，1946 年回国。

1947 年在上海市工务局都市计划委员会担任工程师。1946—1949 年参加"大上海都市计划"，承担调查研究及绘图工作，是修改并完成"大上海都市计划三稿"的主要成员。同时任同济大学工学院土木系教授，开讲"都市计划"课程。

1949 年起，担任上海市建设委员会及规划管理局顾问等职务；1952 年，与冯纪忠在同济大学建筑系开设新中国成立后国内第一个城市规划专业。

黄作燊，1915 年出生于广东番禺。20 世纪 30 年代赴英国学习建筑，1939 年从英国建筑协会学院毕业。而后进入美国哈佛大学设计研究院。1941 年回国后，在上海圣约翰大学建立建筑系，担任系主任、教授。时年 28 岁。1946 年开始参与编制"大上海都市计划"。

李德华，1924 年 2 月出生于上海。1945 年毕业于圣约翰大学，获土木工程及建筑工程理学学士学位。1946 年起参加"大上海都市计划"的编制工作。

……

除了上述这几位专家外，还有许多专家学者，共同参与了《大上海都市计划》的编制设计。

正如韩布葛（德国人，鲍立克的好友、参与编制港口专项研究负责人）所说，"上海都市计划委员会的组织是极其摩登（modern）和新派的（streamlined）"，"其编制小组也是一个紧密的、具有国际视野的技术精英群体。大多数中国建筑师和工程师 20 世纪 20 年代在国内接受了渐成体系的现代（西式）大学教育，后十年赴西方留学，在国别上从日德转向英美"[1]。

桥隧同架　夙愿以偿

在黄浦江上建造大桥或隧道，把上海的浦西与浦东连接起来，是上海人民的夙愿，更是赵祖康等老一辈城市建设专家的理想壮志。

早在 1929 年，为实现孙中山"设世界港于上海"的宏伟计划，上海特别市市政府为实施"大上海都市计划"，编制《上海市全市分区及交通计划图》，首次设想在黄浦江底修筑越江隧道，但始终未能付诸实施。

1945 年 8 月，抗战胜利，上海重新成为全国经济中心。

1　侯丽、王宜兵：《鲍立克在上海——近代中国大都市的战后规划与重建》，同济大学出版社，2016 年，第 142 页。

为了适应上海经济与城市发展的需要，上海市政府开始重新谋划建造越江工程。赵祖康在编制上海都市计划时就提出，把越江交通工程纳入规划方案中，包括建造越江隧道、建造跨江大桥两种构想。

1946 年 8 月，成立由茅以升、赵祖康、赵曾钰等社会名流组成的越江交通委员会，赵祖康担任执行秘书，执掌其事。对这项关乎国计民生的重大工程，他也倾注了极大的心血。在赵祖康的直接领导下，越江交通委员会委托中国桥梁公司研究设计了三种方案：

第一种方案是在黄浦江上造一座双开式活动桥，必要时可以开启，以保证黄浦江上的交通，也不影响船舶的往来；

第二种方案是在黄浦江上造一座高架桥，选址和现今建成的南浦大桥相同；

第三种方案是在黄浦江底下建造一条隧道，当时国外已有先例，但在中国是首创。

这三种方案，各有长短利弊：造活动桥造价低廉，但是，对黄浦江的水上交通影响最大；造高架桥，沟通黄浦江两岸交通最便捷，但所需资金大、工程量也大，技术要求更高。

为了慎重起见，中国桥梁公司特别邀请了许多专家进行研究论证，反复比较。

经过再三权衡，多数专家赞成建造隧道，主要理由在于：上海是以黄浦江为生命线的港口城市。历史上，经济贸易的发展，城市的繁荣都离不开水上交通运输，保证水上交通的畅通是重中之重。从这要求出发，造隧道最为经济。

中国桥梁公司经过测算，估计，隧道预算需要法币 833 亿元，活动桥预算为法币 463 亿元。但是，这一巨额预算很快就因为严重的通货膨胀而脱离实际了。[1]

为了筹措越江隧道的建设经费，赵祖康与他的恩师、时任中国桥梁公司总经理茅以升商议，邀请他主持规划设计越江工程，得到茅以升的鼎力

---

1 杨文渊主编：《上海公路史》（一），上海人民出版社，1989 年，第 163 页。

支持。

1946年5月10日，上海市政府第三十次市政会议讨论通过《筹建越江交通工程进行办法》，决议设立上海市越江工程委员会，全权负责方案遴选、勘测选址及后续相关工作，并核定设计钻探费为二亿元，由中国桥梁公司垫付。茅以升受聘担任委员会越江工程设计处处长。

5月13日，上海市越江工程委员会第一次会议，市长钱大钧、上海市参议会议长潘公展等市政府要员与许多社会名流齐聚一堂。会上，茅以升、赵祖康以及市公用局局长赵曾珏分别报告了越江工程的建设目的和初步设计情况。越江工程宣告启动。上海人梦想多年的越江工程总算有了眉目。

5月14日，市长钱大钧离任，由留美博士吴国桢接任。

吴国桢对建设隧道工程也非常支持，亲自兼任越江工程委员会主任，并且建立了技术顾问小组委员会，委员会成员阵容强大，包括曾经设计外滩中国银行大楼的建筑师陆谦受，曾任成渝、滇缅铁路桥梁主任工程师的林同炎，桥梁结构专家朱国洗，著名建筑师庄俊、胡汇泉等，主要协助开展施工方案的论证研究。

经过一年左右的努力，技术顾问小组委员会完成了《上海越江工程研究报告》，提出越江工程的四种方案："① 建筑隧道穿过黄浦江底。② 建筑高架固定桥梁，使高桅船只可在桥下通过。③ 建筑低架活动桥梁，在规定时间启闭，通过船只。④ 在黄浦江上游建筑固定式桥梁，仅使中型船只通过，高桅船只限定在桥位下游地段停泊。"[1]

经反复比较、论证，市工务局局长赵祖康主持召开越江工程第二次技术小组顾问委员会确认，建造隧道及低架活动桥较为合适，且建造费较低廉。营造隧道成为首选。

对此，市工务局工程结构处处长朱国洗解释说："隧道之建筑虽然耗资较巨，然对交通之上裨益亦大，为一劳永逸计。交通之调剂，非赖于隧道不可。活动式桥梁建筑后，车辆及船之通行均须受时间上之限制，而隧道则可节省时间，且无斜坡之阻力。"

至于越江工程选择地点，经过现场勘测，专家们从今延安东路外滩、十六铺、董家渡和日晖港 4 处选址中确定了上述三种越江工程的具体方位。最后经技术顾问小组委员会"初步讨论决定如下，① 保留中正东路（今延安东路）外滩为建造隧道地点。② 设定十六铺为建造活动桥梁地点"[1]。

根据中国桥梁公司预算，"建筑隧道约需经费七百六十亿，桥梁则需经费四百十二亿"。

那么，这么一大笔费用从何而来？有人建议由市政府发行公债，有人提议呈请行政院从国家工程建筑费中拨款建造。工商界人士提出，组织越江交通公司，通过发行公司股票或债券进行融资，待工程建成后，还可以征收通过费与土地增值费。

在积极寻求国内投资的同时，市政当局还在努力寻求国外资金的加入。同年 5 月 9 日，赵祖康报告称：美国人可能参与投资建设，如能成功，请美贷款五亿美元中拨一部分给上海，即可着手。

但是，国共内战已经全面爆发，国民政府已无心顾及上海的市政建设。因此，上述建议、设想最终都成了泡影，就连越江工程委员会答应支付给中国桥梁公司 2 亿元设计钻探费也长时间没有兑现。

1948 年 9 月，越江工程委员会第五次会议为解决经费短缺的窘境，决定废弃隧道方案，提出架设一座活动高架浮桥的新方案。因为活动高架浮桥的建设费用低廉，仅为隧道的 1/4，且不用建造桥墩，省时省事，能保持固定净空，位置可随意迁移。

可是，就连这么一个已经大为简化的方案最终也难以实施。

开过第五次会议之后，越江工程委员会技术顾问小组就无形解散，再也没有开展工作。跨越浦江的梦想最终破灭，所有的资料被束之高阁。

多年后，吴国桢在他的回忆录中写道："至于公共工程，在这种情况下不可能有更多的作为，但最初我还是抱有很高希望的，甚至试图寻求外

1《申报》1947 年 1 月 25 日。

资修建一条横穿黄浦江的隧道。……对这个项目，某些英国公司和一个美国公司都很感兴趣，英国公司甚至拟出了计划。到 1948 年，政治形势已恶化到如此地步，以致我们无法进行下去。"[1]

越江工程直到上海解放后，才付诸实践。

1965 年 4 月初，上海市城建局向中共上海市委推荐打浦路隧道方案；同年 4 月 12 日，中共中央发出加强备战工作指示；同年 6 月，经上海市人民委员会同意，打浦路隧道以扩大试验工程名义组织开工，工程代号"651"，为保密工程；同年 12 月初，国务院委托中共中央华东局和铁道部组成专家组来沪审查设计文件，年底同意隧道地址选定在打浦路；同年 12 月 30 日，上海市向国务院上报打浦路越江隧道设计任务书，建议该工程列入第三个五年计划。

1966 年 3 月 8 日，建设打浦路隧道工程获国务院批准，由国家计划委员会正式下达。关于工程投资，国家补助 4 000 万元，其余由上海自筹。

1967 年 6 月，受"文化大革命"干扰停工，至 1968 年 2 月，恢复正常施工。

1971 年 6 月 10 日，打浦路隧道建成通车。

从此，上海有了第一条连接浦西与浦东的交通干线。

时隔二十多年，以南浦大桥建设为标志，上海人终于圆了"一桥飞架黄浦江"的光荣梦想。

1988 年 12 月 15 日，横跨黄浦江的南浦大桥工程正式动工。南浦大桥是我国自行设计、自行建造的双塔双索面、迭合梁斜拉桥，主桥长 846 米，跨度之大为全国之最。浦西引桥造型优美，曲线螺旋形，上下三环分岔，衔接内环线高架路，中山南路和陆家浜路。

南浦大桥宛如一条昂首盘旋的巨龙横卧在黄浦江上，璀璨耀眼。

1991 年 11 月 19 日大桥建成通车。

---

1 马迁：《过江难，过江工程更难——历史上的浦江两岸越江工程筹备记（下）》，《浦东开发》2016 年第 6 期。

奔波请愿　停止内战

抗日战争胜利以后，中国人民迫切希望尽快医治战争的创伤，恢复发展经济，改善民生，建设一个和平民主、繁荣昌盛的新中国。但是，蒋介石为了维持独裁统治，不顾国家与人民的根本利益，蓄意挑起内战，大动干戈，使中国重新陷入内战。

1946 年 6 月，国民党发动全面内战，使重建中国经济的美好愿望成了泡影，给人民带来无穷无尽的灾难。

面对全面内战造成的经济凋敝、民不聊生，有识之士痛心疾首，奔走呼号：中国要和平，中国要建设，再也不能这样折腾下去！

战争持续越久，对国家建设和民生的影响越大。许多有识之士清醒地认识到，再这样下去，中国的发展前景黯淡无光，他们的爱国理想也将付诸东流。

眼看着内战的火焰永无休止地燃烧，他们的心在流血，他们不想看到，中华民族在无休止的内战中沉沦。

1949 年初，由中国工程师学会和中国技术协会发起了上书请愿活动，赵祖康也是主要的发起人、参与者。

中国工程师学会建于 1926 年，由"中华工程师协会"和"中国工程协会"合并而成。[1]

中国工程师学会的宗旨是"希望把工程技术人员团结和组织起来，为建设富强的新中国而努力"。在这一旗帜下，基本上汇集了工程技术界的全部精英。

中国工程师学会成立时，赵祖康任交通大学校长凌鸿勋的秘书。参会前，赵祖康根据凌鸿勋的要求起草了一篇有关工程教育的论文，并随凌鸿勋赴北京参加大会，由凌鸿勋介绍他加入该组织。

在 1948 年召开的中国工程师学会年会上，赵祖康当选为学会的副会

---

1 "中华工程师协会"成立于辛亥革命时期，由我国近代科学技术的开拓者詹天佑发起组织；"中国工程协会"成立于 1921 年，由留美工程技术专业学生组成，发起人是工程科学家陈体诚。

长。次年，又被推举为代理会长。

中国技术协会的前身是工余联谊社，成立于 1943 年。抗日战争胜利后，改组为中国技术协会。

1941 年 12 月，日本帝国主义发动太平洋战争，进而全面占领了上海，实行疯狂的法西斯统治。身处日寇铁蹄之下的知识分子感到非常痛苦和压抑。在国家民族面临生死存亡的危急时刻，他们不甘心沉沦，更不愿意同流合污，希望找到志同道合的朋友，在困境中互相鼓励，互相帮助，在夹缝中求生存，谋出路，渡难关。在中国科学社的老科学家杨孝述、曹惠群等支持下，交通大学毕业生、市电话局工程师王天一发起组织成立工余联谊社，以联络感情、增进友谊为主旨。

工余联谊社成立后，通过茶叙联谊活动团结影响学术界、工程界的知识分子，进步倾向明显。其中有一些中共地下党员也加入了这个团体，并发挥积极作用，宋名适、仇启琴就是其中两位重要成员。通过他们，地下党组织积极引导工余联谊社不断壮大组织队伍，扩大社会影响。

这时，党中央也发出指示，要求沦陷区的地下党组织积极做好团结教育争取爱国学生、教员、教授、科学工作者、艺术工作者和其他知识分子工作。因此，中共地下党学生工作委员会决定，把这工余联谊社作为开展工作的阵地，加派多名地下党员加入该组织，在其中建立了党支部，陆续发展了一批政治上要求进步的同志入党。

此后，工余联谊社在中国共产党的政治影响下，通过举办讲座，出版刊物和其他联谊活动，引导青年知识分子开阔视野，克服困难，增强信心，积蓄力量，准备为抗日战争胜利后重建家园作贡献。

1945 年 9 月，赵祖康从重庆返回上海，宋名适同志通过中国科学社和公用局的社会关系，向他介绍了工余联谊社的情况，寻求他的支持与帮助。对此，赵祖康欣然应允。

1946 年 3 月 17 日，工余联谊社改名为中国技术协会，在震旦大学大礼堂举行成立大会。赵祖康代表中国工程师学会上海分会参加，并在会上发表了热情洋溢的讲话。

不久，赵祖康和其他许多科学家和社会上层人士被协会聘请为正式会员。"由于这些上层人士的出面支持和关怀，加强了技协的合法地位，每次较大规模的活动，得以顺利开展，收效更为明显。"[1]

在中国技术协会成立后，赵祖康以自己特殊的社会地位实实在在地做了许多有益的工作。1946年10月3日，赵祖康等应协会邀请在国际饭店举行招待会，邀请上海工商界著名人士出席，向他们募集了4 400万元资金，解决了办公用房，为协会开展工作提供了较好的条件。

中国技术协会通过创办的期刊《工程界》努力弘扬民族科学文化，普及科学技术，发展民族科学技术。还通过讲座、展览会等活动，提供切实帮助和支持。赵祖康对这些工作予以大力支持。同时，还积极参加协会举办的各项学术活动。

1947年10月10日，赵祖康在协会第一届年会上发表了长篇演讲，联系当时的政治形势，大声疾呼，要"还技术于技术人员，还技术人员于技术"的口号，对内战不息状况不满，赢得与会人员的共鸣。

1948年，赵祖康等再次出面举办募集基金招待会，当场募集到170亿元，增强协会实力，巩固了协会的社会地位，并尽力支持中国共产党在科技人员中的影响。

中国工程师学会和中国技术协会性质相似，活动雷同，都竭力想发挥科学技术人员的一技之长，提高中华民族的科学技术水平，改善生产技术条件，把经济搞上去。为此，这两个组织经常举行各类生产技术展览会，唤醒国民觉醒，敦促国民党政府放弃内战。

但是，他们的良好愿望始终无法变为现实。眼看着局势一天天地变坏，他们心急如焚，协会中的一些党员和积极分子群情激愤，都想投身到当时的反饥饿、反内战、反迫害的正义斗争中去。然而，中共地下党组织对这些爱国知识分子非常关心爱护，要求他们不要直接参加街头游行等抛头露面的行动，要为新中国积蓄建设力量，应利用合法斗争的有利条件，通过知名人士的言论行动，形成反美反蒋爱国民主运动的社会舆论。

---

1 闵淑芬：《回顾中国技术协会的统战工作》，上海市政协等编：《统战工作史料专辑》(8)，上海人民出版社，1989年，第58页。

上书请愿斗争是在 1949 年 3 月 19 日召开的中国工程师学会理事会上决定的。原定议程并没有这一内容。但是，当时的政治局势自然成为与会者的议论中心。大家眼看着中国的工矿生产事业在无休止的内战中遭受重大损失，工业生产更是危机四伏，无不痛心疾首。

经顾毓琇和茅以升、恽震等提议，决定联名上书请愿！

这次上书请愿的正义行动，反映出国家政局之坏，科学技术专家们对民族前途忧虑之甚，也表现出他们的勇气。

3 月 21 日，赵祖康和其他四位科学技术专家再次聚首，商议起草一份致国民党政府代理总统李宗仁、行政院院长何应钦和中共中央主席毛泽东的呼吁书：不要使战争对工矿企业和交通公用设施造成破坏。

据赵祖康日记记载，当晚，他就专门与曹石峻见面，向他通报了有关情况。可见，这一活动得到地下党的首肯与支持。

3 月 24 日晚，赵祖康和茅以升乘火车前往南京。

次日下午，他们到总统府会见代理总统李宗仁，当面陈述三点迫切的希望：

（1）禁止以工矿企业和公用事业单位为作战据点，或借口资敌而破坏；

1949 年 3 月，赵祖康等赴南京请愿前在上海合影
（左起：顾毓琇、赵祖康、侯德榜、茅以升、恽震）

（2）禁止军队侵入工矿厂站，损毁或迁去设备器材；

（3）不得阻碍工矿粮食燃料等供应。

他们还提出，希望李宗仁命令国民党军队在战争进行过程中，切实保护城市建筑和生产建设设施。

李宗仁当面允诺。第二天，还宴请了五位专家。期间，应顾毓琇要求，李宗仁还下发了一个文件，明确必须加强保护的地方与单位。

联系当时的战争进程，以及国共两党政治军事力量对比来看，他们提出的这些要求，无疑是在为即将诞生的新中国出力。

随后他们又去会见了何应钦。何的态度远比李宗仁差。当五位科学技术专家提出，倘若因为战争造成对上海等城市的重大破坏，将使中国经济倒退 20 年。对此，何表示不以为然，冷言冷语地说，"战争难免会有破坏。"五位科学技术专家大失所望。但是，他们还是不畏权势，据理力争，表明态度。

为了达到预期目标，五位科学技术专家不辞辛劳，四处奔走，拜访各路政要，社会贤达，呼吁他们共同努力，为减少战争破坏出力。

3 月 28 日，赵祖康等返回上海。回上海前，他们对写给毛泽东主席的信，在措辞上做了部分修改，委托邵力子赴北平"和谈"时面交毛泽东，表明他们对中国共产党的信任与期望。

回到上海的当天晚上，赵祖康立即到曹石峻同志家里，向李敏汇报南京之行情况，受到李敏的好评。

由此可见，此次上书请愿始终得到中国共产党的支持与影响。

黎明时刻　勇敢抉择

每个人在人生道路上都可能会面临几次重要的选择。在社会急剧动荡时，更是如此。赵祖康也是这样。

1949 年初，国民党政权气息奄奄，中国革命胜利的曙光显现。

这时，赵祖康的内心充满矛盾。青年时代就景仰的中国共产党历经磨难，即将夺取政权，建立自己同样梦寐以求的新中国。对此，赵祖康感到欢欣鼓舞。

但是，恐惧和彷徨也不时袭扰着他的思绪。尽管他自信一心以"筑路救国"为立身之本，把青春和智慧贡献给了公路建设事业，坚持不与国民党达官显要同流合污。但是，毕竟长期在国民政府的行政部门工作，算得上是国民党政府的一名中级行政官员。

不跟国民党出走台湾是他的坚定信念。

但是，留下来，将面临怎么样的人生前景？今后人生道路应该如何安排？赵祖康反复认真地思考，也不免担忧。

那一段时间，对赵祖康来说，是精神上最煎熬的时光。

赵祖康在晚年的回忆录中写道："上海解放前夕，我的思想处在极度矛盾、苦闷之中。对共产党，我是欢迎的，但联系到我在国民党政府中任职的身份，对自己的出路有过一番考虑。到底是去还是留？去，去到何处？跟蒋介石到台湾，那是一条死路，我决不愿去的。到香港、南洋，我没有足够的经济力量和社会关系，去后，何以工作？何以生活？留下来，将来做什么工作？"[1]

为了防止国民党当局采取行动，胁迫他去台湾，赵祖康对家属作了精心安排。1948年冬，赵祖康声称躲避战火，让夫人张家惠带着他的母亲和两个儿子，迁至福州，居住在他的老部下王世锐处长在宫巷的老家。

正在赵祖康苦闷彷徨的时候，两件事情使他最终下定决心，在历史转折的当口，作出正确的抉择。

第一件事是：1949年1月底，工务局副局长王绳善悄悄告诉赵祖康，他听到陕北新华广播电台欢迎在上海市政当局的官员留下来为建设新中国、新上海服务，其中点名提到赵祖康！

听到这一消息，赵祖康的内心非常激动，他仿佛看到了光明的前景。回到家，他一连几天，在夜深人静时分，打开收音机，仔细地调整频率，希望亲自收听新华广播电台的呼唤。

---

1 赵祖康：《党指引我走上光明大道》，《解放日报》1981年7月3日。

1949年1月29日，赵祖康在日记里记载，"夜听陕西广播电台广播"。[1]

当时毛泽东点名的，除了有赵祖康，还有当时上海的卫生局长张维。陈丕显同志在回忆文中提及："经毛泽东同志批准，让上海地下党做赵祖康、张维（卫生局长）等人工作，欢迎他们留下……"[2]

1976年赵祖康在怀念毛主席的一首诗里，表白了当年（1949年初）知道新华广播电台点名欢迎他留下参加新上海建设后的感激之情："……浦江天亮时，电波豁朦胧。再生德难忘，多次坐春风……"

第二件事，对他决心留在上海产生直接影响。

如前所述，解放前夕，赵祖康与钱挹珊、曹石峻夫妇，以及地下党员王月英、田绥祥的往来非常频繁。对此，在赵祖康的日记里有具体记载：

1949年2月4日："曹石峻、钱挹珊请吃饭，晤见朴君（曹石峻内侄曹朴源）及李小姐[3]。"那一天，经曹石峻、钱挹珊介绍，赵祖康和中共地下党员王月英见面，进行了长时间亲切交谈。

关于王月英的情况，时任中共地下党负责人张执一介绍说："党在上海的情报工作，除办事处方面外，尚有刘少文和潘汉年两个系统，张执一同志主要是协助潘汉年的工作，有时也协助刘少文同志的工作。另外有龚饮冰、吴成芳等同志，他们则分属于以上两系统，其中吴成芳系统曾交给我去联系过，吴的方面有陈来生、王月英夫妇，他们的工作很有成绩，曾多次送来重要军事情报，策反过几架飞机起义。当时任国民党上海市工务局长的赵祖康先生就是同王月英同志有联系的。在解放上海之际，赵祖康经上海地下党同意，出任国民党市政府代理市长，并动员许多技术人员，不要随蒋军逃亡，还设法保护公用器材及设备等不受破坏，起了很大作用。特别是由王、陈夫妇在白色恐怖极度严重的年代，费尽心机，保存了党中央在上海时的档案文件，直到解放后，安全地交给上海市委接收，这

---

1 陈立群：《上海——1949》，同济大学出版社，2019年，第8页。

2 陈丕显：《毛泽东思想永放光芒》，《解放日报》1993年12月17日。

3 李小姐即王月英，当时化名李敏。

是一个很大的功劳。"[1]

王月英通过曹朴源了解到曹石峻夫妇与一些国民党政要有联系。于是，通过曹朴源与曹石峻和钱挹珊夫妇接上关系，并于 1947 年，发展他俩参加党的情报工作。

钱挹珊、曹石峻将这一情况向上级党组织王月英同志作了汇报。

王月英代表党组织要求他俩有计划地做赵祖康的工作，宣传党的方针政策。赵祖康也发现曹石峻和钱挹珊夫妇忽然常常来家中走动，且言谈中常常提及形势走向，特别向他介绍了"解放区"的动态，隐约感觉到他们是有来头的！

终于在 1949 年 2 月 4 日，钱挹珊、曹石峻邀请赵祖康到他们家中吃饭，经介绍他第一次与王月英见面并建立联系。[2]

此后，赵祖康通过钱挹珊和曹石峻与地下党的联系合作更加紧密，在赵祖康的日记有具体记载：

1949 年 3 月 24 日："在挹珊处吃饭"；

1949 年 2 月 28 日："为江苏海塘请款事又访曹石峻"；

1949 年 4 月 22 日："石峻来询家惠在榕近状"；

1949 年 4 月 23 日："六时赴石峻处与钱君（按：即田绥祥）"

1949 年 4 月 25 日："石峻及钱君（按：即钱挹珊）来访"；

1949 年 4 月 27 日："钱君（按：即田绥祥）来谈"。

赵祖康清楚地记得，当年，王月英送给他一本封面是《论美军登录》的书，里面有毛泽东的《论联合政府》和《目前形势和我们的任务》两篇重要文章。他回到寓所里偷偷地看，越看越有滋味，思想逐渐发生新的飞跃。

1949 年 5 月，经王月英介绍，赵祖康又和田绥祥（当时自称为"钱先生"）结识，建立了情报联络关系。

这段时间，赵祖康还拜访了颜惠庆、张元济等前辈老友，与他们交流

---

1 张执一：《回忆上海解放前我党的地下情报和策反工作》,《统战工作史料选辑》1986 年第四辑，上海人民出版社，1987 年。

2 徐云：《战斗中练成的共产党员》,《上音通讯》2013 年第 7 期。

探讨。这些和共产党有着良好合作关系的社会知名人士对赵祖康的选择给予充分鼓励，更加坚定了赵祖康的信念。

从 1949 年 2 月到 5 月，赵祖康利用自己的工作便利，千方百计向党提供了许多有价值的情报。

当时，人民解放军已兵临城下。为了在解放上海的过程中，尽可能减少伤亡，地下党急需了解国民党军队在市郊构建钢筋混凝土碉堡的位置。接到这一任务，赵祖康利用工作便利，设法送出上海市郊设施位置图。这些设施都被列入国民党军队的"加强工程"项目。

1982 年赵祖康与王月英（中）以及钱抱珊在上海兴国路 324 号合影

在此期间，赵祖康了解到，国民党军队负隅顽抗，加紧在上海市郊构建钢筋混凝土碉堡。国民党军队多建成一个碉堡，就可能对人民解放军造成更大的牺牲。因此，赵祖康用职务之便，尽可能拖延行动。当国民党驻军总司令部工程指挥部等单位找他审批建筑材料时，他制造各种借口，设置重重障碍，还让施工单位设法拖延工期。据周纯回忆：

> 我在市工务局秘书室工作期间，有一件事是很值得一提的，时值 1948 年秋，解放大军继辽沈淮海大捷后，以势如破竹之势，兵临大江北岸，淞沪将军朝不保夕，已成惊弓之鸟，然而赵公在这险恶的环境中，仍能临危不惧，应付自如，且卓有远见。蒋介

石为了挽救他的失败命运，仍作垂死挣扎，记得当时任淞沪城防司令的汤恩伯以总司令的名义责成市工务局承担一项劳民伤财的反人民的军事工程，面对这个战时命令，如果拒不执行，弄不好是要掉脑袋的啊？但赵公胆略一向过人，敢于冒很大风险，软顶硬拖，坚决拒绝承担这项工程，他告诉汤恩伯，局里已有多项市政工程，眼下人手又少，实在忙不过来，至于你要材料，库里还可供应一些。就这样硬是让赵公拖了过去。

其实，当时局里几乎已到了无事可干的地步，这可从当时发生的一件与此有关的小插曲得到印证。

记得就在1948年秋，某个中午，局务会议刚散会不久，尚未到下班时间，工务局购料委员会主任何来到秘书室大发牢骚，叙述了他在局务会议上，见到赵公表态婉拒一项军事工事，他说："城防司令部为确保大上海，指定我们工务局配合建一批钢筋混凝土碉堡，不知为什么局长就是不肯承担这项建造任务……"又说："目前局里筑新路修旧路的任务几乎全部停顿，全局上下都无事可干，工人也整天闲着，如把这批碉堡工事承担下来，大家都好闹猛一点……真不知道局长为什么硬是不肯接受这个任务？……"[1]

根据党组织的要求，赵祖康把自己在交通大学时的同学、时任浙赣铁路局副局长的王元康[2]介绍给王月英，提供浙赣铁路的情况。

此外，随着上海解放日益临近，国民党市政当局加紧与共产党争夺科学技术人员的步伐，他们想方设法动员科学技术人员去台湾。为了与国民党争取技术人才，赵祖康有意不在工务局作传达布置，还设法利用自己的影响动员技术人员留下来，为建设新上海服务。

同时，赵祖康还与专家茅以升共同出面，努力说服一些有进步倾向的

1 周纯：缅怀恩师赵公祖康（未刊稿）。
2 解放后曾任铁道部工程局副局长。

工程技术人员放弃出国，也不去台湾，留下来，共同建设新中国。他俩开展这项工作时，已分别和地下党建立联系，但相互间并不知情，是两位科学技术专家的爱国情怀和共同志向让他们走到一起。

这段时间，上海的爱国学生都在积极行动，开展各种形式的反蒋爱国斗争，遭到国民党警察当局的疯狂镇压，许多爱国学生被捕，甚至牺牲。在这种情况下，赵祖康利用自己社会地位和影响巧妙地和敌人周旋，努力使一部分学生免受牢狱之苦；而一旦有学生被捕，他又想方设法地将他们营救出狱。

长期跟随他工作的秘书陆槐清深深铭记着赵祖康的知遇之情，直到晚年，还特地告诉赵祖康的长子赵国通，希望他日后有机会记述赵老生平事迹时，不要忘记添上一笔：1949 年春，在国民党当局镇压反饥饿、反内战时，逮捕了大批进步学生，其中包括陆槐清的外甥女归小芳，是赵祖康的鼎力相助这些学生才得以被释放出狱。

赵祖康清楚地记得，在上海解放的前 4 天，即 5 月 23 日下午，他应地下党的要求，花费几个夜晚，匆忙草拟了一份《接收上海市公用事业计划大要》，把这份材料和宋名适[1]交来的"上海电力公司重要技术人员名单"放在一起，交给田绥祥同志。

就在交出这份材料的当天深夜，发生了一件令赵祖康意想不到的事情……

沉着冷静　稳定大局

1949 年 5 月 24 日凌晨 1 时半，忙碌了一整天的赵祖康刚上床休息不久，便被一阵急促的电话铃声惊醒。他赶紧拿起听筒，听见市政府社会局局长陈保泰似乎非常紧张而短促的话语："赵局长，陈市长请你立即去市政府，有要事相商。"听到这一情况，赵祖康一时不知对方葫芦里卖的是什么药，便推说司机不在，无法马上就去。但是，对方以不容商量的口吻说，立即派车来接。

---

1 当时和赵祖康联系的技术人员，据赵老猜测，他可能也是一位地下党员。

这时，赵祖康心头一阵紧张。当时，为了应付瞬息万变的形势，他早已让妻子张家惠带着母亲、一个女儿和两个儿子去了福建，身边只留下大女儿赵国聪和二女儿赵国明。同时，考虑到在市西的武夷路住宅属近郊，一旦解放军进攻上海时，容易受到战火的波及，于是，他带着两个女儿，住到了在市区长乐路上的大学同学梁伯高的家里。

梁伯高，1904 年生于四川达县。1922 年考入南洋公学电机系，同班同学有新中国成立后曾任中共中央宣传部部长的陆定一、曾先后担任国民政府铁道部部长、国民党中央组织部部长等职的曾养甫等著名人士。

梁伯高夫妇

1926 年，梁伯高以全系第一名的成绩毕业。当年，经教授委员会投票表决，一致同意推举他赴美国留学。只因当年政府财政困难，未能及时成行，直到 1929 年，赴美国伊利诺斯大学学习铁道土木工程，1934 年，获美国哈佛大学企业管理研究生学院硕士学位。毕业时，因优异的学习成绩受到校方青睐，希望他留在美国发展，被他婉言谢绝。他的志向在于回国效力。回国后，梁伯高应邀赴南京，进入铁道部工作。同年，与四川学友吴瑶璋结婚。婚后先后生育五个儿子。

其时，经赵祖康鼎力协助，在南京落户，与赵毗邻而居，两家人就此结缘，长期保持着亲密的友谊。

1939 年，应曾养甫之邀，梁伯高创办渠江矿业股份有限公司，任公司总经理。其时，赵祖康也出资参股，担任公司董事。

在梁伯高的领导下，渠江矿业股份有限公司从无到有，不断发展壮大。1946 年 4 月，梁伯高辞去渠江矿业股份有限公司总经理一职，转赴上海。从此，在上海定居。[1]

---

1 张松林：《抗战时期川东民营企业研究：以渠江矿业股份有限公司为例》，四川大学硕士学位论文（未刊稿）。

1949 年，人民解放军大军南下，直逼国民政府首都南京，国民政府败象显现。同时，两军对峙决战，势在必行。

为避战火，同年三四月间，赵祖康带着两个女儿赵国聪、赵国明搬入梁伯高位于长乐路的寓所，直到上海解放。在上海解放前夕最紧张的几天时间，赵祖康一家的生活起居全部由梁伯高的妻子打理。

赵祖康担任上海代理市长一职后，梁伯高更是尽心尽力，帮助赵祖康维护市政大局。

在上海解放前最紧张的五天四夜，赵祖康还通过梁家的私人电话，与外界联系，据梁伯高的儿子梁光宇介绍，他父亲说过，赵祖康是在他家里，与国民党青年军军官通电话，要求他们绝对不能炸毁市内的煤气包，保障全市的煤气供应，还与警察局长陆大公频繁联系，要求其勉力维持社会秩序。

新中国成立后，梁伯高历任光华大学、大同大学、交通大学冶金学教授。1990 年去世。[1]

放下电话，赵祖康趁着等车的间隙，思考着可能发生的情况，随后对梁伯高谈了预测，交代了必要的事项："① 把我列在'黑名单'里，把我关起来（当时我没有对他们说过我是与党有联系的），那就要他们向颜惠庆或张元济或恽震（与我和梁都是'交大'校友，当时我认为是进步的）联系，请他们营救。② 把我列在'白名单'里，要我跟陈良等一同逃跑，那我说'我本来打算一同走的（以往我总是这样表示的，以免引起陈等对我的怀疑，这是按照党给我的指示），现在，两个女儿不肯走，所以不能跟他走了'来对付。③ 让我自己决定去留，那我正好表示留着不走。"[2]

陈保泰派来的车子先把赵祖康接到陈保泰的家。到了陈家，赵祖康看到他们一家人正在匆匆忙忙地收拾金银细软和行李，准备逃跑。陈保泰只说了几句话，大意是：局势很不好，我们已经准备撤离，陈良市长有事找你商量，请你快去。说完，就叫车夫赶紧把赵祖康送到市政府的市长办公

---

1 2020 年 3 月 6 日采访梁光宇记录。

2 赵祖康 1968 年 1 月 23 日写的回忆材料（未刊稿）。

室。这时，陈良已经准备撤退，正在收拾文件装箱，看到赵祖康来了，陈向赵祖康摊牌说，"时局很紧张，我们准备撤退了。现在请你来，就是托付你担任'代理市长'，以维持市政局面"。陈还给赵祖康看了何应钦在4月间给他写的一封信，信中讲到，国民党政府在撤离南京时"秩序甚乱，市民遭受极大的损失，还抢了外侨财产，国际视听太坏"。

陈良早就有意拉赵祖康入局。1949 年初，他就曾多次邀请赵祖康担任市政府办公室主任，赵祖康一直没有答应，还几次想辞去工务局局长一职。这一突发情况是赵祖康万万没有想到的。他一时不知如何作答。他心想，这可是非同寻常的大事！国民党留下的这个烂摊子，很难接手。特别是警察局、社会局的那些家伙不好对付。特务头子毛森担任警察局长，这个家伙心狠手辣。赵祖康思考了一下，对陈良推托说，自己长期做技术工作，无力担当主政的责任。同时，他向陈建议，是否可以请颜惠庆或徐寄顾（时任上海市参议会副议长，他们曾向赵祖康表示，愿意留下来）出任市长。陈良摇摇手说，他们都不肯接手，现在看来，只有你最合适。他讲了一套理由，主要是三点：第一，你在市政府任局长时间最长，同仁无恩怨，出任此职，容易被大家接受；第二，你的操守和办事方面都属"标准官员"，得到市民的信任；第三，你是技术人员，无政治派系，对方不会为难你，等等。

听罢陈良的一席话，赵祖康依然坚持不就，再三要求他另请高明，还故意将他一军，说："还是应该由你继续干下去。"陈良表示，自己长期从军，追随蒋介石多年，不便留下来。这时，赵祖康表示，自己留下来办理"移交"勉强可以，而维持全市市面的秩序，实在担当不了。陈良取出行政院院长何应钦的信给赵祖康看，表明这个临时任命是经过上峰首肯的。

赵祖康在作出愿意出任上海市"代理市长"一职的表示时，已经考虑到，在此之前，与他联系的地下党员王月英曾经多次对他说过，形势紧急时，如有机会，可以设法把国民党市政府的机关接过来，配合人民解放军解放上海。在与陈良交谈时，赵祖康觉得这时时机已经成熟，即使担任"代理市长"有风险，也是值得的。地下党和赵祖康的接触以及新华台的点名，使得他有底气，又出于对上海市家乡父老的责任感，他最后接受了这一任命。

陈良见目的已经达到，便取笔当场写下"手令"：任命赵祖康为代理市长，交给赵祖康。这时，精神刚刚松弛下来的赵祖康才发现，原先坐在一旁听他俩谈话的一个国民党军官不知什么时候，悄悄地离开了现场。大概他觉得此事已定局，可以回去汇报了。

接受代理市长一职后，赵祖康问陈良，"你要我代理什么呢？"陈良回答得很干脆："就代理做两件事：一是维持秩序，二是办理移交。陈还提醒赵祖康说，有事你可以去找颜惠庆先生。"

事情谈妥后，陈良把他的秘书处处长郑瑜叫来，取出用红布包好的"上海市政府"和"上海市市长"一大一小两颗印信，用红布包裹好，把它交给赵祖康。赵祖康拿着印信平安回到梁伯高家，已经关照家人和衣睡觉以应付不测的梁伯高才松了口气！此时，已是凌晨3点。赵祖康身负如此千钧压力，辗转难眠，思考着需要应对的各种问题。

5月24日上午，陈良在市政府会议室召集市政府各局机关的负责人开市长办公会，宣布他将撤退，离开上海，市长一职请赵祖康局长代理。赵祖康还来不及表示谦辞，早有准备的陈保泰就率先站起来表态，表示支持赵祖康出任市长一职，随后，其他人也纷纷效仿支持，这件事至此算是尘埃落定。

会上，赵祖康注意到，这次会议少了一个关键人物，他就是上海市警察局局长毛森。会议一结束，赵祖康就拖住陈良说："我是文官，毛局长没有到会，我怎么指挥得动警察局啊。"陈良觉得有道理，立刻把毛森叫到陈的办公室，当面宣布决定，并听取毛的意见。

这时，赵祖康先发制人说："维持社会治安，你毛局长出任'代理市长'最合适了。"毛森倒是干脆利落，说了两个字："不行。"听到这句话，赵祖康的心定了一半。接着，他又顺水推舟，要毛森推荐一人，协助他维持社会治安。毛森其实早有考虑，他对赵祖康说："我给你一个人，叫陆大公，此人早就和对方有来往，本来要办掉（枪毙）的。现在正好派上用场。"

听着毛森的介绍，赵祖康心里不免一惊：是否我与对方来往你也知道？这些家伙早就做好了溜之大吉的准备。当然，这样也好，这些恶魔逃之夭夭，有利于上海的解放和社会平稳过渡。

当天下午，陆大公就拿着毛森的名片来找赵祖康报到，上面写着"请委派陆大公为上海市警察局代理局长"。赵祖康当即在上面批了两个字："照派"，并要求陆大公切实担负起维持上海治安的责任，有事随时与他联系。

警察局的问题解决之后，赵祖康又着手处理一块更硬的骨头——国民党上海警备部队。这方面的问题不解决，将来解放上海时，这些残兵败匪，恃仗着手中的武器，进行破坏捣乱活动，会使上海出现不安定的局面。对此，决不能掉以轻心。他向陈良提出，要陈陪同一起去找时任上海警备司令部司令汤恩伯。

24日下午6时，他俩驱车去上海警备司令部找汤恩伯。此时，汤恩伯不在司令部，就找了副司令陈大庆，见面后，陈良把赵祖康介绍给陈后，便迫不及待先走了。赵祖康当面向陈大庆提出，要求军方在撤退时，不要发生大的冲突，要顾及全上海老百姓的生命财产安全，并要陈大庆把这些意思转告汤恩伯。陈大庆的态度尚可，并答应将赵祖康的要求意见转告汤恩伯。

赵祖康觉得，还需要与在上海的元老前辈取得联系，争取他们的支持。当天，虽然非常繁忙，仍然两次拜访颜惠庆。在此前后，还遍访各界人士，如张元济、徐寄庼、侯德榜等人，听取他们的意见。

一切安排停当，赵祖康大大地松了一口气。回到梁伯高的家，已经是繁星满天，明月当空。忙碌了整整一天的赵祖康甚至还未来得及吃上一口安稳的饭，理一理思绪，电话铃声又接连不断地响起了。用他自己的话来说，当时一直处在"很紧张又极兴奋"的状态之中。紧张，是因为千头万绪，瞬息万变，兴奋，是因为他觉得，自己已经在为全市百姓的安危，为迎接上海的解放作贡献。

5月25日凌晨12点半，赵祖康接到陆大公来电，说是长宁路和常熟路两个区的警察分局已经被人民解放军占领，要赵指示。听罢陆大公的汇报，赵祖康立即指示说，各警察分局都应切实担负起维持社会治安的责任，同时，把武器锁起来，不要进行任何抵抗，向解放军缴械投降。最后，赵祖康告诉陆大公，他可以视当时发生的具体情况作决定，不必事事请示。

放下电话，赵祖康随即用国民党上海警备司令部的电话线路，和陈良、陈大庆通电话。当时，由于苏州河以北尚有国民党重兵把守，赵祖康考虑最多的是如何维持苏州河以北地区的治安，如何促使国民党军队和其他武装力量尽快放下武器，向人民解放军投降。因此，在和陈良、陈大庆商谈时，赵祖康提出，要他们下令迅速撤退部队，免得危害人民生命财产。并说，自己立即赶赴位于汉口路的上海市警察总局，和陆大公商量处置当前事态的对策，然后，再赶到苏州河以北地区，和陈良碰面。

赵祖康刚想动身，势如破竹的解放军部队已经进入市区。凌晨 2 点半，陆大公来电话报告，人民解放军已经到达八仙桥地区。赵祖康打电话给陆大公，让他赶紧派车接他到警察总局去。但是，陆认为，现在外出非常危险，劝赵祖康此时不要冒此风险。于是，赵祖康又反复向陆大公交代，务必保护好市政府大厦，立即挂出白旗，欢迎人民解放军接管。

赵祖康在无法外出的情况下，只得待在梁伯高的家里，通过电话遥控指挥。25 日凌晨 3 点，赵祖康再一次和陈良通电话，说明自己已无法外出，因而无法与他会面。随后，又把同样的意思电告了陈大庆。到 4 点钟，他想再度和两陈通电话时，已经找不到他俩，估计已逃离上海。至此，赵祖康全面担负起主持上海市政的责任。

5 月 24 日是赵祖康一生中最繁忙、最紧张的一天，自凌晨接陈保泰电话，直至忙到下半夜（实际已是 25 日凌晨）。这一天，他几乎没有好好吃过一顿饭，没有合过眼，24 小时连轴转，恪守职责，和四面八方联系，想尽一切办法，稳定上海的局面，尽可能减少国家和人民生命财产的损失。虽然此时他无力完全控制整个局面，但是，在他力所能及的范围内，做了应做的一切，这一点是应该载入上海解放史册的。

维护稳定　平稳过渡

正当国民党上海市政府内部为物色代理市长而紧张忙碌时，中国人民解放军已经大军压境，兵临城下。

1949 年 4 月 23 日，人民解放军占领南京。5 月 12 日开始，又以排山倒海之势，向上海外围发起进攻；24 日晚 9 时，向市区发动总攻，首先从徐家汇进入市中心。到 5 月 25 日，苏州河以南地区获得解放。

25 日一早，通宵熬红眼睛的赵祖康再一次来到时任国民党上海市经济委员会主任颜惠庆的家里，请教如何向共产党办理政权移交。颜惠庆对赵祖康表示对他担任"代理市长"的坚决支持，鼓励他承担起责任，圆满地做好工作。大约在 9 点半左右，上海市经济委员会委员李思浩和刘白（又名刘军亮）来到颜惠庆的家里，告诉赵祖康，中共方面将在下午派人来和他商谈政权交接事宜。

接着，赵祖康就坐车到汉口路市政府去察看情况。到那儿一看，市政府大厦门口已挂起了白旗，往日在大厦门口站岗的哨兵也已不见了，看见大门口排列架放着原市政府所有的枪支。他知道，陆大公已经贯彻了他嘱咐的有关投诚的安排，心里感到非常高兴。

赵祖康走进办公室后，要求在场的各局处高级职员坚守岗位，照常办公，忠于职守，安定人心，静候处置。这时，他想得最多的是，首先要把国民党市政府遗留下来的档案资料尽可能完整地保留下来。于是，他一到办公室，就分别把市财政局和市银行的负责人找来，关照他们必须采取有力的措施，把现存的财产和档案资料保管好，不得发生任何问题。接着，他又把市政府秘书处处长郑瑜找来，要他负责把市政府大楼内部的所有资产保管好。

下午，工务局副局长徐以枋、专员侯砚圃及秘书陆槐清冒险来到市政府。赵祖康指示徐以枋找工务局重要职员回岗办公，通知各工务所抢修重要工程，确保交通顺畅。要侯砚圃和陆槐清留守在市政府，并分别给各部门的主管负责人，传达他的三点指示：第一，各局处员工必须坚守岗位，有工作者仍须办公；第二，各部门必须确保档案和一切财产的完整齐全；第三，市政府各局处的移交必须有系统地进行，而且必须事先与赵祖康联系方可办理。同时，通知各局处的主要负责人，从 26 日起，必须指派几名高级职员到市政府集中办公，以便及时沟通情况，保持联系。

从城市安全角度，赵祖康布置公用局责成煤气公司对"泥城桥"的"煤气柜"停止加新气，用完即止，以免战事中被流弹击中引起火灾。

处理好所有事项，已经到了 25 日下午 2 点。赵祖康赶到李思浩的寓所。这时，他才感到，因为紧张繁忙，连午饭都没有吃，肚子已经饿得咕咕叫。于是，他在李家匆匆吃了一些点心，随即就和中共派来的接收代表李公然会面，商谈交接事项。赵祖康提出了他对移交工作各方面的考虑，李公然大部分表示同意。经过会商，达成以下八点共识：

1. 接收机关以军事管制委员会所派人员备有证明文件者为限，其余人员应予以拒绝；

2. 维持治安；

3. 水电公用事业必须维持继续运转，防止破坏；

4. 原市政府各局处人员应坚守岗位，保管档卷财物，并照常工作；

5. 户口名册与地产簿籍务须妥为保存，等候移交；

6. 从速恢复交通，以安定人心；

7. 商店工厂和银行应立即复业；

8. 补发原市政府员工和警察五月份未发的工资（事先应向军事管制委员会负责人征求意见）。

此外，赵祖康还提出，要释放"政治犯"和被捕学生。对此，李公然明确表示赞成，同时指出，这件事须先与军管会接洽后再办。事后，赵祖康按照李意见，与解放军进行了联系。26日，落实释放了一批"政治犯"，其中大多数是学生。

最后，李公然等还和赵祖康强调，一切重要事宜均由军事管制委员会全权处理，但是，有些具体事项则由赵祖康负责执行。

所有的事项均商妥后，赵祖康返回家里。25日下午5点左右，他的亲戚曹石俊来看他。赵祖康便把下午与李公然等同志会晤的情况作了介绍，并委托曹将这些情况转告田绥祥。随后，赵祖康又立即赶到市公用局局长刘锡祺的家里，要他马上安排各电车公司和公共汽车公司务必在26日清晨恢复行车，以保障市民生活和工作，安定人心。等他布置完工作，回到家，又看见曹石俊在等候。原来，田绥祥听了曹石俊的情况汇报，要曹立刻再来找赵祖康，对赵祖康的做法予以充分肯定，并作了进一步的指示。

晚上10点，劳累了一天的赵祖康正在回顾一天的工作，思索明天该做些什么。这时，颜惠庆打来电话，告诉赵祖康，苏州河北岸人民解放军和国民党残余部队发生了战事，要他立即设法与当地的国民党守军取得联系，说服他们放下武器向人民解放军投降。赵祖康设法同解放军师部一位姓何的同志取得联系。到了午夜12点他接到何同志的复电，告之明晨9时起，苏州河畔的战事将暂停。这句话的意思是说，解放军将暂停进攻，从而可以和平解决苏州河北岸问题。听到这一消息，赵祖康感到非常欣慰。

5月26日清晨，如赵祖康所布置的那样，上海市内的公共交通基本恢复正常。上午10点，赵祖康赶到林森中路（今淮海中路）市社会局会议室，主持召开各局处负责人市长办公会议。在会上，赵祖康详细介绍了昨天他与中共代表商谈的事项，要求各部门不折不扣地贯彻执行。接着，会议又讨论决定了一些当前必须处理的事务。最后，赵祖康特别提出，尽快释放仍被关押的学生，尚未释放的学生责成市警察局必须"妥慎保护安全"。[1]可见，在赵祖康心目中，保护青年学生，使他们免遭毒手，占有非常重要的地位。当天下午1点，赵祖康又赶到李思浩的寓所，和人民解放军的军事联络员刘光辉同志会晤，旋即陪同他到市政府大厦，紧急处理劝敌投降事宜。原来，在苏州河北岸的四川路邮政大厦内，盘踞着国民党青年军204师残余部队的200余名官兵。为了尽可能减少对上海城市建筑的破坏，也为了减少人民解放军的伤亡，人民解放军决定，请赵祖康一起来做工作，设法劝说敌军放下武器投降。赵祖康欣然接受了这项任务。他在市政府大厦接通了邮政局上海分局代理局长王裕光的电话，指示王设法就近完成劝降任务。迫于苏州河南岸人民解放军强大的军事压力，各方经过下午3个多小时紧张反复的电话谈判，驻守在邮政大厦内的国民党残余部队被迫接受了"光荣地放下武器"等5项决定。下午4点多，邮政大厦的楼上，插上了投降的白旗。

接着，赵祖康协助人民解放军与各方面联系，协助解决了盘踞在苏州河北河滨大厦、百老汇大厦（即现在的上海大厦）以及提篮桥屠宰场内的国民党残余部队，相继促使他们用同样的方式，放下武器，使这两座历史悠久的建筑物得以完好保存。

---

1 黄天石：《上海还有一任七天市长赵祖康》，台湾《传记文学》第59卷第3期。

5月26日下午3点，中国人民解放军军事管制委员会派出由晨钟同志率领的警卫部队，开进市政府大厦，全面接管警卫工作。赵祖康专门陪同晨钟等视察了档案室。当晨钟看到妥善保存的各种档案，露出了满意的神色。据统计，共接收档案材料224.7万卷。

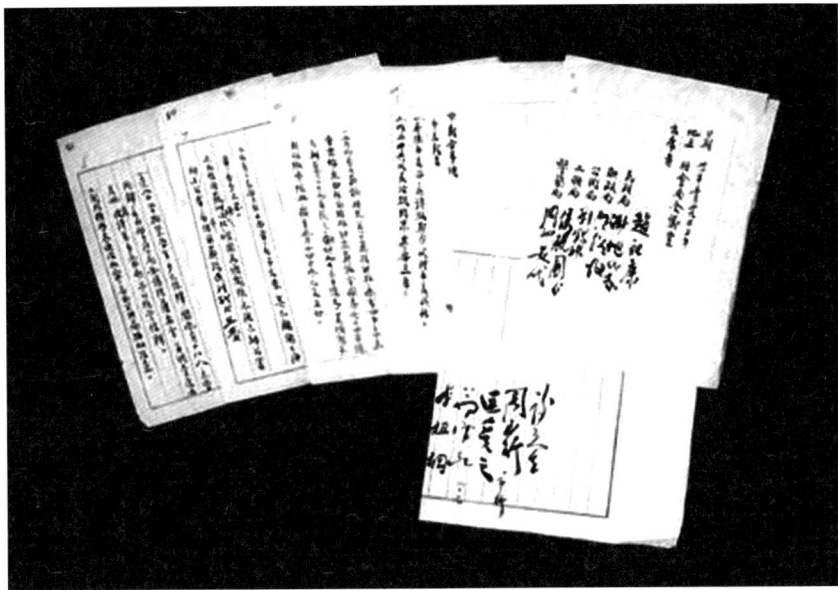

1949年5月26日，国民党上海市政府代理市长赵祖康拟向中国人民解放军办理移交的政务会议记录

5月27日上午9时，中国人民解放军粉碎了国民党残余部队的最后抵抗，俘敌15万人，终于使中国第一大都市上海胜利解放。当天，《解放日报》在上海创刊发行。发刊词《庆祝大上海的解放》中严正指出："对国民党反动派在上海的党、政、军机关，必须立即接管。我们号召各机关的旧员工不要惊扰，各在原职位上服从人民解放军军事管制委员会及其派出的军事代表，迅速完成清点移交等工作。一切听命处理，不准许有任何破坏。"赵祖康反复阅读了这一节后，立即叫总务处通知市府本部及财政局、工务局、警察局等单位主管档案、财务工作的人员当天下午开会。下午3时，赵祖康在市府秘书长室严肃认真地向在座的各局档案、财务负责人再三关照，要严格执行军管会的要求，确保档案财产的安全。当晚，赵祖康又去辣斐德路（今复兴中路）辣斐新村21号参加一个茶会，到会的

有国民党市政府有关局长和一些知名人士。赵祖康在会上要求各位保管好各方的档案、物资、财产，办好移交。[1]

上海迅速解放，城市建筑和人民生命财产基本得到保护，社会政治局面很快稳定下来，实现了平稳过渡。这样一件艰巨而复杂的事，解决得如此妥善圆满，功德无量。这一切，首先应当归功于党中央关于解放上海的一系列正确的方针政策；归功于参加上海战役的第三野战军和中共地下党组织卓有成效的精心准备；归功于中国人民解放军勇猛神速的进军，使得国民党军队无力抵抗，被迫溃逃，从而避免了兵燹损失和溃卒的为非作歹；归功于在地下党领导下上海市各界群众开展的护厂、护校，保护国家资产的工作。没有这些，上海政权平稳交接的政治局面是难以实现的。在这场紧张而复杂的斗争中，赵祖康在特殊的岗位上尽心尽力工作，也发挥了重要作用，作了力所能及的贡献。

辞旧迎新　政权交接

随着上海市区枪声渐渐消失，赵祖康的心头如释重负。

几年来，他和其他众多的社会知名人士孜孜以求，竭力保护上海城市建筑和生产设施不受战争破坏，维持生产的正常运转，人民生活不受太大的影响。

此外，对他来讲，还肩负着格外沉重的压力，就是要承担起保持上海社会的安宁稳定，尽可能向新生的人民政权移交一座比较完整的城市。这是历史性的责任。尽管他从来没有想过如此重大的责任会降临在像他这样的一介书生身上。时至今日，除了尽力而为，别无选择。因为这既是对民族负责，对历史负责，同样也是对自己负责。

如今，赵祖康作为国民党政府最后一任上海市代理市长，已经有把握把一座白璧微瑕的国际大都市交给人民政府，做五天四夜市长，也就不枉为了。

1 牛角：《赵祖康先生与档案》，《上海档案》1989 年第 6 期。

最激动人心的时刻即将到来。

在这一历史性的庄严时刻到来之前，赵祖康的内心是极其复杂的。他从心底为上海的新生感到高兴与欣慰，这是他期盼已久、曾经为之奋斗的理想。今天，这一夙愿将在自己的手里变成现实，是何等的幸事。

但是，赵祖康内心又忐忑不安。他做梦也没有想到过，自己将作为旧政府的代表去迎接即将诞生的新上海。历史有时真会同人开一些不大不小的玩笑。只不过，这一次开玩笑的对象，竟会是这位毕生为筑路架桥作贡献的技术专家。

5月27日，上海终于迎来了最后的解放。当天上午八九点钟光景，周林（上海市人民政府首任秘书长）带着一批接管国民党上海市政府的人员来到位于汉口路江西路上的旧市府大厦，按事先商定的接管部署，各就各位，进入各个办公室，向留守在那儿的工作人员宣布接管事项和中国共产党的政策，要求大家安心工作，坚守岗位，照常上班。

接着，周林亲自带领一部分人员来到二楼市长办公室和秘书长办公室，熟悉环境，同各方面进行联络，部署工作。根据新任市长陈毅的指示，第二天的政权交接仪式将在原国民党上海市市长的办公室举行。因此他们到这里来，要为这一交接仪式做最后的准备。

5月28日下午2时整，陈毅市长迈着坚定而又自信的步伐，走进这间象征着统率这个国际性大都市中心的办公室，在市长席上稳稳地坐了下来。他那炯炯有神的目光，迅速扫视了一遍这间大约80平方米的房间，胸中涌起无限的感慨，又很快把思绪调整过来，考虑如何主持这历史性的仪式。

接着，潘汉年、曾山和韦悫副市长、人民解放军淞沪警备区司令宋时轮，以及刘晓、周林、沙千里、周而复、刘丹等党政军的负责同志相继走进办公室，依次坐定。

这时，由熊中节把赵祖康从门外引进办公室。陈毅市长问赵祖康：你就是赵祖康吗？军管会布置的要求做得如何？赵祖康回答：——照办，做得很圆满。

这时，陈毅站起身与赵祖康握手，并请他在对面的座位上坐下。一时间，赵祖康的内心既喜悦又紧张。不过，这种感觉很快被陈毅轻松自然，甚至可以说带有亲切感的爽朗话语所驱散。

"赵先生,那个陈大庆、陈良是怎么跑走的?"陈毅以一句拉家常式的话语揭开了新旧政权交接的序幕。

这句看似寻常,却寓意深刻的话,表现出陈毅的政治家风度气派。他实际上是在宽慰赵祖康,等于告诉他,我们非常清楚,你是国民党官宦的替罪羊,但是,我们并不把你当作旧政权的魁首,已经看作我们的朋友,你不必紧张。

这句话果然起到了缓解气氛,帮助赵祖康消除紧张情绪的效果。看到陈毅同志和蔼可亲、平易近人的态度,赵祖康的紧张心情立刻消除了。正如他后来所回忆的那样,当时他的脑海里不由自主地跳出一个念头:"我这条路走对了!"[1]

于是,赵祖康如实地向陈毅汇报了当时的情形。

世事沧桑有时是那么的奇妙,改写历史篇章的重大行动、新旧上海的交替,就是通过如此简短的交接仪式,静悄悄地完成了。

交接仪式结束后,周林让赵祖康的秘书陆槐清通知在市政府工作的全体员工到市长办公室对面的会议室集中,参加赵祖康原先就安排好的欢迎会(实际上是接管会)。这时,赵祖康得知,陈毅市长特别关照,要把在市政府工作的所有助杂工也叫来参加,这在过去是难以想象的。由小见大,他真切地感到,世道变了!

市政府小小的会议室内,从来没有开过如此规模的大会。三百来人把这里挤得水泄不通。大家都静心屏息,等待着一睹新市长的风采。

欢迎大会由周林同志主持,在与会者发自内心的掌声中,陈毅市长以他特有的风度与魅力,发表了讲话。

他还宽慰与会的政府官员说:"你们没有去台湾,很好。我们表示欢迎。"

接着,他既严肃又略带幽默地说:"蒋介石背叛革命,统治了22年,搞得民不聊生。"讲到这里,他指着挂在会议室墙上的孙中山先生的画像,风趣地说,"怎么对得起他!"他又说,"历史是无情的。蒋介石现在逃跑

---

1 赵祖康:《纪念上海解放三十周年并忆陈毅同志》,《解放日报》1979 年 5 月 24 日。

了，他是不会甘心失败的。我看还是甘心的好，不甘心最后是要完蛋的！"

最后，他勉励大家说，上海解放是一个伟大的变革。几十年来在国民党反动派统治下的上海，现在已成为人民的城市。请大家各安职守，努力学习，改造世界观；为革命、为人民多作些贡献。我们的党是不会埋没人才的。大家要服从命令，办好移交，协助接管，听候人民政府量才录用。

陈毅市长的讲话说得与会者心里热乎乎的。大家由衷地鼓掌感谢，似乎看到了自己的光明前景。

散会后，几位副市长分别找各处室负责人谈话，进一步打消他们的思想顾虑，并征询他们对今后去向的想法。

同时，陈毅市长把赵祖康单独留下来谈心。这又是赵祖康事先没有想到的。不过，这时，赵祖康的心里也不再沉重。他对自己的去向早已有打算。教书育人，静下心来做学问，就是他下半辈子再为人民作贡献的最好选择，也适合他的个性。实际上，赵祖康虽然决心站到人民一边，但因自己做了几十年的国民党技术官员，对于留在人民政府内工作，能否与共产党相处共事，把工作做好，尚有疑虑。因此，他在谈话一开始就主动表达了自己的愿望。

陈毅市长看来对赵祖康的思想早已了如指掌，他听了赵祖康的一席话，既充满诚意又直截了当地对他说："赵先生，我们一定很能合作的，不要有其他想法。你留下来很好，国家需要人才。你可以发挥自己的专长，为上海市的市政建设贡献自己的力量。"陈毅要赵祖康继续干老本行，当工务局局长。[1]

听了陈毅在特定情况下讲的这一番感人肺腑的话语，赵祖康当时内心非常感动。中国共产党这样通情达理，理解知识分子的人生追求，更理解他的过去与现在，并且为他指明了今后的发展方向。

回到家里，赵祖康又仔仔细细把陈毅同志讲的话琢磨了一遍，心里又犯了嘀咕。他对共产党的诚意并不怀疑，只是总觉得自己虽然一直是在干着为民造福的好事，但毕竟当的是国民党的官，更何况自己对共产党的理论、政策知道得很少，今后能否在人民政府中做好工作，心里实在没有把

1 赵祖康：《纪念上海解放三十周年并忆陈毅同志》，《解放日报》1979 年 5 月 24 日。

握，还是在大学里教书比较稳当。

再三思量，赵祖康觉得还是这样妥当。于是，隔了一天，即 5 月 30 日，他又去找了市政府秘书长周林，把旧市政府的大印交给他，同时再次找到陈毅同志，向他谈了内心的顾虑，说：自己长期在旧社会工作，思想上和共产党的要求存在着一大截差距，如果担任政府部门的管理工作，恐怕会跟不上共产党，跟不上时代前进的步伐。为了避免将来发生问题，希望允许他先花两个月时间好好学习毛泽东同志的著作，提高自己的思想觉悟。届时再看，如果过得去，再出来任职；如果过不去，就另作打算。为了表示诚意，他还向陈毅同志谈了有关市政建设的设想。

陈毅向赵祖康反复说明党的知识分子政策，说明对他的充分信任和关怀，希望他不要再犹豫，坚定地和共产党合作，出任上海市的工务局局长，勇敢地担负起领导改变旧上海市政面貌的艰巨任务。在这种情况下，赵祖康表示，愿意担任工务局局长一职，并向陈毅呈递了《大上海都市计划》三稿，作为献给新上海的见面礼。

赵祖康的女儿赵国明说过，"上海的解放举世瞩目。父亲，区区一介书生，在战事紧张、形势危急、冲突尖锐之时，竟敢迎着风险担起重任，以他独特的、能为各方都接受的人格魅力，以他素有的、认真执着一心为公的精神和智慧，成功地化解了一个个矛盾、协调了似乎不能走到一起的各方力量，使可能失控的局势得到控制，可能降临的浩劫转为平安。上海，一个国际性的大都市，它的政权交替竟完成得如此平稳顺当如此圆满，这是很少有人能预见到的。历史也因为父亲参与了这个过程，作出了一定贡献而记住了他的名字。所以我说，父亲是幸运的。

这件伟大的事业真真切切是许多人的奉献甚至牺牲才得以完成的。他们中有共产党员、解放军战士、民主人士、知识分子、普通市民，也包括国民党军政人员中作出负责的决策和明智的抉择的那些人。……让我们向他们致以最崇高的敬意，向他们表示最诚挚的感谢"[1]。

---

1 2014 年上海电视台采访的记录。

第五章
在建设上海中圆梦

"海涵"合作　沁人肺腑

上海解放前后，赵祖康与新上海第一任市长陈毅从素昧平生，到相识合作，共谋新上海建设大业，堪称佳话。

陈毅是杰出的无产阶级革命家、军事家、外交家。

1901年，陈毅出生于四川省乐至县。1922年加入中国共产主义青年团。1923年到北京中法大学文学院学习，在那里加入中国共产党。1927年，参加南昌起义，后在工农红军的许多重要领导岗位任职，枪林弹雨中久经考验。1934年10月，中央红军开始史无前例的伟大长征，陈毅奉命留在中央苏区赣南地区，领导开展艰苦卓绝的游击战，历时三年，九死一生，为中国革命保存有生力量。

抗日战争爆发以后，陈毅长年转战江南，领导抗日游击战，历任新四军副军长、代军长，后又兼任山东军区司令员。他和粟裕指挥的黄桥大战，声名远扬，受到毛泽东等中央领导赞扬。

解放战争时期，陈毅曾任中共华东军区司令员、华东野战军司令员兼政治委员、中共中央中原局第二书记、中原军区和中原野战军副司令员、第三野战军司令员兼政治委员，参与领导渡江战役与解放上海战役。

1949年5月，陈毅被毛泽东点将，出任上海市市长，直至1958年，历时5年。后又任国务院外交部部长、副总理、中共中央政治局委员。是中国人民解放军十大元帅之一。

陈毅与上海的缘分源远流长。早在1919年，年仅18岁的陈毅从家乡四川坐船转道上海，赴法国勤工俭学。当时，他在上海停留了一个半月；两年后，陈毅因在法国参与留学生进步活动，被法国军警遣返回国，再次途经上海；1929 年，投身中国革命的陈毅作为中国工农红军第四军前委的代表第三次到上海，向中共中央汇报工作，又在上海停留了一个星期。

陈毅革命家的气度、开阔的胸怀、深厚的修养、高远的视野，以及高超的政治水平，让他在领导新上海的恢复重建重任时，显得从容不迫，章法有序，轻重有道，游刃有余，赢得党中央的高度评价，也赢得上海人民的衷心拥护。

如前所述，1949 年 5 月，上海解放的历史瞬间，陈毅与赵祖康作为国共两党新旧上海市长的代表，让政权交接如此重大的历史时刻，和谐顺畅，平静圆满，堪称奇迹。

不仅如此，陈毅的预言："赵先生，我们一定很能合作的"，在两个月后就得到见证。

1949 年 7 月 24、25 日，上海遭受百年罕见的特大台风和暴雨的袭击，灾情极其严重，特别是市郊沿江地带的上百公里海塘年久失修，遭台风袭击时，出现二十余处决口，受灾面积多达 78 600 余亩，冲毁农民房屋 6 900 多间，受灾人口约有 75 000 人，还出现了许多死伤。

台风袭击后，驻守雁沙窝的两个连解放军，竟然全部失踪。南汇县有 4 个乡被冲没。市区外滩公园树木竹篱被全部吹倒，行道树被吹倒 1 000 多棵，市区房屋损失 3 000—4 000 幢；许多工厂损失严重，闸北水电公司大部分厂房设备遭到破坏，供电也被迫停止；库存粮食遭受水淹，损失达 100 万公斤之多；市区马路普遍积水，市中心平均水深普遍达 1 米有余，致使公共交通车辆无法通行。

面对如此严重的自然灾害，7 月 25 日，陈毅市长主持召开紧急会议，商议克服困难，战胜自然灾害的办法。随后立即拨出巨款，调动大批人民解放军部队，发动广大人民群众，抢修海塘，堵住决口。

此刻，赵祖康正在北京开会，月底赶回上海后他日以继夜，领导市工务局工人抢修海塘，填堵海塘决口，疏通市区马路，排除积水，努力恢复交通，保障人民群众的日常生活。经过广大工人、农民群众的不懈努力，这次自然灾害造成的破坏逐渐有所缓解。唯独浦东高桥地区炮台浜的决口严重，尽管抢修人员竭尽全力，终因损坏太大，抢修设备、技术不足，决口两次合拢，但又被冲决。

陈毅了解这一情况后，立即找到赵祖康，要他陪同亲临海塘抢修的第一线，了解灾害的实际情况，商讨抢修办法。在他们的亲自指挥调度下，最终堵住决口，保证了海塘的安全。

这是新旧市长第一次协同指挥、并肩作战，是新上海成立后的一段佳话。

当时，在场的新闻记者抢拍下一张新闻照片，真实反映了陈毅和赵祖康视察浦东决堤海塘的场景。这一历史画面定格在上海的史册中。

1949 年 8 月 29 日，陈毅与赵祖康在浦东炮台浜抢修海塘现场

60 年后，陈毅的儿子陈昊苏与赵祖康的儿子赵国通，在上海举行的陈毅诞辰 110 周年纪念活动上相聚，欢颜握手，亲切交流，并在《解放日报》记者拍摄的照片下留言："缅怀前辈，继往开来！"在新的历史时期，延续了前辈的佳话。[1]

上海解放以后，陈毅对赵祖康的关心，赵祖康对陈毅的尊重，体现在方方面面。

上海解放后，赵祖康在陈毅的真情感召下，答应出任工务局局长。不

---

1 追昔抚今，高桥人民深深怀念"陈老总"，见高桥网。

毛泽东主席颁发的任命状

过，考虑到他的母亲、妻子和三个儿女还在福州，那里尚未解放。赵祖康向陈毅提出，出于安全考虑，希望暂缓公布对他的职务任命。陈毅欣然接受。直到 8 月 18 日，福州解放的第二天，上海市人民政府才在《解放日报》正式宣布对赵祖康的任命。不久，组织上派解放军的专车把赵祖康的家属从福建护送到江西上饶，再转乘火车返回上海。据赵国通回忆，"后来听先父说，组织上在福州还曾派地下党员暗中关心、保护过我们，只是我们不知道"。[1]

陈毅还特别关照军管会领导，考虑到赵祖康担任代理市长时间很短，因此，在新旧政权交接过程中，不必让他过多参与各部门、各处室交接的具体事务，以免引发矛盾，让赵祖康为难。赵祖康听闻后，深受感动。

1949 年 6 月，赵祖康手书《建设新上海初步设施意见》，呈交给陈毅。交谈中赵祖康还提出"引进外资"和"人才登记"等议题，这是最早的一份"民主人士"的"建言献策"。陈毅对此非常重视，不仅认真阅读，还专门抽出时间与赵祖康个别长谈，交换看法。交谈的议题广泛，涉及上海城市建设、人才培养与使用，国外专业人士引进，等等。事后，赵祖康对陈毅的渊博知识、远见卓识，十分钦佩，感叹"听君一席话，胜读十年书"。

1949 年 7 月初，市政府在搭建工务局领导班子时，适逢上海科技界推派赵祖康作为上海市的筹备负责人之一到北京出席自然科学工作者大会筹备会议。

临行前，赵祖康向陈毅市长提出，市工务局领导班子的组建，特别是

---

1 赵国通：《共产党就是不一样——忆解放初期先父与党合作共事二三事》，《民革党员在新中国》，团结出版社，2002 年，第 16 页。

上海市第一届人民政府委员会合影（前排自右至左：项叔翔、赵祖康、黎玉、刘长胜、汤桂芬、潘汉年、陈毅、盛丕华、沈尹默、包达三、刘晓、吴蕴初、郭化若，后排自右至左：马纯古、朱俊欣、张祺、扬帆、周林、荣毅仁、申葆文、郭棣活、苏延宾、许涤新、夏衍、冯雪峰、王芸生、张耀祥、胡子婴）

处级干部的任命，是否暂缓一下，等他开完会回来再决定。陈毅市长听了一口答应，关照属下，按照赵祖康的意见办理。

赵祖康从北京开会回来后，向陈毅建议，让老部下徐以枋出任上海工务局副局长，陈毅欣然接受。陈毅专门指派一位党员负责同志和他一起，商议处级干部的任免方案。同时，还指派党员汪季琦当副局长，协助赵祖康工作。陈毅还再三关照汪季琦，要充分尊重赵祖康，当好助手。赵祖康与汪季琦合作几十年，始终非常愉快。

1950年2月，盘踞台湾的国民党不甘心失败，空军不断出动飞机，对上海发电厂等重要设施狂轰滥炸，对上海的基础设施与人民生命安全造成严重威胁。当天，为迎接苏联支援的战斗机，赵祖康跟随陈毅市长，冒着敌机轰炸的危险，前往江湾飞机场视察，修复加固跑道。半路上，他们一面冷静观察敌机动向，一面商量抢险的办法与措施。那天，赵祖康随陈毅视察回家，对夫人张家惠一面叙述当时弹片纷飞的惊险场面，一面又对共产党人赤胆忠心为人民事业的无畏精神而敬佩，他由衷地赞叹："共产党就是不一样。"[1]

在此期间，上海成立专门的反轰炸联合指挥机构。陈毅特别关照，请赵祖康参与这一机构工作，就如何防范敌人对发电厂、机场等重要设施的轰炸破坏直接听取他的意见。赵祖康也坚决贯彻执行陈毅的指示，精心组织工务局的工人和技术人员，夜以继日，抢修遭受严重破坏的飞机场和其他市政设施，尽可能减少敌人破坏给人民群众带来的困难，尽快恢复生产，恢复正常的社会生活秩序。

上海解放伊始，赵祖康以克己奉公、任劳任怨的作风与中国共产党亲密合作，同甘共苦，迎接考验，战胜各种困难，赢得了党和人民的信任，在建设新上海的事业中重新定位，获得新生。

1964年，赵祖康在聆听陈毅副总理的报告后，赋诗一首。诗中写道：

坛坫折冲胜利回，笑谈四座响如雷。

豪情犹是驱熊虎，革命北辰拱四隈。

庄言谐语扣心弦，神采英姿忆往年。

最是沁人肺腑处，海涵"合作"到今天。

赵祖康的即兴之作再现了陈毅的英姿风貌，仿佛可以听到陈毅爽朗的笑声，诙谐的言语，还有潇洒的神采，豪迈的气派。"沁人肺腑，海涵合作"两句，直抒心声，准确生动。

历史档案　完璧归民

设法完整保存好上海各个时期的历史档案是赵祖康接任上海市代理市长、迎接上海解放时的卓越贡献。

---

1 赵国通：《共产党就是不一样——忆解放初期先父与党合作共事二三事》，《民革党员在新中国》，团结出版社，2002年，第17页。

解放前夕，中国共产党非常重视接管旧政权档案工作。在毛主席、朱德颁布的中国人民解放军《约法八章》中明确要求：所有在官僚资本企业中供职的人员，在人民政府接管前须照旧供职，并负责保护资财、机器、图表、账册、档案等。

由陈毅、粟裕签署的中国人民解放军上海市军事管制委员会接管财产第一号命令也明确要求：各单位"在接管期间，务须协助接管工作，保护资财、图书、账册、档案、车辆、用具等"。上海市军管会秘书处在接管工作计划中，也把接收机关档案文件列为第一项任务。

作为一名学有专长的行政官员，赵祖康深知，档案资料对于经济建设与社会管理具有极其重要的价值和意义。因此，他在各个专业领导岗位上都特别重视档案资料保管与运用。

解放前夕，国民党上海警政当局的一个举动引起他的警觉。据他回忆，"在我任代理市长前，国民党市政府曾对所属发过一个所谓'应变'文件，是要破坏、毁灭各种档卷和财产之类的措施，并规定要成立执行这项工作的机构。当时，我已与地下党取得联系。所以，我只在工务局局务会议上把这个文件草草地提了一下，敷衍过去。以后，在一次市府行政会议上，毛森力主要市府所属"自行销毁"各种档卷，但因我和有些人表示不同意而未形成决议，市府也没有把此事行文下达。为了保存工务局的档卷，我除亲自向人事、秘书部门当面授意外，并嘱咐一位机要秘书通知有关部门把过去借调出去的档卷，一律收回，并规定不准再借调出去。对于'自行销毁'档案的压力，我通知有关秘书，以无行文下达为辞，尽量拖下去，不予执行。这位秘书还坚决地说：'拖一天是一天，要拖到手枪对着我，逼得我走投无路时再说。'所以，工务局的档卷在移交时是比较完整的。"[1]

5月25日，即赵祖康出任代理市长的第二天下午，便作了三项决定：① 各局处员工必须固守工作岗位，紧急公务继续维持；② 各单位必须确保档案和一切财产的安全；③ 移交工作必须完整办理，并应事先联系。

1 赵祖康：《工务局档案是怎样保存下来的》，载《人物》1986 年第 4 期。

还指派工务局专员侯砚圃、秘书陆槐清，分别打电话给市府八个局、七个处室领导官员，要求坚决贯彻执行。

当天下午，赵祖康再次召集市政府本部各单位主管档案、财务工作人员开会，进一步强调，要严格执行军管会的要求，确保档案财产的安全。晚上，他又专门约请市政府有关局长和知名人士，要求各位保管好各自单位的档案、物资、财产，办好移交。

据统计，上海解放后，上海市军管会军事、政务、财经、文教四个方面的接管委员会，全面接管国民党军政警宪特机构、官僚资本的经济机构、企业，以及旧政府的文教机构。

上海解放以后，城建档案保管的条件长期没有得到进一步改善，几百万件市政档案一直堆放在市政局的老旧建筑内，严重影响这些档案的保管与利用。

作为分管城市建设工作的副市长，赵祖康始终惦记着这件大事，为建设一座新的档案馆努力。1966 年，上海市档案局开始筹建上海市基本建设技术档案馆。可惜，因"文化大革命"的爆发，这一建设规划被搁置。

党的十一届三中全会以后，中国进入社会主义现代化建设新时期，各项建设事业步入正轨。

新的上海档案馆建设再次被提上议事日程。1981 年 4 月，经市政府同意，开始筹备新建上海市城市基本建设档案馆（后改为上海市城市建设档案馆），统一管理全市规划和建筑、市政、管线、人防、车站、码头、机场、地铁、隧道等十一大类城市建设档案。为此，市规划局抽调干部组成城建档案馆筹备组。经过几个月调研论证，向有关部门报送了《上海市城市基本建设档案馆设计任务书》。

但是，任务书上报后，迟迟不见下文。筹备组的同志非常着急。

1982 年 2 月 16 日，赵祖康到上海档案局视察工作，专门听取市城建档案馆筹备组的筹建工作汇报，目睹档案馆破败不堪、档案资料乱堆乱放的情形。感慨地说"看来城建档案馆非建不可了"。当即明确表示，城建档案工作关系到城市建设、国民经济发展和子孙后代的大事，一定要抓紧抓好。他要求筹备组尽快向市政府提出书面报告，促使有关部门研究解决。

2 月 22 日，根据赵祖康的指示，市规划局、市档案局联合提出的《关于请求解决城建档案馆库房的报告》送到市政府。25 日，赵祖康在报告上批示："加强城市基本建设档案工作，积极创造条件解决档案库房，使本市规划建筑管理局和档案局所属有关部门做好城建档案保管处理工作，能够力争比较完整、准确、系统、安全和有效地提供有关方面的利用，是把本市城市规划好、建设好、管理好不可缺少的极为重要的条件。"

在赵祖康的关心重视下，城建档案馆的筹建步伐大大加快。上海城建档案馆很快开工建设。到 1986 年底，总建筑面积近七千平方米、库房面积达 4 000 平方米的现代化档案馆顺利建成，把 1855 年以后上海几千万卷档案资料尽收其中，内含建筑、道路、桥梁、码头、车站、海塘、地下管线、防洪墙、城市规划等各方面。

新的城市建设档案馆建成后，赵祖康前往视察参观，欣然题写馆名，还一再嘱托档案馆同志，一定要把城建档案管理好、利用好。

新建的上海市城建档案馆融保管、利用和技术咨询服务为一体，馆内设施先进，使用便捷，上海城市建设发展的各个历史时期的市政档案都被完好地保存。建馆以来，城建档案馆洞开大门，迎来了八方利用者，为上海的城市规划、建设和管理发挥作用。

1989 年 9 月 14 日，正值中秋佳节，市档案局领导前往华东医院看望九十高龄的赵祖康，向他汇报工作。赵祖康非常高兴，语重心长地说，"今天我们来交换意见，这是上海文献史上很有意义的一件事。要靠你们为上海文献工作、档案工作辛勤工作，从而为改造和振兴上海作出贡献。"他深情地说，"档案是一种很重要、很珍贵的文献史料。一个国家，一个民族不能'忘本'，就要好好保存和利用好档案史料。上海是全国最大的城市，在国际上也有一定威望，博古通今，做好今后的工作，把上海建设得更好，档案是非常重要的。衷心祝愿上海档案事业欣欣向荣"[1]。

---

1 牛角：《赵祖康先生与上海档案》，《上海档案》1989 年第 6 期。

"马路"局长　兢兢业业

上海解放后，赵祖康精神大振，感觉"致力工程，为民服务"的人生理想，可以实现了。他曾多次表示："只有在新中国，只有在中国共产党的领导下，科学技术人员才能真正发挥自己的聪明才智。"

解放初期，上海的市政建设问题堆积如山，百废待兴。赵祖康根据轻重缓急，向市政府建议，首先对市中心的中山东一路和南京路、浙江路、重庆路等低洼地区进行改造，整修加高路面，拓宽路幅，缓解"坑坑洼洼，小雨小涝，大雨大涝，暴雨马路成河，人民叫苦不迭"的状况。

对赵祖康的建议，市政府极为重视。陈毅市长要求市政府全力支持工务局，帮助工务局采取有力措施，对这一带的马路进行全面整修，"从而迅速解决了解放前市政府长期未能解决的问题，真是'出人民于水火'，为人民做了一件大好事"[1]。

市中心改造成功使赵祖康真切地感受到，中国共产党一心一意为人民谋福利。反观 1949 年前，自己提出的许多设想都化为泡影，现在逐渐变成现实。他下决心为新上海的市政建设献计出力。

从此，一份份建设方案接连出现在市政府的规划中，一个个工程建设项目在东西南北展开，一幅幅新建设画卷相继展开。

1949 年 12 月，陈毅市长在上海市一届二次各界人民代表会议上，阐述新上海的市政建设方针，既要为劳动人民服务。会议决定，首先对沪东、沪西两个劳动人民集居地区的危房简屋进行改造，以改善他们的居住环境与生活条件。为此，陈毅专门委派赵祖康到沪西地区药水弄去考察。[2]

药水弄是上海有名的棚户区之一，南靠长寿路，北靠苏州河，西邻国棉一厂，东至西康路。由于以前这一带苏州河渡口附近建有石灰窑，所以当时老百姓也把这里称为"石灰窑"。

1907 年，江苏药水厂迁建于此。20 世纪二三十年代，随着这一带药

---

1 赵祖康：《忆上海人民的好市长陈毅同志》，未刊稿。

2 上海市市政工程局：《年高德劭、功在上海——赵祖康为新上海建设事业的贡献》，《民革党员在新中国》，团结出版社，2002 年，第 2 页。

水厂等工业发展，大量难民进厂做工，并在此处搭棚屋居住。后来，石灰窑停业，居民便以药水厂为名改称其为"药水弄"。

到了抗战初期，这一块因为属于租界范围，所以有大批难民迁入弄内。这样，药水弄就成了上海较大的棚户区之一。

截至新中国成立前夕，药水弄已有居民3 000多户、近1.5万人。他们大都住在竹架草顶、篱笆墙的棚屋内，另有少量砖瓦房以及矮小的"滚地龙"。所谓滚地龙就是用毛竹和木片等搭建的简易住房。

当时弄内没有水、电、下水道，每逢下雨，道路积水泥泞难走，人称"阎王路"。居民中则长期流传着"吃水不清，点灯不明，走路不平，出门不太平"和"宁坐三年牢，不住石灰窑"等民谣。

在考察中，赵祖康看到"劳动人民住在又矮又小、破旧不堪的旧工房区内"。居住区的旁边，还有一家硫酸厂、一个石灰窑，"长期以来公害横溢，臭气冲天"。看着眼前的景象，他的内心很不安："劳动人民就是在这种恶劣的环境中生活，这是我以前从来未见过的，也是根本想象不到的。"[1] 他将视察的情况及时向陈毅市长报告，并且提出了改造建设的建议。

根据市政府的决策，药水弄改造被列为当时上海城市建设和居民区改造的重点项目。赵祖康直接参与了这个项目的规划领导。

此后，市政建设部门着力改善这一地区的市政公用设施，埋设地下管道，铺设沥青道路，接通自来水、居民用电，安装路灯，建设公共厕所，拆迁居民的旧房危房，加设统一标准的工人新村，等等。经过近十年持续改造建设，昔日的"棚户区"、臭水沟地区，被改造成公共服务设施比较齐全、交通方便、环境优美、住宅新颖的工人新村，成为上海城市的标志性风貌地区。

药水弄地区的成功改造是上海城市建设的新起步，充分体现了人民政府为人民的根本宗旨。这里也凝结着赵祖康的心血与贡献。

肇家浜地区改造是解放初期赵祖康参与领导的又一个重要项目。

解放前，肇家浜地区是上海最大的水上棚户区。这里居住着大量从

---

1 赵祖康：《忆上海人民的好市长陈毅同志》（未刊稿）。

外地到上海逃难谋生的贫苦人民。他们用几根竹竿、几张芦席支撑起低矮的破茅屋，作为一家老小的栖息地。当时，流传着这样的民谣："破草棚，三尺高，走进走出要弯腰"。周围的生活环境也非常恶劣，整天散发着难以忍受的臭气。长达三公里多的棚户区成了上海的"龙须沟"。

1953 年，周恩来总理到上海视察工作，经过肇家浜地区。当他看到两岸破旧的房屋，成堆的垃圾，还有河沟里的污水，心情非常沉重，特地下车，察看居民的生活情况，倾听他们的呼声。随后，他又和上海市领导研究商量，如何改造上海居民的居住条件。在周恩来的亲切关怀下，市政府决定对肇家浜地区进行彻底改造。1954 年，市政府在财政非常困难的情况下，拨出 750 万元在这里填浜筑路，建造新房。

根据市政府的改造规划，赵祖康到肇家浜进行实地视察，组织科学规划设计：在道路建设上，采用了先进的方法，用绿化带将两边的车行道加以隔离，中间形成一条宽阔的林荫大道，既美化了环境，又有利于行车的安全，还给当地的劳动人民提供了良好的休息娱乐场所。在相当长的一段时间里，这条道路成了上海的样板道路。这是赵祖康在新上海诞生以后领导城市道路建设的得意之作。

除了上述两地的大规模改造外，还兴建了一批工人新村。1951 年，市政府新建第一个工人新村——曹杨新村。此后，市政府又拨出专款，相继建设了凤城新村、鞍山新村等 12 个居民住宅区。这些工人新村大都建设在市郊结合部，充分利用有利的自然条件，在形态布局、道路系统、环境绿化和商业设施等方面都别具特色，在设计布局、市政、公用绿化、文化教育卫生与商业网点等配套设施建设方面都比较健全。同时，为了连接新村与市区的交通，还兴建了近郊公路及新村内部道路。

市工务局非常重视对这些工人新村的道路建设，精心编制了《上海市工人住宅道路施工说明书》和《新建工人住宅木桥工程施工规范书》，做到精心设计，精心施工，使这些工人新村成为工人群众改善居住条件的样板。

早在新中国成立前赵祖康就思考酝酿：要改建拓宽西藏北路和河南南路等南北干道，他认为，这些南北干道是上海的交通命脉。还提出，要打通中山环路，拓宽天目中路，建设快速、便捷的交通干道线。市政府对赵祖康等市政建设专家提出的政策建议给予充分的尊重和支持，投入大量财力、物力和人力，进行彻底改造，沟通东西南北的交通主干道逐条完成，方便人民群众的交通出行，推动了经济建设发展。

新中国成立初期，赵祖康还参与领导了一系列重大规划建设项目：

昔日的跑马场改建成人民公园和人民广场。人民公园位于黄浦区南京西路南、西藏中路西，原为跑马厅的一部分。清咸丰十年（1860）外国殖民主义者以低价强购农田建成跑马厅，占地430亩，成为吞噬中国人民财富的大赌场。

1952年，经市政府批准，由市工务局着手施工改造，新建人民公园和人民广场。人民公园占地面积180亩，园内有草坪、水池、土山、亭阁，竖有张思德塑像等建筑，人民公园与周围高层建筑遥遥相对，闹中取静，别有一番风光。人民广场在相当长的时间成为上海人民集会的重要场所。

高尔夫球场改建成西郊公园。西郊公园（现名上海动物园）位于上海市长宁区，邻近虹桥国际机场，始建于1954年。上海动物园属于国家级大型动物园，占地面积74.3万平方米，饲养展出动物400余种，饲养展出动物的馆舍面积有47 237平方米，是全国十佳动物园之一，中国第二大城市动物园。

西郊公园园址原为高尔夫球场。约在清光绪二十六年（1900），英国侨民在此开设马房，占地20余亩，逐年扩建。1914年，太古洋行等8家英商购买了这块土地，成立高尔夫球场俱乐部。

1953年3月20日，经外交部批准，上海市人民政府外事处收回高尔夫球场。同年10月，市政建设委员会决定在此辟建一座文化休闲公园。建园工程由市工务局园场管理组织施工，1954年5月25日，面积为421亩（28.07公顷）的公园对外开放，定名西郊公园。1954年8月，决定将西郊公园扩建为动物园。

跑狗场改建成文化广场。文化广场位于市中心。20世纪二三十年代，这里曾是旧上海的法商赛跑会，亦即逸园跑狗场，场内能容纳二万余人，号称"远东第一大赌场"。

1952年4月，经市人民政府决定，将逸园跑狗场改建、扩建、新建为上海市"人民文化广场"。同年11月，改称"文化广场"。1954年底，改扩建工程完成。此后，文化广场成为上海人民群众政治文化活动中心场所。

1953年，我国开始执行发展国民经济第一个五年计划。上海的城市建设进入新阶段。

在公路建设方面，开始从维持通车转向提高公路等级、增强通车能力。这一重大转变对公路建设提出了高要求。5年间，赵祖康领导市工务局做了大量卓有成效的工作：1954年，拓宽整修了沪杭公路上海段；拓宽改建了上海至松江、上海至青浦、上海至南汇等市区通往郊县的公路；还拓宽改建了沪太路、逸仙路等市区的主干道。从1953年到1957年，市政工程局分两期对郊区的公路进行全面改建。经过5年不懈努力，先后按四个等级标准，改建、修建了几十条重要的农村公路，增强了市郊地区的交通运输能力，改善了上海与周边省市的交通状况，有力地促进了农村经济发展。

新中国成立初期，市人民政府根据"充分利用、合理发展"的工业建设方针，决定对旧上海遗留的不合理工业布局进行调整，在市郊结合地带，规划新建彭浦机电工业区、漕河泾仪表电子工业区、桃浦化学工业区和北新泾迁建区等工业新区。

为了配合这些新兴工业区，从1953年起，市工务局对工业区内外原有道路进行改造，提高道路等级；同时，还新建一批道路，为工厂的迁建和生产奠定坚实的交通基础。当时的市政建设受到财力限制，只能小修小补。不过，与新中国成立前相比，已经有了长足的发展。

经过7年持续建设，上海的公路建设取得了初步的发展。据统计，从1949年到1957年8年间，上海共修建公路280公里，晴雨通车能力从新中国成立时的不足200公里，发展到488.1公里。[1]这些建设成绩凝聚着赵祖康在几十年公路建设中积累的丰富经验、付出的辛勤努力。当时，赵祖康被人们亲切地赞誉为"马路局长"。

---

1 张稚川主编：《上海公路史》第二册，上海社会科学院出版社，1988年，第45页。

不负众望　再担重任

1955年4月18日，赵祖康被调到正在筹建中的上海市规划建筑管理局，和蔡叔厚、陈植、后奕斋等同志一起，负责该局的组建工作。同年12月21日，被国务院正式任命为上海市规划建筑管理局局长。

组建上海市规划建筑管理局是上海社会经济与社会发展的客观要求，也反映了中国共产党对他的历史贡献与专业技术的肯定。

这一调动当然与他过去的规划经历不无关系。

早在大学学习和留学美国深造时，赵祖康就一直注意学习掌握各国的城市规划理论，跟踪城市规划理论与实践的前沿发展动态。他熟知近百年来现代城市规划理论的发展脉络：

1898年，英国的著名城市规划学者E·霍华德创立了"田园城市理论"；

1899年至20世纪20年代，欧美一些专家提出了有机疏散和发展卫星城市的规划理论；

20世纪30年代，美国学者提出了地区城市规划理论和"邻里住宅区"规划理论；

1933年，国际现代建筑师协会在希腊雅典开会，研究制定城市规划大纲，形成了著名的《雅典宪章》，论述了城市的四项基本功能，阐述了城市功能分区平衡理论和建立交通网的重要性；

1934年，苏联也制定了莫斯科改造总体规划，形成城市规划理论。

所有这些城市规划理论都给赵祖康深刻的影响。因此，他一再强调，在制定城市建设规划时，一定要借鉴国外历史经验，借鉴欧美发达国家的城市建设经验。

如前所述，早在1945年抗日战争胜利之初，赵祖康就在极其困难的情况下，投入极大的精力，组织上海市的各方面专家，精心研究制定上海的城市发展规划。对此，他曾描述说：

同人等在开始工作之初，即以种种条件之不足，而感莫大之困难，上而所谓国家计划及区域计划，尚未经政府明令公布，下而至本室之各项基本统计工作，亦多未办理，能获之资料，非欠完备，即已过时，或不可靠，苟欲彻底解决，从头做起，则经费时间，两不容许，用是设计工作，几至无法进行，惟以工务局赵局长祖康之诚恳嘱托，勉以时机宝贵，稍纵即逝，而行从念起，事在人为……同人等既深感赵局长祖康提倡都市计划之热心，又以协助市政建设，为每个市民之天职，乃不度量力，勉从事……[1]

在长期的实践中，赵祖康逐渐形成了自己的城市规划思想。他认为，现代城市规划是一项综合性的系统工程，应该具有战略的超前性。制定城市规划的政府官员和设计专家必须要有高瞻远瞩的预见性。从这一基本理念出发，赵祖康提出，在制定城市规划时，在宏观上必须重复考虑三大基本要素，即：经济要素、社会要素和物质要素，而在这三者之间，合理的物质要素最为重要，是其他两项要素的基础和前提。因此，制定城市发展规划，必须同时考虑这三大要素。

他还认为，城市发展规划既是科学的，又是艺术的，还要考虑它要受到政府政策的约束。另一方面，还应预见到，城市的发展本身是动态的而不是静态的，它是一个有生命的有机体。因此，在制定发展规划时，只能确定大致的发展方向，而不能确定一个一成不变的终极目标，要随着城市的发展而随时进行调整修订。

赵祖康提出，制定城市规划，一般应该包括以下主要内容：第一，城市经济；第二，城市文化；第三，城市交通运输和公共交通；第四，城市人口；第五，城市土地利用和开发；第六，环境保护。

在他主持制定上海城市发展规划时，就是按照这样六个方面的要素进行的。按照他的设想，上海应有一个中心城区，四周建设若干个卫星城镇，每一个卫星城镇又组成若干个邻里单元，作为城市组织的最小组团单位；每一个卫星城镇都应建设商业中心、供市民休闲游玩的公园、保证居

---

1 上海市规划局编：《上海城市规划志》（内部稿）。

民健康的卫生医院，还有为居民子女提供教育的幼儿园和学校。在中心城市和卫星城镇之间，建设绿树成荫的绿化带，既起到阻隔作用，又能美化环境，净化空气，保障人民群众身体健康。

他曾经设想，通过城市规划的制定实施把中心城市的人口保持在每平方公里 10 000 人左右，以解决城市交通拥挤和生活环境恶化的问题。要通过长期的努力，把上海建设成现代化的国际大都市，又建设成环境优越整洁、社会秩序良好的家园。

1949 年 6 月，赵祖康在陈毅市长的鼓励下，根据长期积累，很快写出了《建设新上海初步设施意见书》，受到陈毅的高度评价。陈毅还专门就此问题与他进行了长谈，从上海的建设谈到整个国家的建设，到利用外资和引进外国人才，以及如何发挥知识分子作用，话题广泛而深入。

可惜，对赵祖康在规划建设局的工作情况，鲜有历史资料记载。在上海市规划局编纂志书中，只记载了国务院的任命时间。笔者曾专门向张佐周咨询。据张介绍，这方面的情况确实缺乏资料。造成这种情况的原因主要在于当时赵祖康的工作侧重点已转向主持民革上海市委日常事务。

从赵祖康 1958 年撰写的材料中了解到，当时，上海市规划建筑管理局研究过上海未来城市发展的规划。这项工作是以苏联专家为主进行的，由他们负责绘制上海城市发展的规划图。赵祖康看了这个规划图，从总体上看"是欣赏的"，但是，也有一些不同的看法。他认为，这份规划图"其中有过于理想之处，"但"不敢反对，更没有明确向党提出我的明确的意见"。他还说，"对于北新泾工业区，我是主张维持而加以扩充的，专家反对了，我也不坚持我的主张，没有把情况和意见全面向专家反映"[1]。

在同一篇材料中，赵祖康还写道"解放初期苏联专家到上海提了许多宝贵意见，我们接受了。但对批判卫星城市一点，我曾婉转提过不同的意见，没有得到一致的结论也就算了。"

可见，当时上海是由苏联专家主导制定城市建设规划，而赵祖康学习掌握的城市建设理论、积累的城市建设经验，都源于欧美国家的城市规划

---

1 赵祖康：《把心交给党》1958 年 5 月 18 日（未刊稿）。

理论。因此，他在这方面所能发挥的作用就很有限了。

尽管如此，赵祖康当时还是对上海的城市建设规划倾注了不少心血。1990 年 5 月，他在一次谈话中提到，早在新中国成立初期，他就已经开始关注上海的浦东开发事业。为此，他在负责市政建设工作时，曾多次去浦东考察，并思考过有关浦东开发的一些设想。但由于种种因素限制，没有提出建议付诸实施。[1]

从 1949 年 5 月到 1956 年，赵祖康先后担任工务局局长、规划建筑局局长、公用事业建设委员会办公室主任等职。在每一个领导岗位上，他都一如既往，兢兢业业，辛勤工作，为民谋利造福。

1957 年 1 月 1 日，在上海市第二届人民代表大会第一次会议上，赵祖康当选为副市长。

1 月 2 日，《解放日报》发表专题采访介绍说，"上海市新选出的赵祖康副市长是中国国民党革命委员会上海市委员会的副主任委员、中华自然科学专门学会上海分会的副主任委员和公路与市政道路专家，从抗日战争

1954 年上海团送别陈毅赴京工作时合影，后二排右起第七位为赵祖康

1 屠培林：《这是人民给我的光荣——访赵祖康副市长》，《解放日报》1957 年 1 月 10 日。

胜利到新中国成立前夕，一直担任着国民党上海市政府的工务局长。在解放大军进城前夕，许多反动官僚纷纷逃离上海后，他还曾经以国民党上海市代理市长的身份出来维持了短短几天的局面，为数百万人民的安全作出了贡献"[1]。

赵祖康当选为上海市副市长，是党和人民对赵祖康长期致力于新上海建设作出贡献的肯定。

在赵祖康看来，自己能被推举为副市长是党和人民的信任。因此，在当选后，他曾发表感想，称有一种"预想不到的光荣感"，对党和人民"充满了感激之情"。然而，他内心更希望继续从事交通公路建设。他曾向一位新闻记者坦陈，自己在这个岗位上，工作最得心应手。[2]

赵祖康当选上海市副市长后，主要分管城市建设方面的工作。有关这方面的情况，所见的史料稀少，仅在上海历史博物馆珍藏的文物中，找到一份会议记录，记录了1957年赵祖康主持修缮中苏友好大厦（现称友谊会堂）的情况。

中苏友好大厦坐落在延安中路1000号，这是一幢具有俄罗斯古典主义风格的建筑，建于20世纪50年代。这是中苏两国建交后，由苏联专家帮助设计兴建的上海第一幢展览馆，在相当长的一段时间内，这幢建筑顶端的镏金五角星曾是上海的一个制高点。在一个时期里，上海建筑界似乎有个不成文的规定：所有楼宇的建造高度不能超过苏联老大哥这颗熠熠生辉的金星。

新中国成立后不久，党中央决定，要在上海举办一次关于苏联经济和文化建设成就的大型展览，并决定造一幢与之相适应的展览馆。1954年5月4日，中苏友好大厦动工兴建，至1955年3月建成，费时十个月。整个大厦占地2.5万平方米，建筑面积计54 108平方米，展出面积达2万平方米以上。整幢建筑外观风格独特，气势宏伟。建造期间经历了连续两个月的雨季，八级至九级左右的台风，以及几十年难遇的潮汛和零下10℃

---

1 赵祖康1958年3月24日写的材料（未刊稿）。

2《赵祖康谈浦东开发》，《上海民革》1990年5月20日。

的严寒，中苏两国建筑工程师及工人克服重重困难，按时完成任务。大厦建好后正式命名为"中苏友好大厦"，成为上海标志性建筑之一。

从此以后，这幢宫殿式建筑成为上海市中心一个著名的人文景点。1956 年起，中苏友好大厦除举办展览外，各种重大的会议和大型公共活动也在这里举行。中共上海市第一次党代表大会就在这里召开。1968 年，中苏友好大厦改名为上海展览馆，1984 年改为现名：上海展览中心，1989年被评为上海市"十佳"建筑。1999 年 10 月该建筑被评为新中国五十年上海十大金奖。

由于当时建造这幢大厦的设计与工程建设周期都比较短，因而大厦建成使用不到两年，便出现了一些问题，引起上海市政府高度重视，决定由赵祖康牵头，组织各市政建设部门会商解决办法。

1957 年 3 月 1 日，赵祖康在中苏友好大厦中央大厅 209 会议室主持召开专题会议，上海市政建设各相关部门领导与专家二十多人参加。会议一开始，赵祖康做了简短的讲话，说明："中苏友好大厦落成已两年，发挥了它应有的作用。在这两年中的管理和养护工作上，到会的同志们都很帮忙，负责管理养护的同志做了一些工作，并经常向郭赫曼[1]专家报告情况，也得到了一些指示。郭赫曼专家离沪时曾表示，在大厦进行大修时，他愿意来一趟。"

接着，会议听取了负责保养工作的宗少或做情况介绍，主要发现的问题是：大厦建成后沉陷情况、结构变形、电气设备等方面的问题，围绕着发现的问题，与会同志进行了务实而颇具专业性的讨论。会议还讨论决定，马上邀请大厦的设计者郭赫曼到上海进行现场勘查，提出解决问题的办法。

1957 年 8 月 6 日下午，郭赫曼乘飞机抵沪。8 月 7 日上午，由华东工业设计院专家陪同到现场进行实地考察。当天下午，赵祖康主持召开工程会议，向郭赫曼做全面汇报，并提出中国专家的看法和问题。听完介绍后，郭赫曼表示："我能在这个建筑物建成后的第三年和中国同志们在一起研究

---

1 中苏友好大厦的设计者。——作者注

它，感到非常幸运。我在上海时，这房子给了我很深的印象，现在看了之后，这印象就更深了，所以我明白了许多苏联同志由上海回去以后总要谈起它的原因，它是会给人以深刻的印象的。……今后，考虑到节约，再造这样的房子恐怕是不可能了，所以我非常珍视它。""我能够参加这个房子的建筑感到荣幸和自豪，上海在使用方面做得很好，上海人民喜欢它。在大修时，如果需要我，我很高兴再来。"

中苏友好大厦修缮会议纪要

8月17日，赵祖康在大厦的东翼211会议室主持召开会议，听取郭赫曼的考察报告并提出修缮意见，上海市市政建设各部门的领导与专家再次全部出席。郭赫曼在报告中指出：根据对大厦情况的观测研究，得出了这样的结论："房屋的状况是很好的，我没有看到任何不良的象征，总的状况是非常的好。"接着，郭赫曼就建筑存在的问题，逐一进行了分析说明，并对如何开展修缮工作提出了建议。最后，赵祖康做了总结讲话，充分肯定了郭赫曼的工作态度与效率，并指出："中国建筑、结构方面的专家虽有一定的水平，但是和苏联专家相比，还是差的，因此今后在技术方面要很好的学习。"

接着，赵祖康明确了各项具体工作的责任："沉陷观测工作仍由市政工程局做下去，研究工作总的由张甦平同志负责，结构小组继续进行，办公室应给予支持。资料方面，今后还是翻译好寄给专家。翻译问题请张甦平秘书长和办公室设法联系。结构方面的问题，专家预备和蔡工程师具体研究，关于大修，以及目前修整的指示，要很好地记录。关于扶梯等目前的整修工作，究竟需要抬高多少，请蔡工程师考虑一下。大修时的抬高处理设计，专家带回莫斯科去做，非常感谢，设计什么时候进行，需要什么

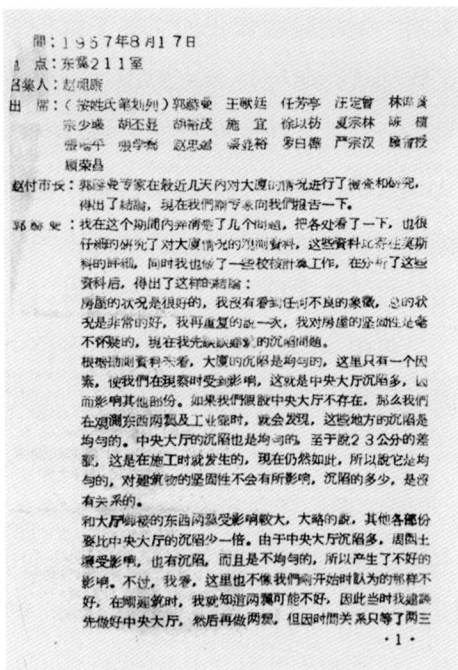

资料,请随时通知我们。关于维护管理设备方面的问题,请赵工程师和宗工程师进行研究。专家曾说这个建筑本身是很好的,但有些美中不足,主要是指外观方面。专家提出的我们马上就办。"[1]

这份珍藏的史料真实再现了赵祖康当年领导修缮中苏友好大厦的历史过程,也充分反映出他科学民主的领导风范、求真务实的研究方法、雷厉风行的工作作风。

赵祖康当选为副市长后不久,中国共产党在全国范围内开展了一场大规模的整风运动。

1957年4月27日,中共中央发出《关于整风运动的指示》,指出:"几年以来,在我们党内,脱离群众和脱离实际的官僚主义、宗派主义和主观主义,有了新的滋长。"因此,有必要"在全党重新开展一次普遍的、深入的反官僚主义、反宗派主义、反主观主义的整风运动"。《指示》强调,整风的方针是"从团结的愿望出发,经过批评和自我批评,在新的基础上达到新的团结"。方法是和风细雨,实事求是的批评和自我批评,从上而下,从领导干部到全体党员逐步展开。[2]

根据这一指示精神,中共上海市委召开上海各民主党派负责人座谈会,征求大家对如何帮助中国共产党搞好整风的意见。赵祖康应邀出席,并在会上发表了自己的看法。他说:"放是扩大的民主,有领导的民主,放要在拥护党、拥护政府、拥护社会主义的前提下放。"从这个前提出发,对党和政府工作中的不足之处,提出善意的批评。应该说,赵祖康的意见,反映出他一心一意拥护中国共产党,愿意跟随共产党,真心诚意帮助共产党的真诚愿望。

5月12日,中共上海市委宣传部召开宣传工作会议,传达毛泽东在全国宣传工作会议上的讲话。同时,宣布上海党组织的整风开始。会上,市委表示,要认真进行整风,改正工作中的缺点和错误。这次会议还邀请了各民主党派和其他党外人士参加,欢迎他们帮助中国共产党

---

1 上海历史博物馆馆藏文献。
2 中共上海市委党史研究室编:《中国共产党在上海》,上海人民出版社,1991年,第473页。

整风。

为了充分调动党外人士的积极性，帮助党搞好整风，上海市委连续召开 10 多次知识界代表人士座谈会，座谈如何贯彻执行毛泽东关于正确处理人民内部矛盾的指示，以及贯彻"百花齐放，百家争鸣，长期共存，互相监督"的方针。市委鼓励大家对各级领导干部中存在的官僚主义、命令主义作风，有关改善党和知识分子关系，发扬民主，改善领导，以及开展百家争鸣等问题提出批评和建议。

5 月 18 日，赵祖康在座谈会上以"帮助和学习共产党整风，提高自己，改造自己"为题，作了长篇发言。赵祖康的发言显然是经过深思熟虑的，是他解放以后长期坚持认真学习理论，学习党的文件，不断提高自己政治修养的结果。

首先，他的发言定位兼顾了共产党和民主党派两个方面。一方面，是帮助共产党进行整风；另一方面，也是为了使民主党派在这次运动中提高、改造自己。

他在发言中说明，"为了正确处理人民内部矛盾，在共产党内进行一次反对官僚主义、宗派主义和主观主义的整风运动就十分重要了"。接着，他着重强调"官僚主义、宗派主义和主观主义，不仅是在中共党内存在着，在党外知识分子中间同样存在着。因此，我体会到这样一个风气的整顿，不仅仅是党内的事情，也是全国在机关、学校、企业内部领导的事情。是古今中外从未有过的全国规模移风易俗一件天大的事情。共产党这样做，是一个英明伟大的措施"。这里，赵祖康没有从政治角度去认识整风运动，而把它看作是一次"移风易俗"的群众性思想运动。这就说明，他对中国共产党发动这场政治运动的性质并不清楚。

他还表示"我们应该大胆地'鸣'和'放'，来做到符合党对我们的期望"，又认为，中国共产党的整风运动，"也是全上海党外知识分子和机关、学校企业干部向党学习整风精神，为改造自己、改进工作创造条件的开始"。

在发言中，赵祖康也提出了一些中肯的意见，诸如在党和非党人士的团结合作、党同知识分子的关系，以及党的统一战线工作等问题上存在的一些缺点和错误。最后，赵祖康特别强调，"在整风运动中，我们应该本着爱护共产党、爱护政府、爱护社会主义的精神，积极对领导党提出意见、批评和建议，帮助领导党进行整风。"这也是民革上海市委对民革各级组织提出的要求。

赵祖康的发言，基调是诚恳的、善意的。但是，他的发言遭到了一些与会人士的批评和责难，认为他的发言没有鸣放力度，没有起到带头大鸣大放的作用。听到这些批评和责难，赵祖康非常紧张。

出乎意料，5月19日，《解放日报》在第五版显著位置，发表了赵祖康的发言摘要。这时，悬在心头的一块石头落了地。他知道，他的发言主旨是符合共产党的整风目的和要求的。

尽管如此，赵祖康还是为这个有分寸的发言承受了沉重的精神压力。

响应号召　加入民革

1951年7月，赵祖康加入了中国国民党革命委员会的上海组织，介绍人是陈建晨、汪季琦，后任上海市分部筹委会委员。对此，他曾经作过这样的回忆："当时南京、上海一带的'小民革'负责人之一陈建晨同志曾动员我参加民革，九三（指九三学社）卢于道同志亦曾动员我参加九三，我拿不定主意，就通过潘汉年同志向党作了汇报，得到陈毅同志和中共上海市委其他同志的支持，决定参加民革。"[1]

赵祖康过去一向不愿意参加政治党派。参加国民党是赵祖康最不愿意回首的往事，因为当初参加国民党，并不是他所愿。

赵祖康年少时的挚友侯绍裘惨遭国民党杀害的往事在他心头投下了沉重的阴影。他对国民党心怀芥蒂。

然而，历史往往会与人开个玩笑。

---

1 赵祖康：《在统战政策的鼓舞下前进》，中共上海市委统战部编：《统战工作史料（一）》，上海人民出版社，1982年。

对国民党心存不满的赵祖康阴错阳差地当上了国民政府的行政官员。从参加工作的那一天起，赵祖康就抱着"筑路有用"的朴素理念投身公路建设事业，他认为这是于民有利、为民造福的事业。

不党不派，是赵祖康的人生宗旨。因此，在国民政府行政部门工作十余年，他不止一次拒绝了同事朋友的劝说，坚持不加入国民党。

1943 年初，赵祖康在公路建设方面的建树与贡献使他升任交通部公路总局副局长，他的顶头上司是国民党的要员、交通部部长曾养甫。曾是在国民党军统机关混过的政客，一心想培植忠于国民党的势力。

出于这样的动机，在 1943 年春的一次例行会议上，曾养甫提出要求：凡在公路总局工作的官员，一律要参加国民党，并且规定，以集体加入的方式保证这一决定的贯彻实施。在这种情况下，身为副局长的赵祖康，找不到任何理由加以拒绝。无可奈何，他只得履行入党手续。

尽管如此，为坚守原则，赵祖康专门去找国民党中央组织部部长陈果夫，表明自己入党只研究孙中山先生的实业建设计划，不参加党内任何政治活动。陈果夫深知赵祖康为人，只能表示同意。此后，赵祖康始终坚持只管业务，不参与政治活动，以保持距离。

新中国成立以后，在新的时代环境下，他开始改变处世态度，在主要从事专业技术工作的同时，也逐渐投身社会政治活动。

但是，上海解放以后，赵祖康的思想发生了变化。这种变化有着特殊的历史背景。

新中国成立初期，各民主党派认为，推翻国民党专治统治的历史任务已经完成，因而已失去继续存在的必要。

1949 年 11 月，中国人民救国会率先宣布解散。其后，各民主党派也纷纷准备解散。

同时，在中国共产党内，围绕着民主党派还要不要继续存在、在国家政治生活中还有没有作用问题，也存在不同意见。一些人认为：中国革命已经胜利，民主党派已经可有可无；一些人主张，让民主党派由大到小、由多到少，最后自然消亡。

此事引起毛泽东的重视。他明确表示：民主党派不能取消，"不但要继续存在，而且还要继续发展"。[1] 根据这一指示精神，从 1949 年底到 1950 年初，各民主党派先后召开代表大会或代表会议，重新讨论新形势下党的任务，制定政治纲领，修订党的章程，选举新的领导机构。同时，加强各党派根据先整顿后发展的原则，重新登记党员，建立健全各级地方组织的领导机构。

1950 年 3 月，中共中央在北京召开第一次全国统战工作会议，确认：中国共产党对民主党派的总方针是：帮助民主党派团结、进步、发展，在国家政治生活和国家建设事业中同他们真诚合作，充分发挥他们的积极作用。

1951 年 7 月底，赵祖康在上海参加国民党革命委员会（简称"民革"）的领导工作。据记载，"1951 年 7 月 28 日，民革中央致函上海市分部筹委会，加派汪季琦、赵祖康、刘侠任、梁佐华为筹委会委员[2]"[3]。

加入"民革"说明，赵祖康在新中国诞生后，对自己的政治原则作

赵祖康与民革创始人李济深

1 王邦佐主编：《中国共产党统一战线史》，上海人民出版社，1991 年，第 438 页。
2 其中汪季琦、赵祖康当时尚无民革党籍，出于工作需要，民革中央指示，应于到职后，补办入党手续。
3《中国国民党革命委员会上海市地方组织志》（未刊稿）。

了修正：其一，加入国民党革命委员会，是工作需要，是中国共产党的信任；其二，说明赵祖康对中国共产党的尊重。

民革上海市筹委会成立后，做了长达 5 年的筹备工作。在此期间，赵祖康作为主要领导成员做了大量具体的筹备事务，发挥了别人难以替代的作用，特别是在推动工务局民革组织的发展方面做了卓有成效的工作。

上海解放初期民革成员很少，不能适应统一战线工作发展的需要。按各民主党派组织发展的侧重点，民革成员主要是与国民党有历史关系的人士，工务局是这方面人士较多的地方。于是，市委统战部把工务局作为发展民革的首选点，统战部先介绍赵祖康同志参加民革，接着，由赵祖康介绍王泽华参加民革，然后由王泽华介绍郭增望、陈痕等一批同志参加民革。就这样从无到有，从小到大，工务局的民革组织成员发展到一百多人，并在市政府机关第一个成立民革支部，第一个建立民革工委。

此后，民革还在政府机关就组织发展的工作经验交流宣传。接着，在市财政局、民政局和卫生局等单位，进一步发展民革组织。民革组织建立后，不断加强自身建设，又积极参与合作共事、参政议政，完成新中国成立初期"三大历史任务"努力。

在民革工务局支部组建之初，有些成员怀疑，民主党派到底有没有作用？当时，针对这样的疑虑，工务局党总支书记徐鸣多次指出：作用，有作才有用。言简意赅，生动实在。对此赵祖康也表示赞赏，说：有作才有用，说得好，抓住了要害，要在工作中做出成绩，显出民革的作用。[1]

1955 年 3 月 27 日，中国国民党革命委员会召开上海市第一次党员大会，到会党员 450 人。赵祖康在会上代表民革上海市分部筹委会作了工作报告。报告总结了上海解放后的五年间，民革市委在推动党员积极投入抗美援朝、土地改革、镇压反革命，以及"三反""五反"等运动中取得的成绩，要求广大党员在新形势下，继续努力学习，加强自我改造，和全国人民一道，共同把上海建设成为重要的工业基地，为解放台湾而进行不懈的努力。在这次大会上，赵祖康当选为副主任委员，实际主持民革上海市

1 王泽华：参加"民革"与统一战线工作，《我与上海市政建设》，第 86 页，内部印刷。

委的工作。

从 1958 年到 1964 年，民革上海市委先后举行过三次党员代表大会，赵祖康连续当选为主任委员，主持全面工作。在此期间，他坚定地恪守爱党爱国爱人民的一贯原则，真心诚意地接受中国共产党的领导，真心诚意地与中国共产党团结合作。对当时共产党发动领导的所有政治运动、群众运动，诸如抗美援朝、土地改革、"三反""五反"、知识分子思想改造等各种运动，他都表现出极大的政治热情，不仅自己积极投入，而且尽可能配合中国共产党的各级组织，做好民革成员的思想教育工作，鼓励他们响应共产党的号召，在政治运动中接受教育，改造思想，提高觉悟，与共产党同心同德，把社会主义国家建设好。

疾风骤雨　艰难岁月

1957 年，中国共产党在全党范围内开展整风运动，但是整风运动很快演变成反右派斗争。

1957 年 6 月 8 日，中共中央发出《关于组织力量准备反击右派分子进攻的指示》。同一天，《人民日报》发表了题为《这是为什么？》的社论，拉开了反右派斗争的序幕。

1957 年 7 月，反右派斗争的主战场一度移到上海。7 月 1 日，《人民日报》发表毛泽东写的社论《〈文汇报〉的资产阶级方向应当批判》。7 月 9 日，他又在上海的干部会议上作了《打退资产阶级右派的进攻》的讲话。这是对上海开展反右派斗争的动员和推动。

8 月，中共上海市委书记柯庆施在上海市第二届人民代表大会第二次预备会议上作了《深入反右派斗争，开展全民性整风》的报告。9 月 12 日，中共上海市委发出《关于克服右倾思想，深入反右派斗争的指示》，要求各级党组织采取有力措施，迅速克服上海党内存在的右倾思想，动员各方面力量，把反右派斗争不断推向深入。上海的反右派斗争进一步发展到高潮，一大批党内外干部和知识分子被定性为"右派分子"。

面对突如其来的反右派斗争浪潮，赵祖康如坠入云雾，不知道如何应付。坐在上海市副市长的职位上，想为上海的经济建设和城市建设出谋划策，却无用武之地。

1958 年后，赵祖康虽然继续担任着副市长一职，但专业特长、报国理想都无法施展。紧张的政治斗争让他感到非常惶恐。每天除了参加大大小小的"批评与自我批评"会议，就是写不完的检讨。1958 年 5 月，赵祖康写了《把心交给党——进一步揭发我的错误言行和思想活动》：

> "对市人委的某些政策，我是具有不同的意见的，有时不采取直接提出自己的意见而采取间接的方式。如对本市人口，我是主张采取适当控制政策的，在一次人代会会议上，市领导同志说，把本市人口控制在 × 百万人口以内是办不到的（大意如此）。我当时心中不以为然，却在事后没有向有关部门提出我的意见，而通过另一次会议上，赞同市人委一位参事提出另一个提案来，希望贯彻我的主张。"

> "解放初，我曾好多次说过，'我在工务局的主要任务，对自己，对大家，是第一年团结，第二年教育，第三年改造'，这样提法自以为是拥护党的，事实上曲解党的政策，也反映了我的自高自大，自作主张，没有能真正接受党的领导。"

> "去年是亡友共产党员侯绍裘被国民党特务杀害 30 周年。本地松江为他立碑纪念，我在报上看到，心想我和他是挚友，解放后在 1950 年还为他发起在上海各报出纪念刊，现在松江地方组织没有通知我参加，有不快之感。"

> "在市委高级干部自修班学习时，中共中央统战部征求我写关于'长期共存、互相监督'的文章。我感觉到，一方面体会还不深，一方面眼高手低，不敢动笔，便复信给统战部的一位负责同志说，文字债欠得太多了，怕不能如命写出。此信发出后，很懊悔，何以当作文字债看待。现在回忆，大概是由于那时《解放日报》一位记者来谈学习心得，结果未发表。"

一时间，撰写类似的"检讨"成为赵祖康的主要事务。

赵祖康的"检讨"表现出政治上对中国共产党和社会主义的忠心，对反右派斗争的紧跟，希望通过检讨反省找到自己在思想上和行动上的差距，跟上政治运动的发展，跟上时代前进的步伐。

从更加深的层面来看，是新中国成立前在国民政府的行政经历，似无法摆脱的阴影笼罩着赵祖康的心，唯恐显现出旧时代的痕迹。

在这种心理支配下，赵祖康的选择是要在政治上表现得比常人更加进步、更革命；通过自己的言行，使中国共产党和人民群众相信他的真诚，相信他的自责，进而在政治上争取主动，不至于在空前紧张的政治斗争中失足，被社会抛弃。这种看似激进、实际为自保的行为，反映出那个时代人们思维方式和行为方式的扭曲。这不应仅仅视为赵祖康的性格使然，而应该看作是历史的悲剧。这样的悲剧在历史的长河里反复出现。

赵祖康的历史贡献、政治上的虔诚使他保留着各项领导职务，没有遭受更多的不幸。

尽管如此，赵祖康为国为民的信念并没有动摇；追求科学，为社会发展作贡献的理想并没有丢弃。在相当长的一段时间了，他除了写"检查"，就是主持编写有关道路工程词典。

1966年，史无前例的"文化大革命"爆发。

在这突如其来的风暴面前，全国人民都感到无比困惑，曾经在新中国成立前当过官的赵祖康，茫然不知所措，度过了漫长痛苦的时光。

"文化大革命"一开始，赵祖康被造反派揪出来，戴上了"旧官僚"的黑帽子。从此，他度日如年，每天提心吊胆地等待着造反派上门抄家，接受造反派一次又一次的批斗，甚至被揪到文化广场，陪着上海市原市长曹荻秋在几十万人面前接受"批判"，蒙受人格侮辱、精神折磨。

在"文化大革命"10年时间里，年过花甲的赵祖康先后写了几十万字的"交代"和"检查"。苦苦回忆人生经历，搜肠刮肚，写下自我批判、自我否定，乃至自我诋毁的"检讨书"。

当然，赵祖康并没有完全陷入盲从的境地。1970年，全国掀起"农业学大寨"高潮时，他就对农作物的产量超常规增长表示怀疑。他在一份材料中写道，"我是松江人，对松江的情况稍稍知道一些。这次全国展开农业学大寨运动，我曾经认为，要把松江在两三年内建成大寨县，是有困难的。因为松江地势低，地下水位高，自然条件差。解放前'三年两头荒''九年三熟'。解放后粮食生产由一熟翻到三熟，亩产平均达到一千三四百斤，已经很不错了。如再要增加三麦的亩产，是比较难的。在我想来，要改变这种状况，就得开大河、挖泥填地，把地势提高。这样大的工程，在短期内是难以办到的。另外，要大搞机械化，上海钢铁产量虽然大，但要支援全国各地工交基本建设，用在农业机械化上的，可能不会太多。总之信心不足，'难'字当头"[1]。

应该说，这段文字反映了赵祖康的真实想法，是符合实际的。只不过在当时的社会政治氛围中，只能违心地检讨，"自我批判"！

抹去历史的尘埃，换一个角度，赵祖康的"交代"和"检查"中，留下了许多重要的历史资料，帮助我们从一个新的角度认识他。通过这些资料，我们得以片段地了解他在各个历史时期经历的一些重大历史事件，例如：赵祖康在有关的"检查"中写道，他早在1919年的"五四运动"时期，参加了上海著名的"六三"运动；原国民党上海市市长陈良的妻子李泽民在上海解放时，曾一度滞留在上海，随即又改变想法，于1949年6月，要求离开上海去香港。赵祖康应李泽民的要求，向潘汉年副市长作了汇报，经研究，同意了她的请求，体现出共产党人的人道主义精神；1966年9月初，他在一段时间内执行了市委统战部领导的指示，设法阻止造反派来封闭中国国民党上海市革命委员会的大门，夺取大印；当时，他认为造反派的"革命行动"是过火的；1967年12月23日，上海市的民主党派机关终于因遭到造反派的冲击而封闭。

解放前，赵祖康养成了撰写"办公日记"的习惯。他无论在什么地方工作，都通过办杂志和出资料集的方式，把有关的技术资料保存下来，作为今后工作的参考。他写办公日记的主要目的也在于此。可惜，"文化大革命"初期，他忍痛把几十年的日记付之一炬。

---

1 赵祖康，《谈谈学习和参观农业学大寨的一些体会》（未刊摘）。

　　这艰难的岁月并没有摧毁赵祖康内心深处的执著追求。他一面无休止地应付着造反派要求他写的一份又一份"交代"和"检查"，期盼以最虔诚的态度，求得人民群众的"宽恕"，脱胎换骨，做一个适应"文化大革命"理想标准的新人，一面念念不忘他钟爱的公路建设专业，利用完成"革命"任务以后的点滴时间，阅读一些专业书籍，看一些外文书籍，准备继续补充修订1965年出版的《道路工程词典》。这是在艰难岁月中能够慰藉他心灵的精神支柱之一。

第六章
在团结合作中尽瘁

桑榆晚晴　心系上海

1976 年 10 月，十年"文化大革命"结束。1978 年，中国共产党十一届三中全会胜利召开，标志中国进入改革开放和社会主义现代化建设新的历史时期。

从此，赵祖康开始摆脱长年政治运动在心头留下的阴影，充满欢欣，迎接改革开放时代的到来。

老骥伏枥，桑榆晚晴。

这时，赵祖康已是 78 岁高龄的老人。

1979 年 12 月，上海市第七届第二次人民代表大会，赵祖康当选为上海市副市长，分管上海城市建设。

上海是特大型国际城市，城市建设和管理方面工作千头万绪，负担重、压力大，对年逾古稀的赵祖康，是勉为其难的事。但是，他在其位、谋其政，勤政尽责。每天早出晚归，出席各种会议，批阅各种文件，深入城市建设第一线了解情况，处置各种问题。此外，还有一些外事活动需要参加，工作强度很大。

赵祖康明白，他继续担任副市长，是特定的历史原因造成的，也是中国共产党对他政治上的信任。但是，自己毕竟年事已高，体弱多病。

1980 年 10 月 20 日，赵祖康致信市领导汪道涵，说："我去年被选为本市副市长，深感伟大的党和人民对我的信任。由于我已年过八旬，脑力日益衰退，几种老年病时有发作。一年来，虽有市委、市政府、市人大常委会领导和工作同志多方关心照顾，仍深有力不从心、难以胜任之感。为此，恳请准予辞去副市长的职务。"

　　信中还写道："上海是我国社会主义建设的一个重要基地。上海人民在今后的兴国大业中，将更加任重道远。面临这样的艰巨任务，我在辞去副市长职务后，自当在党交给我的其他一些工作方面，尽心尽力，为国家和社会主义现代化建设、为上海的城市建设，为台湾回归祖国、实现统一大业，为反对霸权主义、维护世界和平作出微薄的贡献。"[1]

　　1983年，赵祖康在市政府的任期届满，即退出了副市长领导岗位。

　　1983年5月，在上海市第八届人民代表大会第一次大会上，赵祖康当选为市人大常委会副主任，名列副主任之首。党外人士排名在人大副主任之首，足见上海市委对他的特别尊重。

　　赵祖康离开一线工作岗位后，依然关注着上海城市建设的发展变化，结合自己几十年实践经验，以及出国参观考察的所见所闻，撰写文章和研究报告，对上海城市发展进行前瞻性思考。

　　1981年11月，赵祖康在全国人大五届四次会议审议《政府工作报告》时提出：要正确处理好城市建设、经济建设和社会建设的关系，使这三方面的建设得到协调发展。他说，《政府工作报告》提出，要扩大职工住宅建设和城市公用设施等方面的建设，这是对的，但这还涉及如何改造现有城市中心区和发展卫星城镇的问题。赵祖康认为，建设卫星城镇要重视三件事：① 生活福利与文化设施的配套；② 建设从市中心区到卫星城镇的快速交通；③ 对卫星城镇居民采取优惠政策，鼓励人们做到"人心思郊"，而不是"人心思市"。1984年3月，在上海市人大八届二次会议上，审议汪道涵市长所作的《政府工作报告》时，赵祖康又提出：我们考虑问题要看得远一点。盖高层住宅要同拓宽道路、建筑广场、建设地下管线结合考虑，通盘规划，不能一哄而起造高楼。赵祖康强调：按照上海市总体规划方案，从北到南，即把长江口南岸地区到杭州湾北岸地区这"两翼"，进行有步骤的规划、建设，是十分必要的。他认为，上海市中心区人口密度已经很高，要结合城市的改造和建设，将过去的人口疏散到郊区去。要向市民提倡"志在四方"，不要"志在市区"。当然，城市面貌的改

---

1 赵祖康手写辞职信（未刊稿），1980年10月20日。

变还要靠经济体制改革和政府机构改革来保证。这些意见和建议得到上海市人民政府有关领导人的重视。[1]

1983 年 12 月 27 日，他结合几次回答记者的采访，整理撰写了《对规划和建设社会主义新上海的初步看法》。文章指出："城市是在社会发展的过程中产生的。我国历史名城，都有一定的规划布局和宏伟的建设规模。近一二百年来，随着生产和交通运输的迅速发展，城市也不断发展和扩大，城市经济生活和社会生活的内容日益丰富。这就给城市，特别是大城市，带来许多错综复杂的矛盾。为了解决这些矛盾，现代城市规划理论便取代了那些只停留在造型艺术上的古典规划理论。"

文章强调："城市和其周围地区是一个整体。上海的规划必须同时注意农村发展。方案中提出发展四个层次的城市体系是符合这一方向的。另外，上海是长江三角洲经济区的一部分，因此就要注意把上海城市规划同长江三角洲的区域规划衔接起来。在考虑上海的港口、铁路建设时，就应当考虑在更大范围内进行交通分流。"

文章指出上海城市发展规划的两大关键："一是交通便捷，二是功能合理布局。从这两大关键入手去理顺上海现存的城市规划和市政建设问题，一件一件落实，一步一步去解决，上海的问题是不难解决的。"[2]

1984 年，上海市政府开始组织编制上海城市总体规划。赵祖康作为规划的咨询专家，以极大的热情参与描绘上海未来的发展蓝图。除了向市政府有关部门提供咨询，还撰写了《浅谈上海市总体规划》一文。文章阐述了各个历史时期有关现代城市规划理论，"其中影响较大的是 1898 年英国 E·霍华德提出的'田园城市'理论；本世纪二十年代，为了解决大城市的过分膨胀，一些学者提出了有机疏散和发展卫星城的规划理论；二十至三十年代，美国提出了地区城市规划理论和'邻里住宅区'规划理论。1933 年国际现代建筑协会在雅典开会，制订了城市规划大纲，即所谓'雅典宪章'，指出城市的四项基本功能，提出功能分区平衡的理论和建立

1《中国民主党派上海市地方组织志》，上海社会科学院出版社，1998 年，第 87 页。

2 赵祖康：《对规划和建设社会主义新上海的初步看法》（未刊稿）。

交通网的重要性。1935年苏联制定莫斯科改建总体规划，提出了城市的社会主义改造，以适应经济的社会主义改造的理论，作出了几项重大的城市规划决定。1978年国际建筑协会发表了所谓'马丘匹斯宪章'，提出要创造一个综合的多功能的生活环境，并提出生活环境与自然环境和谐的问题，以及公共交通是城市发展规划和城市增长的基本要素。1982年亚太地区关于居民区发展的会议发表了'横滨宣言'。强调了促使经济、社会与物质建设三个规划的结合，以及加强地方政府对城市发展的职能和'公众参与'的必要。我国经过新中国成立以来三十多年的社会主义城市建设实践，也积累了丰富的经验，提出了一些规划理论设想"。简明扼要的学术回顾反映了城市建设理论发展的走向。

在回顾历史的基础上，文章结合城市的五大功能，对上海城市发展提出建议：第一，"雅典宪章"提出城市具有居住、工作、游憩、交通四大基本功能，新中国成立以来，上海城市规划工作者又加上了"教育"这一项，这样就把与文化建设有关的城市建设突出来了，是很重要的。这五种功能是有机联系的，为此就必须进行合理的功能布局，使城市各种活动得以协调进行。第二，为了加强城市各种活动的联系，发挥城市的综合功能，建立便捷的城市交通网是至关重要的。在上海这样的大城市，要发展三个层次的交通体系，即对外交通、市郊交通和市区内交通。道路还必须按功能分类，划分为通过交通服务的道路和为两侧进出服务的道路。第三，城市绿化不仅在城市中起隔离和美化环境的作用，而且对保护城市的生态平衡必不可少，必须大力开展植树绿化，并结合农林规划进行。第四，必须使经济发展、社会发展和城市发展相结合，把国民经济计划、社会发展计划与城市规划衔接起来，使经济效益、社会效益与环境效益相协调。还要把城市规划、建设和管理结合起来，当前特别要注意发展城市管理科学。城市规划建设和管理关系到城市各部门和千家万户，必须发动广大群众积极参加。

文章指出："上海城市总体规划方案提出，'把上海建设成为经济繁荣、科技先进、文化发达、布局合理、交通便捷、信息灵敏、环境整洁的社会主义现代化城市'。前面三点可以说是对上海经济发展和社会发展的要求，后面四点可以说是对上海城市发展的要求，体现了三者的密切结合，这也是上海解放初期提出的'市政建设为生产服务，为劳动人民服务'这一正确方针的发展。

公路交通线成带状发展是历史上许多城市发展形态的共同规律。展望今后，上海除了建设和改造中心城以外，主要的发展方向将是南北两翼。要把北翼长江口南岸地区的吴淞、宝山、罗泾一带，和南翼杭州湾北岸地区的金山卫、漕泾、星火农场一带，建设成为多功能的综合体，带状发展的关键是要加强南北两翼同中心城之间的交通联系。方案中规划了三条南北快速干道是必要的。当然，城市的带状发展必须以楔形绿带进行分隔。

城市和其周围地区是一个整体。上海的规划必须同时注意农村发展。方案中提出发展四个层次的城市体系是符合这一方向的。另外，上海是长江三角洲经济区的一部分，因此就要注意把上海城市规划同长江三角洲的区域规划衔接起来。在考虑上海的港口、铁路建设时，就应当考虑在更大范围内进行交通分流。"[1]

这篇仅仅一千多字的短文凝聚着赵祖康对上海城市发展的研究与思考。

殚精竭虑　重建民革

中国共产党和各民主党派团结合作，经历了民主革命和社会主义建设两个历史时期的风雨考验。

"文化大革命"开始后，各民主党派停止活动。直到党的十一届三中全会召开，各民主党派才相继恢复活动。

1979年，赵祖康重新担任民革上海市委主任委员和民革中央副主席。

在新的历史时期，如何有效发挥民革在社会主义现代化建设中的作用，如何坚持在中国共产党的领导下，充分发挥民革特殊的作用，是赵祖康反复认真思考的问题。这些思考集中反映在他撰写的纪念民革成立四十

1 赵祖康："浅谈上海市总体规划"，《上海市容报》1984年8月3日。

与时任市委会领导及市委委员合影

周年的文章中。这篇文章开宗明义：

> 民革四十年的斗争历程表明，它所走的是一条同中国共产党
> 合作和逐步接受共产党领导的正确道路，是从爱国主义到为社会
> 主义服务的不断前进的光荣道路。

文章回顾了民革成立之前与成立以后走过的艰难历程，说明：

> 民革是由继承孙中山爱国革命和不断进步的精神的原国民党
> 民主派和国民党其他爱国民主分子，在反对国民党反动派、反对
> 帝国主义侵略的长期斗争中，产生和发展起来的。
>
> 早在一九二七年第一次国内革命战争失败后，以宋庆龄、何
> 香凝为代表的国民党左派，坚持孙中山先生的革命三大政策，坚
> 持反帝反封建的革命旗帜，坚持与中国共产党合作，对促进国民
> 党内爱国民主活动的发展，起了积极的先导作用。
>
> 抗日战争中期以后，更多的国民党左派人士，在中国共产党
> 统一战线政策的影响和推动下组织起来，为坚持团结抗敌，争取
> 和平民主而共同战斗。一九四八年一月，民革在香港正式成立，

提出了推翻独裁政权,实现中国之独立、民主与和平的政治纲领;随后,又响应中国共产党五月一日发表的关于召开新政协,成立民主联合政府的号召,积极推动和组织国民党内部的爱国民主分子,参加中国共产党领导的人民民主革命斗争,在建立中华人民共和国的伟大事业中,作出了自己的贡献。

新中国成立后,民革也走上了新的历史道路,在中国共产党领导下,广泛团结和推动民革成员与联系人士,参加了社会主义革命和社会主义建设,参加了反帝爱国和争取祖国和平统一的伟大斗争,参加了国家政治生活中重大问题的协商,并帮助成员学习马列主义、毛泽东思想,结合实践进行自我教育和自我改造。总之,建国初期,在安定社会秩序,争取财政经济状况的根本好转,恢复和发展国民经济的工作中,在土地改革、抗美援朝、镇压反革命运动中,在实现对资本主义工商业、农业和手工业的社会主义改造以及社会主义建设等方面,民革都作出了自己的努力,并接受了锻炼和教育,民革成员的政治觉悟有了较大的提高,精神面貌发生了可喜的变化。一九五七年,中国共产党提出了和民主党派"长期共存、互相监督"的方针,更是对民革成员的巨大鼓舞,从而大大激发了他们为社会主义服务的积极性。

文章指出:

进入新的历史时期,在中国共产党"解放思想,实事求是,团结一致向前看"的正确路线指引下,民革把工作重点转移到为社会主义现代化建设服务的轨道上来,后来又提出了以服务社会主义现代化为中心、以促进祖国统一为重点的工作方针,积极参加国家大事的协商、讨论,大力协助党和政府宣传、落实各项政策,在推动成员及所联系人士,发挥自己的专长,努力做好岗位工作的同时,又组织他们面向社会,兴办业余教育,开展咨询服务,以智力支援边疆和少数民族地区的建设,为"三引进"牵线铺桥，不断探索、开拓为现代化建设服务的新领域。与此同时，民革组织和成员又运用自己的特点和优势，积极宣传、贯彻执行中国共产党和政府关于统一祖国的方针和政策，通过各种渠道，采取各种形式，加强同台湾同胞、港澳同胞和国外侨胞的联系和团结，在促进祖国统一方面发挥了自己的特殊作用。

随着工作重点转移，民革组织面貌和成员精神面貌也发生了新的变化，民革已成为在中国共产党领导下的社会主义服务的政治力量。在中国共产党将"长期共存，互相监督"方针进一步发展为"长期共存，互相监督"，"肝胆相照，荣辱与共"的方针后，民革又积极参加改革、开放和两个文明建设，参政议政，为完善在中国共产党领导下的多党派合作和协商制度，建设社会主义民主与法制作出了积极的贡献。

值得自豪的是无论在国家顺利发展还是遭遇挫折时，民革总是和中国共产党风雨同舟，患难与共，经受了严峻的考验，又共同分享了胜利的喜悦。民革之所以能够发展成为社会主义服务的新型政党，在振兴中华，统一祖国的宏伟历史进程中贡献自己的一份力量，是同中国共产党的关怀和帮助分不开的。民革四十年的历程表明了这样一条基本经验和历史结论，接受共产党的领导，走社会主义道路，是民革得以发展和发挥作用的根本前提。[1]

上述文章的基本认识，是赵祖康主持上海民革工作期间的思想指导与行动指南，也是把握好民革工作方向的遵循。

赵祖康尽管当时已年近八旬，又兼任上海市副市长，但不管市政工作有多繁忙，他依然尽力妥善处理好市政府和民革两方面的工作。每天按时到市政府上班，处理公务；利用晚上下班后时间，到民革市委处理党内事务。据时任主委办公室秘书罗华荣回忆，在赵老还担任市人大常委会副主任一职时，差不多每天都是下班后，从人民大道办公地赶到民革市委机

---

1 赵祖康：《高举两面旗帜，谱写历史新篇》，《上海民革》1987年12月14日。

民革上海市委会领导与部分市委机关干部合影

关，听取民革重要事务汇报，阅读人民来信，并批阅公文，对一些重大的事项作批示。[1] 这日复一日的超负荷工作对年近八旬的赵祖康殊为不易。

曾经长期与赵祖康合作共事的徐以枋、李赣驹、张国魁和陆玉贻一致评价："赵老担任民革市委主委近三十年，为了党的统一战线工作，他殚精竭虑，付出了极大的心血。从发展、巩固组织到教育广大党员努力为社会主义现代化建设献计出力；从接待海外亲友到鼓励党员发挥优势，积极为促进两岸经贸往来、文化交流多做实事，赵老无一不牵肠挂肚，无一不亲临指挥。"[2]

中共十一届三中全会召开后相当长一段时间，民革的主要任务之一是协助中共平反冤假错案，落实政策。由于民革的历史特点，民革党员受到冲击比较大，"当时 55 位市委委员、候补委员中，除一人出国外，其余54 人都由于这样或那样的罪名而受到不同程度的迫害。赵祖康对落实政

---

1 2020 年 4 月 28 日采访罗华荣记录。

2 徐以枋、李赣驹、张国魁、陆玉贻：《赵老永远和我们在一起》，《上海民革》1995 年 2 月 15 日。

策工作非常重视，常常和这些同志促膝谈心，帮助他们解决实际问题，将这项工作落到实处。而陆玉贻协助主委所做的工作更是十分细致。他认真部署落实工作的每一个环节，不厌其烦地接待或处理知名人士的来信来访。遇到一些棘手的问题，他还陪同赵祖康辗转奔波，直到解决为止。在赵祖康的带领和具体组织下，民革上海市委的落实政策工作进行得非常顺利：'文革'中的冤假错案全部得以平反，被迫害致死的同志也得到了昭雪，其善后问题也予以了妥善处理。实践证明，这些政治上获得新生的同志没有辜负党的期望，许多人成为民革工作的骨干，为爱国统一战线事业作出了积极贡献"[1]。

赵祖康担任民革上海市委主委后，十分重视加强民革党员的思想建设。他意识到，"文化大革命"的错误在许多民革党员心里留下很深的阴影。要把广大党员的思想重新凝聚起来，首先要统一大家的思想认识。因此，他在这方面花了特别多的精力。他在许多场合，提出并反复宣讲一个重要观点：民革具有"光荣的过去，光辉的现在，光明的未来"。[2] 通过他的正确引导，广大民革党员逐渐解开思想疙瘩，提高了思想认识。

在赵祖康的领导下，民革上海市委特别重视对党员的思想教育工作。从 1982 年开始，民革上海市委大规模开展党员思想教育活动。新年伊始，民革上海市委会举行民革党员迎新茶话会，由市委会副主委丁日初宣讲民革党史，阐述民革的性质、任务和作用。勉励大家遵守民革章程，在中国共产党的领导下，同心同德，为建设社会主义和统一祖国共同努力。

此后，民革上海市委会每年都要进行新党员教育活动，形成制度，帮助新党员提高认识，更新观念，增强参政党意识，跟上时代前进步伐，群策群力，更好地发挥作用。民革市委基层组织还定期举办新党员学习班，组织新党员学习新时期中国共产党统一战线理论，学习民革党史、章程，帮助新党员加深对民革革命历史的了解，增强作为民革党员的光荣感和责任感。

---

1 李玮颖：《为了参政党的使命》，中国国民党革命委员会上海市委员会主编：《民革党员在改革开放中》，团结出版社，2005 年，第 11 页。

2 2020 年 4 月 28 日采访罗华荣记录。

胸怀大局　求贤让贤

和其他民主党派一样，恢复工作后的上海民革，同样面临领导干部和党员老龄化问题，亟待解决。

为了顺利实现民革领导班子新老交替、后继有人的目标，赵祖康明确提出：要"放眼求贤、放手举贤、放怀让贤、放心用贤"。

1983年，针对民革领导班子成员老龄化的现状，要求民革市委委员努力"挖掘潜力"，广开门路，挑选人才，充实提高民革党员干部队伍。

当时，赵祖康慧眼识才，力荐两位德才兼备、年富力强的同志，担任民革上海市副主委：一位是李赣驹。李赣驹祖籍江西武宁，1919年10月出生在广州。父亲是辛亥革命时期元老、国民政府军事委员会副委员长李烈钧的次子。李赣驹自幼接受父亲的严格教育与熏陶。"一点点好事都要做，一点点坏事都不能做"；"子孙不如我，要钱做什么，子孙强于我，要钱做什么"，是李家每日必诵的庭训。1938年，李赣驹随父从南京撤往武汉。在那里，他第一次见到时任军委会副部长周恩来，周恩来勉励他为国家、为抗战作贡献。1939年，李赣驹秉承父愿，进入中央陆军军官学校（黄埔军校）就读，1941年毕业后投身抗战。抗战胜利后，他弃武从文，先后就读于纽约大学和牛津大学，获得国际法硕士学位。解放后，长期在法院系统工作。1983年开始，担任民革上海市委副主委。[1]

另一位是陆玉贻。陆玉贻曾在上海市商业局工作，担任商业二处副处长，具有相当的行政管理能力。在提拔过程中也遇到了一些阻力。赵祖康认为，要让民革事业发展，领导干部除了需要革命资历，还需要一些特别具有行政管理能力的年轻同志。陆玉贻恰恰具备这方面的能力。因此，当个别老同志提出异议，认为陆不是个将才时，赵祖康坚定地回答："他不是将才，总是个相才"。[2]

在着力解决民革领导班子青黄不接问题的基础上，还抓紧解决民革区

1 中国国民党革命委员会上海市委员会主编：《民革党员在改革开放中》，团结出版社，2005，第4—6页。
2 2020年4月28日采访罗华荣记录。

县及直属组织领导班子的新老交替问题。在赵祖康的推动下，民革对年龄
在 55 岁以下的党员情况进行摸底排查，结合各方面的动态材料作进一步
比较衡量后，确定一批后备干部名单，与社会主义学院联合办培训班，进
行重点培养。赵祖康还明确提出，要"放眼求贤""放手举贤"。按照这一
指导思想，民革较早把一些政治素质好、业务能力强，又有一定管理经验
的年轻干部，及时提拔到各级领导岗位，甚至不拘一格，任用一些年轻同
志担任民革市委机关各部门的负责干部，改变了民革各级领导班子的年龄
结构与知识结构。

"放心用贤"是赵祖康一贯坚持的用人原则。在这一方面，民革组织
的驻会领导感受特别深。在日常领导工作中，赵祖康的工作作风非常民
主。每遇重大问题决策，他都广开言路，倾听每一位领导班子成员的意
见，集思广益。遇到大家有不同意见时，也从不固执己见。因此，在赵祖
康主政时期，民革领导班子成员非常团结融洽，既能言无不尽，又能达成
共识，集中统一，正确决策。在民革领导班子成员及机关工作人员眼中，
赵祖康"既处处以身作则，严格要求，又平易近人；既是一个宽厚的长

瞻仰孙中山故居

1983 年 3 月 12 日参观中山故居时在院内草坪上合影（自右至左：苏步青、张承宗、刘靖基、赵祖康、周谷城）

者，严谨的学者，又是睿智的领导"[1]。

为了顺利实现民革领导成员新老交替，赵祖康身体力行。在八个民主党派中，赵祖康是主动提出让贤的第一位领导人。1987 年，赵祖康向民革市委常委会提出书面申请，要求退出主委领导岗位，让徐以枋接任。在赵祖康的言传身教下，民革的各项工作发展顺利，各级组织新老交替工作也有序圆满。

赵祖康无论是在担任上海市政府、市人大领导工作，还是在民革市委的领导岗位上，始终保持着清廉奉公的传统美德，公私分明，毫不含糊。原民革上海市委办公室副调研员陆祥麟清晰地记得：他刚调到民革市委工作，就亲眼看到，有一次赵祖康与他的夫人一同参加市人大的一次会议，会议结束后回家，赵祖康也坚持让他的夫人坐公交车回家。类似的事例还有很多。[2]

1 2020 年 4 月 28 日采访罗华荣记录。
2 2020 年 7 月 3 日访问陆祥麟记录。

民革重新恢复组织活动后，赵祖康非常重视民革党员的发展工作。在他的积极推动下，民革党员的发展工作迅速发展。1978 年 6 月，上海民革党员为 893 人，平均年龄高达 65.5 岁，区县和直属组织 35 个，各基层因缺乏年轻人和骨干力量而无法正常开展工作。1980 年 1 月，上海民革在"文化大革命"后召开第一次代表大会，自此开始，重点发展在台、港、澳及海外有影响、有代表性的对象，以及原国民党知名人士的后代，并注重吸收政治素质好且有一定专长的知识分子。1981—1984 年的 4 年间，共发展新党员 687 人，至 1988 年底，上海民革党员总数已达 2 387 人。

在民革上海市委机关的干部心目中，赵祖康不像一位位高权重的领导干部，而像一位学识渊博、为人谦和的长者。从机关干部到普通工作人员，甚至连勤杂人员，他都一视同仁，亲切随和，平等相待。

民革上海市委原联络处长马铭德的回忆生动详实，把赵祖康的音容笑貌展现得栩栩如生：

赵祖康主委是我敬仰且心仪的老领导。虽说在三十多年前我和赵老曾有过短暂的数次接触。对于我这个 30 岁左右的青年来说，双方社会地位过于悬殊，自知不会得到领导的垂青。但在与领导如沐春风的言谈间，我深深感受到老一代谦冲自牧的教养；儒雅方正、温柔敦厚的风度和允执其中的处世风格。

记得 1984 年我刚到民革机关没几天，一日接近下班的时候，赵祖康主委从市人大来民革机关，他走进宣传部的办公室，轻轻地扣门说："小马是哪一位？"我赶紧站起身应声道"我就是"。赵老说："请你到我办公室来一下。"

当时主委办公室就在宣传部的隔壁，没几步路就跨门而到，记得短短的几秒中，初到民革上班的我心中有点忐忑不安。走进主委办公室，我站在赵老面前有些拘谨。赵老指着他对面的椅子招呼说："坐下，我们谈谈。"一面从包里拿出一本翻得半旧的笔记本，说："我想了解一下你的情况，和你家的状况。"

我坐在赵老对面，谈了自己"文革"中插队落户，以及回城到制药厂工作的经过。接着我谈及家里的状况，说到父亲解放前曾在洋行做事，服务的洋行大班是曾在唐山路矿学堂做过教员的 H. M. Cumine（Henry Monsel Cumine），赵老扬起脸微笑着说："我知道这人。"接着我又说，他的儿子 Eric 是上海的一位建筑师（Eric Byron Cumine），赵老点点头说："我和他有过交往。"然后赵老又问了我母亲和家中兄弟姐妹的情况，我一面回答，他一面在笔记本上一一记下。谈完后，赵老与我握握手说，今天就谈到这里，希望你在民革安心工作。我离开座位时，赵老又加了一句，"问候你爸爸、妈妈。"离开主委室时我的内心倍觉温暖，这样一位身居高位的领导，于我初入机关的懵懂青年，完全没有居高临下的姿态，没有半点傲慢的神情，能够遇上这样的领导，真是一种难得的福分。

数月后，有一次我去赵老家协助修订稿子。记得那天反复几稿，赵老字斟句酌，改得非常细致。时近中午，赵老突然对我说："弟弟[1]，你就在这里陪我吃饭吧！"记得我们在饭桌前坐下，赵老特意套上类似罩褂的饭单，我在旁则一边吃一边细细品味着赵老说的，"陪我吃饭"这句话，老人是从细节上为我避免拘谨，释放窘迫。

稍后，不知是端阳节还是中秋节，民革按例有赋诗填词的应节活动。一天我奉招去兴国路赵老家，走进客厅，赵老交给我他写好的诗稿，我拿起读了一遍，赵老问道：你对诗词的平仄与格律熟悉吗？我说，我很有兴趣，但是没有学过。老人语重心长地说道："年轻人对中国传统的诗词格律，还是应该要了解一点。"今天回想起来，赵老的话外音或许为传统文化的流失有所担忧，但他没有直白地训导，而是委婉地对后辈施以教育。记得那天坐在赵老客厅的沙发上，我看到墙上悬挂有张元济写给赵老，用"静侯"上款的条幅，内容是摘录《仲氏家训》的格言。我想老

---

1 上海老一辈对晚辈的称呼，以示亲切。——作者注

一辈那种"诗书宽大之气"的人文修养或许就是从这些条幅上的内容一点一滴积累起来的。

　　以后几年我见到赵老都是在华东医院的病房内。记得有一次我对赵老说,"我看到台湾出版的《沈怡自述》中,有提到您和沈怡一起赴德国参加世界第七次国际道路会议。"赵老听了,从床上仰起身说:"是吗? 你拿来我看看。"稍后几天,我把《沈怡自述》带去,同时还带去了岳麓书社新出版的钱穆写的《八十忆双亲·师友杂忆》,书中也有提到赵老的地方。老人戴上眼镜看得津津有味。记得这两本书放在赵老床边,他看了很多时候才还我。[1]

念兹在兹　心系统一

　　从 1921 年到 1949 年,经过长达 28 年的民主革命,中国共产党领导人民推翻了国民党旧政权,建立起新政权。但是,1949 年蒋介石率部盘踞宝岛台湾,一道并不宽阔的海峡使两岸长期处于分裂状态,也阻断了两岸同胞手足亲情。

　　海峡对岸,赵祖康有许多旧时同事、师长学生。一朝分离,数十年离索。赵祖康与在台旧友的友谊并没有因为岁月流逝、海峡阻隔而中断。新中国成立以后,赵祖康在领导民革上海市委工作中,倾力开展对台事务领导工作,为和平统一祖国奉献力量。

　　1956 年 1 月,在全国人大一届三次会议和政协二届二次全会上,周恩来总理代表中共中央提出了和平解放台湾方针政策。

　　根据这一方针,民革中央第三次全国代表大会决议随即响应,提出:"我们要从各个方面加强工作,全力支援解放台湾的斗争,要充分利用过去的历史关系和社会关系,采取各种有效方式,向台湾国民党军政人员阐明国家的宽大政策,争取他们早日站到爱国主义旗帜下起义立功,为解放

---

1 2020 年 7 月 3 日马铭德书面回忆。

台湾作贡献。"

1956 年 7、8 月间，中央人民广播电台派员来上海指导对台宣传工作。1956 年 8 月 14 日，民革上海市委第 59 次常委会议决定，由常委武和轩为组长、委员诸尚一、副秘书长吴尊为等组成"对台广播宣传工作小组"，制订计划，组织撰写台湾广播宣传稿件，重点辅导民革党员给台湾亲友写信，在短短三个半月时间内，共组织对台稿件 18 篇，均由有关电台录音后陆续对台湾广播。另外还组织党员给去台湾的亲属写家信 26 封，经有关部门辗转寄往台湾。

1957 年 2 月 13 日，上海市政治协商会议决定成立对台工作组，时任民革上海市委会副主委赵祖康任组长。4 月，工作组更名为"和平解放台湾工作委员会"。1959 年 1 月 22 日，"和平解放台湾工作委员会"进行调整扩大，新的工作机构力量有了加强，时任民革上海市委会主委赵祖康担任主任，武和轩、贾亦斌、薛笃弼、黄启汉、樊崧甫、刘昌义为副主任，委员共 35 人。

1957 年至 1962 年期间，上海市政协曾多次举办解放台湾宣传工作展览会，民革上海市委会是主要承办单位。1959 年，为庆祝新中国成立十周年举办展览会，展览会从 1959 年 12 月对外展出，至次年 3 月 20 日结束，共接待本市及外地来沪参观者 23 万人次，是当时规模最大、展出时间最长、参观人数最多的对台工作展览会。赵祖康亲自担任筹委会主任。

从 1956 年 8 月组织对台宣传开始，一直到 1966 年开展"文化大革命"为止，民革上海市委会的对台宣传工作一直在正常进行，从未间断，平均每年组织选用的宣传稿件约 50 篇。这些稿件，大多数交由解放军上海警备区政治部联络部转发给中央人民广播电台、福建前线广播电台、中国新闻社上海分社，向台湾播发。

新中国成立前夕去台湾的旧友，大多担任国民党军政要职，而赵祖康、贾亦斌、武和轩、薛笃弼等民革市委领导，新中国成立前也在国民党军政界担任重要职务，与去台军政要职有着千丝万缕的关系。开展这方面的宣传争取工作成为赵祖康等人的重要任务。1957 年，赵祖康在北京出席全国人民代表大会时，向原国民政府交通部部长俞大维和台湾交通界工程界朋友广播：

"我是赵祖康，是从上海到北京出席全国人民代表大会的。会议上代表们热烈讨论了国家的年度决算和国民经济计划等许多重要议案。代表中有好几位交通界的老朋友。大家相聚一堂，谈到国家交通建设的突飞猛进，谈到各人工作的顺利稳定和生活的安定美好，都感到非常满意。想念起在台湾的老朋友们，想来你们也是关心我们这里情况的。"

赵祖康接着谈到新中国成立后大陆的新面貌，着重谈到大家懂行的铁路、公路、民航、港口等交通设施。同时又详细介绍了旧知识分子新中国成立后获得新生，受到社会尊重和政府关怀的情况。他又谈到自己在上海市人民代表大会上被选举为上海市副市长，分工负责领导有关市政建设方面的几个局、处。他说"工作虽然很忙，但忙得有意义，生活得很好。"

"去年全国人民代表大会开会时，周恩来总理再一次提出了中国共产党和毛泽东主席和平解放台湾的号召，说明了'爱国一家、爱国不分先后'的重要意义。号召在台湾的整个国民党当局和所有军政人员都能幡然醒悟，回到祖国的怀抱，共同进行建设大业，并实现全国统一、一致对外的方针。俞大维先生，你在台湾现在虽不再负责交通方面的工作，但是登高一呼，仍然能够在各方面起到巨大的作用。我诚恳地希望俞大维先生和在台湾的老朋友一同本着团结爱国精神，推动和平解放台湾。老朋友们，行动起来吧！"

此后，每年国庆节前夕，赵祖康总要通过中央人民广播电台或福建前线广播电台，向台湾军政界，特别是过去共事过的朋友们发表广播讲话，希望他们为祖国统一作出贡献。

1958年10月，赵祖康、贾亦斌、武和轩、薛笃弼、黄启汉、胡次威、陈书农等人联名撰写致台湾国民党上层军政人员的广播稿，经福建前线广播电台向台湾播放。

从1956年至1966年，在赵祖康的领导和直接参与下，民革上海市委的对台宣传工作，连续十年从未间断。[1]

---

1 洪光祥：《民革上海市委会的对台工作》，档案 C4—41。

1961 年岁末，赵祖康随团到福建公差，途中到鼓浪屿参观，想起在台湾的老朋友，即兴创作了《到厦门参观访问念某师于台湾》：

> 读君家信正霏霏，字字扣心恨久违。
> 犹记酒阑话别夜，十二年前泪暗挥。
> 中秋今我闽南行，水操台前万木荣。
> 祖国河山多壮丽，君看月向故乡明。

这首诗里所提及的某师究竟指谁，不太清楚，其子赵国通认为，可能是指陈立夫，笔者判断，可能是指他的恩师凌鸿勋。诗中表达出希望台湾早日回归祖国，实现和平统一的渴望。

20 世纪 70 年代末，在中国共产党的对台方针政策指引下，海峡两岸关系逐渐解冻。在中国共产党的领导下，民革充分发挥其独特的优势，开展卓有成效的对台工作，上海民革在赵祖康的主持下，对台工作开展得更是很有章法。1980 年，上海市委对台宣传工作委员会的工作要点真实反映了当时的工作情况。根据这份文件记载：自 1979 年人大常委会发表《告台湾同胞书》以后，上海民革组织撰写宣传稿 116 篇，被中央人民广播电台、前线台和中国新闻社采用了 66 篇，采用率为 56.9%。特别重要的是，民革上海市委加强调查研究，积累资料，发动民革党员提供台湾和海外关系 1 836 人，还分门别类制作成专门的资料卡片，进行分析统计，上报有关领导单位作为工作参考；对在台的国民党上层人士的周围关系开展专题调查，写出人物资料；还不断充实对台工作组织机构，定期开会研究相关事宜。这些持续不断的努力为新时期对台工作进展作出了重要贡献。[1]

赵祖康不仅亲自主持领导上海民革的对台工作，还身体力行，亲临一线，开展对台工作。虽然那时他年事已高，但是，争取实现祖国和平统一，仍是念兹在兹的大事。他觉得，自己有着独特的条件，也有义不容辞的责任。因此，他不顾自己年老体弱，疾病缠身，积极参与对台交往与交

1《中国国民党革命委员会上海市委员会》，档案 C4–41。

流工作。每逢台湾故交挚友来上海探亲访友，或者派他们的子女前来探视，赵祖康必定抽出时间，哪怕躺在病床上，也要同他们会面，互通信息，畅叙友情，增进彼此的理解与信任。

1981年，原上海市市长吴国桢的儿子吴修广奉父命从美国到上海专程拜访赵祖康。赵祖康热情地向吴修广介绍上海的沧桑巨变，希望转达对其父的问候，邀请他回上海探亲观光。临别时，还特地准备了一本英文版《上海古迹与风景》，请吴修广转送给他父亲。

吴国桢原定1984年9月回国访问，并参加新中国成立35周年庆典。然而，天不遂人愿，同年6月6日，吴国桢在美国因病去世，未能实现回上海的夙愿。[1] 赵祖康接受记者专访表示哀悼，积极评价吴国桢是一位学识渊博、办事认真、讲究西方民主的人。在抗日战争胜利以后，担任上海市市长期间，采言纳谏，体察民情，为上海人民做了一些实事。

赵祖康对这篇专访非常重视，在记者采访稿上，逐字逐句进行修改。这篇专访发表后，在海内外引起很好反响。

赵祖康和著名教育家顾毓琇也有很好的私交。早在抗日战争时期，赵祖康的堂弟赵祖刚到重庆读书，时任国民政府教育部次长的顾毓琇亲自安排。改革开放以后，赵祖康和顾毓琇及其弟弟顾毓瑮恢复了联系。1984年，通过他俩穿针引线，为上海纺织系统引进外资合作项目，获得成功。

赵祖康还和国民党元老陈立夫、国学大师钱穆，还有孙中山的孙女孙穗芳等建立了通信联系。逢年过节，他们都会互寄贺年卡，遥祝对方健康长寿，为祖国的统一作实事。他们的来往书信寄托着老一代人独特的情感，希望在有生之年看到国家统一富强，人民团聚幸福。

1980年以后，赵祖康在联系接待海外亲友，开展海外统战工作等方面，倾注了很多时间与精力，做了大量工作。在他撰写的《1980年我与上海亲友接触及通信情况》，记录了这一年的相关工作情况：

---

1 吴国桢口述，［美］裴斐、韦慕庭访问整理，吴修桓译：《从上海市长到"台湾省主席"——吴国桢口述回忆1946—1953》，上海人民出版社，1999年，第4页。

一、接待方面

1. 徐修惠。美国加州福陆工程公司主任工程师，我会干部徐修梅之弟。80年10月被聘为联合国防洪考察班顾问，组织十八个第三世界国家来中国学习防洪技术。同时我国江西德兴铜矿设计工程由美国福陆公司承包，第一期工程设计任务已结束，徐代表公司向中国政府汇报。徐来上海探亲时，我代表民革宴请了他。

2. 陈国瑞、邹至庄夫妇。美国 Princeton 大学教授。民革市委委员赵承建的

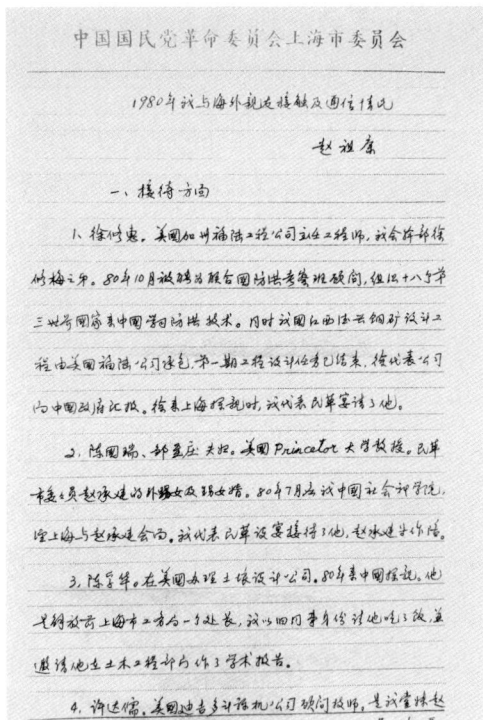
赵祖康撰写的原稿

外甥女及甥女婿。80年7月应我中国社会科学院邀请，经上海与赵承建会面。我代表民革设宴接待了他，赵承建等作陪。

3. 陈学华。在美国办理土壤设计公司。80年来中国探亲。他是解放前上海市工务局一个处长，我以旧同事身份请他吃了饭，并邀请他在土木工程部门作了学术报告。

4. 许达儒，美国迪吉多计算机公司顾问技师，是我堂妹赵淑华的儿子。80年12月迪吉多公司来中国介绍计算机如何运用的技术，来看我，我在政协小吃部设便宴，同席均属赵家亲戚。

5. 陈国伟、何毓爱夫妇。陈是美国 P·E·I 电力能源公司总经理。何是美国威斯康星大学化学硕士，搞药物工用，何父母均在四川成都，80年12月来访我，我请他们吃了饭。

6. 姚慧英。是我老同事肖庆云之妻，在美国做化验师，曾归国两次，80年12月来看我，见到我情况很好，说也放心了。我

招待在家吃饭，并吃了蟹。返美后肖庆云还为此向我致谢。

7.陈一鹗、洪月中夫妇。陈一鹗原在台湾，因言论问题，被判刑一年，解放后逃离台湾到加拿大艾伯塔大学任教授。我媳妇去年被派往加拿大以访问学者身份到艾伯塔大学进修两年，是由陈一鹗负责照料，由此认识陈一鹗。陈妻洪月中是医生，80年到中国学习针灸，陈一鹗将她介绍给我，并联系中医学院第五门诊部同意自费学习针灸五个月。

8.李丽珠夫妇，是加拿大艾伯塔大学教授，来中国旅游。

9.段开龄。美国经济学博士，是我堂弟赵祖刚交大铁路管理科的同班同学。80年后应中国科学院世界经济研究所钱俊瑞的邀请到北京讲学。到上海时因打听赵祖刚情况来访我，我在市政府接见了他。后来由赵祖刚到国际饭店会见了他。

10.奚玉书的女儿女婿由美国来上海旅游。我和徐国懋请他们吃个饭。去年底奚玉书寄来贺年片，并对我接待其子女表示感谢，说81年5月将归国访问。

11.林进益。原是上海市城建局市政工程研究所技术员，其妻是日本人。林79年去日本，现在日本新生交易株式会社当成员，80年12月由施复祥陪来见我。林这次来中国是日本与中国用补偿贸易办龙中医养殖场。

12.由美国康奈尔大学校长为首的康奈尔大学来华参观团，80年7月到上海，康奈尔在沪校友在静安宾馆举行茶话会，联系人为顾毓珍、章记川（纺织工学院教师），我应邀出席座谈会。

13.康奈尔大学校友及家属旅行团来上海参观，共有三四十人。举行了聚餐，我参加了招待。

14.林同炎。美国预应力混凝土建筑专家，来上海时由杨堤同志和我接待，在锦江饭店招待吃饭，徐以枋、曹淼同志参加。林到我家时，备茶点招待。林是我唐山交大前后期同学。有关技术上问题，我介绍徐以枋直接同他联系。

15.孙穗芳。孙中山孙女，80年10月来上海参观访问，我

张承宗部长和赵祖康主委接待孙中山孙女孙穗芳

代表民革组织进行接待。

二、通信方面

1. 刘如松，现在美国，刘是原国民政府公路总局工作时与我同事，曾写信给我。

2. 肖庆云，现在美国，肖是原国民政府交通部工作时与我同事，曾写信给我。

即使在晚年生病住院期间，赵祖康也时常惦念着海峡对岸的朋友。1984 年 9 月 9 日，他创作了"甲子中秋参加统战部联欢晚会"：

高朋良夜会名园，
满座风生谈笑间。
九曲桥前潭映月，
点春堂外树笼烟。
长天浩渺思难断，

隔海朦胧人未还。
我愿嫦娥重舞袖，
挽通两岸共欢颜。

1986 年 9 月 15 日，他在病榻上创作了"丙寅中秋民革市委集会赏
月，我因微恙不克躬临率赋并寄怀台湾"：

清秋皓月仰高空，
欢聚青坪意兴浓。
隔海炎黄亲骨肉，
团圆相望盼三通。

1988 年中秋，他又在病房里创作了一首"龙年中秋赏月怀念在台湾
亲友赋赠民革同志"：

相看圆月照当头，
共庆往来畅自由。
等是炎黄子孙辈，
一国两制赋同舟。

这些诗词表现出赵祖康对祖国统一的关注与期望，也是他晚年的心
愿。殷殷之情，萦绕在心。据他的子女介绍，临终前，他还多次表示，人
生一大遗憾是未能看到祖国统一。

爱才惜才　甘当伯乐

识才爱才是赵祖康人生追求，重才用才是赵祖康可贵的品格，他特
别引以为豪。他说过，"在解放前，一直以培养人才自勉自负。在解放后，

还想在党员中培养一些人才出来，以为这样在加强党的领导方面，我也能在这一点上尽一些力量"。他还写过一副对联："好书好诗好山水，爱家爱国爱人才。"[1]

不遗余力培养人才，如饥似渴发现人才，人尽其才用好人才。赵祖康的言行受到同时代人的称道。熟悉他的人都说，"赵祖康唯才是举，唯才是用。"他平生欣赏的格言是"海阔凭鱼跃，天高任鸟飞"。在长期的工作中，他坚持做到"内举不避亲，外举不问疏"。

赵祖康识才爱才的品格与他自身的奋斗经历有着很大的关系。他大学毕业以后遇到了良师益友，让他充分施展抱负才干，在公路建设领域崭露头角，成为知名专家。因此，赵祖康深深知道识才用才的重要意义。在公路建设实践中，把培养专业技术人才，提高专业技术水平，放在重要议事日程。[2]

1931 年，赵祖康进入全国经济委员会工作以后，每年都通过考试选拔，从国内各著名大专院校土木工程系招收优秀毕业生，充实公路处的技术力量。他选用人才的方法别具一格。"每逢选用人员时，都自各校品学兼优学子中选出，不拘一格，先生亲自接见，询其所学专业、师承、心得、体会与希冀，或讨论某一专题的评价，观其应对思维逻辑，择其所长而定其职位。又以其亲身经历谆谆教导：'必须自行努力，取得扎实经验基础，虚心学习不断提高，历久方有所建树、成就与贡献。'闻者多'发自内心的崇敬与感激'。"[3]

通过选拔人才，赵祖康遴选出一大批公路建设人才，其中后来成大器者不在少数。令他最引以为豪的就是慧眼觅得毕业于北洋大学土木专业高才生张佐周。

1932 年，张佐周面临毕业分配，正为工作和前途发愁时，被赵祖康相中，招至门下。从此，他在赵祖康的手下工作整整 60 年。张佐周曾感慨道：遇到赵祖康，是他毕生事业中最重大、最幸运的事情。他遇到了一

---

1 赵国通 2020 年 3 月 15 日书面回忆。

2 1958 年 6 月 24 日赵祖康写的材料（未刊稿）。

3 陆晓丹：《忆先辈赵祖康》，《上海民革》1995 年 2 月 15 日。

位知人善任的领导、一位学识渊博的师长、一位足可依赖的挚友。[1]

进入全国经济委员会公路处以后，张佐周以其卓越的才干，受到赵祖康的重用，先后被派往沪杭公路、杭徽公路施工第一线，从测量、设计到施工，全方位地接触实际，增长知识，积累经验。经过从头至尾参加这两条路的建设，经受锻炼。

此后 60 年间，张佐周跟随赵祖康，经历了公路建设艰苦而辉煌时期，成长为国内著名的公路建设专家。1997 年 8 月，张佐周自豪地说，"他在上海市政工程局，当了几十年总工程师，为新上海的建设事业作了 40 余年贡献，一直工作到 80 岁才退休。"[2] 不难想象，张老在这个关键岗位上超时间、超负荷工作，自然在于其作用的不可替代。这是他的光荣，也应该归功于赵祖康慧眼识才。

赵祖康爱惜人才，胸怀博大。公路界流传着他善待一名高级技术人才两辞三返的故事。当年建设大西北公路时，赵祖康手下有一名留学国外的高级工程师，在公路建设方面也确实颇有建树，赵祖康对他非常器重。但是，由于此人自小养尊处优，又长期留学国外，因此，无法忍受大西北的艰苦生活，却又钟情于专业工作。在这样矛盾心态的左右下，他又两次要求调离大西北，又三次返回大西北。赵祖康一次又一次送他离开，一次又一次迎接他的归来。这个故事一直被传为佳话。

赵祖康求才若渴，只要遇到有用之才，都想方设法把他招至麾下。1938 年，他奉命到美国采购交通器材，他在完成采购任务的同时，也惦记着借此机会为国家引进人才。他在工作交往中发现，在美国有不少读土木工程专业的留学生已经崭露头角，其中一些人满怀爱国热情，渴望报效祖国，为抗战事业服务，只是苦于经济拮据，缺乏回国盘缠。赵祖康了解到这一情况，主动与国内外有关部门联系，设法为他们解决实际困难，帮助他们实现回国效力的愿望，也为国家引进了急需的人才。

长期跟随赵祖康工作的张修平回忆，"静公早年主持公路工程，乐意

---

1 王篷:《功在千秋》,《袞雪》1996 年第 4 期。

2 1987 年访问张佐周记录。

吸收和培养各方人员为公路建设服务。1939 年秋我从交通大学唐山工程学院土木系毕业，学校推荐到重庆交通部公路总管理处报到为实习生，赵是公路管理处处长。他办事严谨，对我做的表格要求一定要写上年月日。那时是抗战期间，部里规定春节不放假照常上班，他带头执行，正月初一早晨即召集全体人员训话，却有少数主要人员未上班，便不客气地公开点名批评，可见他奉公守法以身作则的作风。"[1]

赵祖康主管公路处时长期坚持组织工程处技术人员学习、进修，开展学术讨论，办技术交流刊物，帮助他们更新专业知识，积累实践经验。

1933 年，国际联盟派公路专家来指导公路建设。赵祖康利用这个机会，举办了两期"公路工程师短期训练班"，请他们和国内知名专家一起培训公路建设技术骨干，帮助工程技术人员提高业务能力。培训结束后，这些技术骨干被派往全国各省市，成为各地公路建设的中坚力量。

同年 10 月，赵祖康又创办了"机务人员训练所"，培训普通汽车机务人员，以适应公路建设需要。这个训练所先后办了三期培训班，共培训100 多名专业技术人员。期间，还增设了"车务会计班"，培训 17 名学员。后来，又与其他单位一起，合办了三批汽车驾驶员训练班，每期招收 100名学员，学习汽车驾驶操作、汽车构造常识、公路交通管理条例等科目。

赵祖康任职期间，所辖各个部门都坚持定期举行学术报告会、专题研讨会，请本部门技术人员就某一个技术问题作演讲，然后围绕相关主题开展深入讨论。这种只有在大学或研究机构才通行的做法被赵祖康运用到实际工作部门。更可贵的是，每次学术报告会后，赵祖康都要求把报告内容整理成文，编印成册，在部门内部传阅，让更多的技术人员了解，同时又能保存有价值的专业资料。几十年如一日。

赵祖康领导过的工作单位都有各个时期编印的相关资料：有的简单，有的精美；有的铅印，有的油印。不管印刷质量如何，内容都极为详实，甚至还有讨论记录。抗日战争时期，在重庆大后方，他领导的公路部门也持之以恒，毫不懈怠。

---

1 张修平：《悼念赵静公——交通大学校友总会名誉会长》（未刊稿）。

有着国外留学经历的赵祖康从国家公路建设的长远利益考虑时时关注着国际上的发展动向。1938年赴美期间，他了解到公路建设方面出现的许多新技术，看到了我国公路建设与发达国家的差距。回国以后，他就向交通部公路总局决策层提出，要选派高级技术人员出国考察进修，掌握国外最新科学技术。这项工作开始后，他亲自主持考试选拔，陆续派出十余名有实际工作经验的工程师到美国深造。这些人学成回国，在各自的岗位上发挥了很大的作用，其中很多人在中央和地方担任总工程师，或者成为大专院校的知名教授，为新中国公路建设培养人才。

抗日战争胜利后，赵祖康在上海担任工务局长时收留沦为"难民"的留德博士李国豪，失业画家、雕塑家刘开渠，更是广为流传的佳话。

1913年4月13日，李国豪出生于广东省梅州市梅县区莲塘村一个贫苦农家。16岁时在读高一的时候走出梅州，一人去上海，顺利考入国立同济大学。在为期两年的德语预科班学习，后升读同济大学学习，到三年级分系，从原来感兴趣的机械转向土木工程。1936年，李国豪以全优成绩毕业。

1938年秋，李国豪获德国洪堡奖学金资助，前往德国达姆施塔德工业大学进修，后又攻读博士。1939年春，以优异成绩获得工学博士学位。因第二次世界大战全面爆发，留在德国工作。1946年3月，李国豪偕妻儿经法国、越南回国。到上海后，以"难民"身份在救济总署等了三天，后因工作无着落而到处求职。

急难之中，李国豪路过汉口路，偶然看到工务局门牌，就向门卫要求见局长。赵祖康立刻亲自接待，并安排他们到工务所结构处工作，还替他的一家安排了住处。在赵老诞辰100周年纪念座谈会上，李国豪感慨地说：其实当时在工务局并没有太多事干，他就是给我俩解决燃眉之急！他就是爱惜人才。[1]

新中国成立后，李国豪到同济大学任教，1956年起任同济大学副校长、第一副校长、国务院科学发展规划委主任。1977年任同济大学校长，

---

[1] 2020年3月15日赵国通提供的书面回忆。

1994 年当选为中国工程院首批院士。

刘开渠 1904 年 10 月出生于江苏徐州，1920 年，考入北京美术专科学校，后转入该校大学部学习油画。1924 年，升入专门部西洋画系时，见到云冈佛像的照片，对雕塑艺术产生了浓厚的兴趣。

1927 年 8 月，他在蔡元培的帮助下，考入巴黎高等美术学校雕塑系。1928 年，赴法国巴黎高等美术学校雕塑系学习。

1933 年夏，刘开渠回国，9 月任杭州艺术专科学校教授兼雕塑系主任。

1934 年，受抗日救亡运动的鼓舞，创作了反映抗日战争的巨型雕塑《一·二八淞沪抗战阵亡将士纪念碑》。1937 年，抗日战争爆发后，随国立杭州艺术专科学校迁往湖南沅陵，后又辗转于贵州、四川，于 1938 年到达成都。

抗日战争胜利后，刘开渠到上海。在上海期间，一度失业，生活陷入困境。此时，也是赵祖康向他伸出援手，将他安排在复兴公园，开设一间美术"创作室"，帮他纾解困难。[1]

1949 年 10 月，刘开渠先后出任上海市美协主席、中央美术学院华东分院（今浙江美术学院）院长，兼任杭州市副市长，分管城市建设。

1953 年，借调到北京，任人民英雄纪念碑设计处处长、雕塑组组长，领导人民英雄纪念碑雕塑建造工作。

1963 年至 1993 年，刘开渠任中国美术馆馆长。

类似的事例，还有许多，例如：同济大学留法美术教授周方白当年也是一时没有工作，赵祖康不仅帮助他介绍工作，还一度让他在家里借宿；有位名叫娄文浩的哑巴长跑运动员，也是赵祖康安排进工务局工作，后来代表中国参加奥运会马拉松比赛。[2]

新中国成立前夕，赵祖康在代理上海市长职时，尽管非常紧张繁忙，但他还是念念不忘要为新上海的建设保存人才。经过他的工作和影响，数百名高级技术人才放弃到台湾或出国的念头，留在上海。这一大批

---

1 2020 年 3 月 15 日赵国通提供的书面回忆。

2 同上。

工程技术人员，为20世纪50年代上海市政和支内援外建设创造了有利条件。新中国成立前夕，徐以枋一家已经准备离开大陆去台湾，连一些大件行李都已经托运。后来，在赵祖康的真诚挽留下，徐以枋转而下定决心留在大陆，为新上海建设服务。[1]

忠信廉诚　教子有方

1993年赵祖康的堂妹赵淑华夫妇从台湾到上海来探亲。兄妹阔别几十年，真是悲喜交加，有说不尽的话。当时，赵祖康已经患病住院。这次兄妹相见，最令赵祖康高兴的是，赵淑华带来了1938年在抗战烽火中由赵祖康修订并亲笔撰写序和跋的《赵氏宝训》。

民國二十七年四月十二日玄孫　祖康謹跋

王太夫人澄齋公暨陸太夫人在天之靈矣

祖業勗志國家綿綿不施而告慰於

勤儉禮和出則忠信廉誠庶可重建門庭光大

月虛懸此的未能卷力以赴兹爲揭諸用相策勉凡我趙氏子弟入則

廉禮而後并以忠信廉誠八德既立用藏咸宜惟以質弱性懦因循歲

而外并以忠信廉誠四者自勵家有四訓政有四要勤剛盡忠儉可助

祖康六歲就學讀書十八載服務十六年平日居家說改於勤儉禮和

爲本儉以節衣省用爲先禮以整潔謙歛爲要和以壽友周恤爲上

赵祖康亲笔撰写的《赵氏宝训》

赵祖康夫妇对这份礼物非常珍视，张家惠为此专门写了说明，并要求长子赵国通妥善保管。

赵祖康将祖宗留下的"勤俭礼和"家训再添加了"忠信廉诚"四字，凝聚成新版的《赵氏宝训》。《赵氏宝训》的核心，是对赵氏子弟提出了"勤俭礼和、忠信廉诚"的修养要求，归纳出忠于祖国、爱家睦友、积极进取、正直自律的人生哲学，赵祖康将家训提升到要"效忠国家，绵绵不绝"的高度。这不仅是赵祖康自己半生辛勤求学、艰苦奋斗，献身"工程救国"实践的思想升

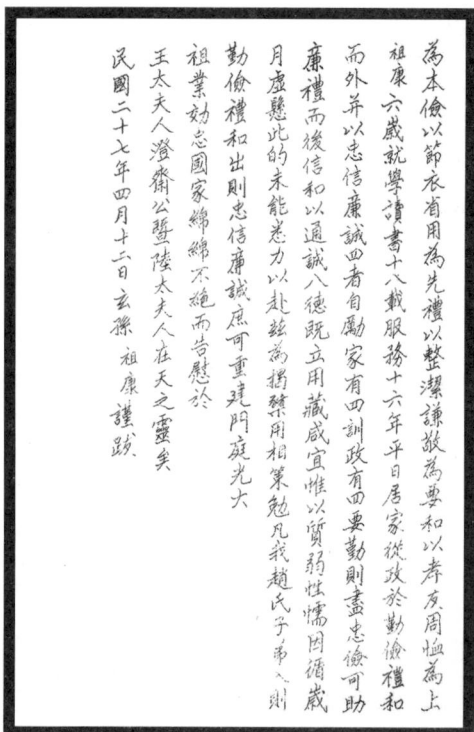

---

1 2020年4月28日采访罗华荣记录。

华，也是他对自己子女亲属在志向、学识、为人和处世方面的严格要求。

赵祖康和张家惠一生养育了四女二男六个子女，其中一个女儿幼年夭折；在他们的悉心教育和培养下，五个子女个个学有所成，成为各行各业的高级专家、学者。

长女赵国聪（赵充）1929年10月8日出生于松江。1949年，她以清华考生全国第二名的成绩考入清华大学。1950年，根据国家医学事业发展需要，她离开清华，来到中国共产党创建的第一所医科院校——中国医科大学，主攻妇产科。1955年大学毕业后，进入上海第一医学院妇产科医院工作。1962年起，转向从事妇产科病理研究。当时，妇产科的胎盘病理学研究非常薄弱。她从基础工作做起，持续探索，成为该研究领域的学科专家与学术带头人，还参与举办第一届妇产科病理学习班，向全国介绍这一新学科。她一生致力于病理科基本建设，参与撰写教科书《妇产科病理学》，是中国胎盘病理学史上的拓荒者，也是胎盘病理学学科的奠基者。为民为国奉献终生的使命感是她不断前行的动力，她的智慧与风采被誉为"红房子医院"的宝贵精神财富。

次女赵国明1960年以优异成绩毕业于北京大学俄语系。在大学学习期间，受到著名翻译家曹靖华赏识，曾有意让她毕业后留校工作，惜未如愿。后被分配到内蒙古工学院任教。赵国明离沪前，赵祖康曾撰文说：

> 临离沪时，我偕同她到市青年宫参观"延安革命生活展览会"。我记得那个展览会的结束语中有些话是讲得非常好的，"以革命的名义想想过去；以革命的精神对待现在；以革命的志气创造未来。"我以此来勉励女儿，并填词一阕相赠：

蝶恋花 怀同儿初赴内蒙工作
一九六一年于从化

我向南行儿向北，
南北迢迢，

万里同春色。

处处红旗情激越，

临行"革命"叮咛说。

岭表楼头宣史绩，

塞外山城，

弦诵应前席。

为道井岗心上热，

相期他日重携屐。

全诗字里行间洋溢着昂扬向上的心绪。

赵国明在内蒙古大学潜心教学研究，成绩斐然。职升教授，译著颇丰。[1]

新中国成立前夕，在赵祖康担任上海市代理市长时，赵国聪、赵国明

1946年回沪，赵祖康夫妇和三女一子及奶奶、外婆在武夷路花园

1 赵祖康：《我的家庭、我的祝愿》，《现代家庭》1985年第1期。

陪伴在旁。当时，赵国聪已取得留美全额奖学金。父亲问她是否要购买去美轮船票，她坚定地回答："不去！"赵祖康复问赵国明，要不要去留学，回答也是"不"。当时，赵国明已参加地下党外围组织新民社。她们勇敢地选择陪伴父亲，迎接上海新生。这是赵祖康夫妇长期教育的结果，也是他俩在青年时代写下的美好篇章。

三女赵国湘，60 年代毕业于清华大学，留校担任教学科研及行政领导工作，曾多次被评为优秀党员和三八红旗手。后赴加拿大工作，成为无线通信研究领域的专家。

长子赵国通，1966 年毕业于同济大学研究生院，在上海柴油机厂因技术创新荣获农机部和上海市先进工作者称号，曾任上海市经济工作委员会副总工程师，主管全市的工业安全和环保节能工作，当选为市人大代表、市和全国政协委员，被聘为市政府参事，为民建言献策，被评为"市统战系统先进"。

1940 年 3 月，长子赵国通出生时，正是全国交通会议研究落实抗战公路抢修东西公路等艰难时期。赵祖康特地为长子起名"国通"，希望他将来为国家的交通大业做出贡献！巧合的是，在铁路隧道通风，在上海市助力车气改油等交通环保方面，赵国通费尽心血，成效显著，回报了父亲在他50 岁生日时在病房中亲笔书赠的"通达事理 国家栋梁"的寄语和厚望。

幼子赵国屏成长早年，正是新中国成立初期赵祖康夫妇参与大量社会活动的年代，少有时间"育儿"。据赵国屏回忆，刚进小学，父亲就送他一本《小学生字典》，简单地要求每天抄写一页。小学四年级时，父亲要求他阅读《四史精华》；进入中学之后，又要求他背诵《唐诗三百首》，熟读《古文观止》。这些掌握中华传统文化精髓的教育，赵国屏终身受益。

赵国屏虽然自小兴趣广泛，但体质单薄，难以专注某一发展方向，赵祖康夫妇虽然努力给他创造条件，但收效甚微，为此也颇为苦恼。但是，他们从不将"事业"强加于子女，始终给他充分的探索环境。见赵国屏比较喜欢花草树木，赵祖康经常利用节假日带赵国屏去上海重大园林工程的现场参观，也支持他在家里的院子里种菜，培育月季花，甚至养蜜蜂！所有这一切都促成了赵国屏在中学时立下了"研究生命科学"的志愿。

　　"文化大革命"爆发，赵国屏考大学研究生物的梦想被打破，决心到安徽淮北农村插队，通过"科学种田"来"建设社会主义新农村"。在这十年间，赵国屏从生存健康，到思想政治，都经受了各种磨炼和考验；赵祖康夫妇一直在最困难的各个时刻，默默地给予支持，却从来没有要求他放弃。赵国屏没有辜负父亲的期望，在安徽农村干得非常出色，还加入了中国共产党，担任了大队党支部书记。

　　1978年，赵国屏考入复旦大学生物系，在读期间，被选为校三好学生，校党委委员。毕业后，他考取中科院研究生，随即被推荐通过CUSBEA 中美联合招生考试，到美国 Purdue 大学攻读生物化学博士学位。博士毕业时，赵祖康立即写信给他，要求他学成后马上回国。除了自己写信，还要求长子赵国通持续写信，重复这一要求，直到赵国屏回国工作。回国后，赵国屏在生命科学研究领域取得骄人成绩，不仅领导实验室和国家的各种重要研究计划，先后担任了中国科学院上海生物工程研究中心主任、中国科学院上海生命科学研究院副院长、国家人类基因组南方研究中心执行主任等重要职务，2005 年，被评为中国科学院院士。赵祖康去世之后，赵国屏深情地献上了他的挽联：

　　严亲教子立业：十年插队，十年留洋，唯愿为社会为科学，认认真真干实事
　　慈父示儿修身：一生忠诚，一生勤奋，定要爱国家爱民众，清清正正做好人

　　赵祖康不仅对子女严格教育，悉心培养，对其他亲戚也非常关心，独具匠心。

　　在赵祖康"交通救国"思想影响下，堂弟赵祖庸毕业于复旦大学土木系，堂弟赵祖庚毕业于交通大学土木系，堂弟赵祖唐毕业于浙江大学土木系，他们被誉为"松江赵氏土木世家"。

　　赵祖康堂弟赵祖刚与赵祖康年龄相差悬殊。论辈分，他俩是堂兄弟，但实际上他俩更像是父子。赵祖刚从进初中开始就由赵祖康抚养。

据赵祖刚回忆，1938年，赵祖康写信给他，让他去重庆读书。他到重庆时，恰逢赵祖康因公赴美国。临行前，赵祖康特地委托时任国民政府教育部次长顾毓琇，为他进重庆初级中学读书办妥手续，并且承担他的学习生活费用。不仅如此，赵祖康对赵祖刚的学习关怀备至，再三教育他，国难当头，更应该好好珍惜学习机会，还经常引导他利用课余时间，阅读古典经籍与名人传记，让他谈学习心得，启发他立志上进，报效祖国。

赵祖刚一直由赵祖康供养到大学毕业。当赵祖刚报考大学时，想报考政治系，赵祖康抱病给他写了万言长信，予以引导，表示不赞成青年人去做空头政治家，语重心长地指出："即使是一个布尔什维克，也应具备学识、专长及品德，……青年学生都应学好义理之学、词章之学及应用之学，将来才能好好为社会服务。"[1]

根据中国国情，赵祖康希望赵祖刚学习农业，或者学习工程，再次，也应该学习其他应用科学，如果实在喜欢社会科学，可以选择学经济学。他认为，一个青年只要品德好，又具备专长，就不怕没有报国之路。他再三强调，青年人一定要立志做大事，千万不能立志做大官。

后来，赵祖刚听从赵祖康的意见，报考了交通大学财务管理专业。大学毕业后，由学校保送去台湾银行工作。上海解放后，赵祖康马上写信，要他立即设法返回大陆，为建设新中国作贡献。

在家庭教育方面，赵祖康的思想和教育方法固然起了极其重要的作用。同时，他的妻子张家惠也是功不可没。张家惠本来也可以学有所成，但是，她自从与赵祖康结为连理之后，便遵从赵祖康母亲的意愿，以相夫教子为己任，长期默默无闻地在家里料理家务，尽心尽力照

赵祖康夫妇晚年合影

---

1 赵祖刚：《怀念堂兄赵祖康》（未刊稿）。

料赵祖康的起居生活，倾注精力培育子女。张家惠不尚虚荣，勤俭持家，不攀附达官贵人，支持丈夫全身心投入工作，当清廉的"技术官员"。1949年，赵祖康能留在上海，为上海的解放作出贡献，与张家惠的支持是分不开的。

新中国成立以后，在赵祖康的鼓励、子女的支持下，她走出家庭，努力为社会服务，从基层里弄工作做起，一直到担任上海市妇联执委，徐汇区、长宁区政协副主席，并多次被评为上海市三八红旗手。[1]

填词赋诗　终身爱好

填词赋诗历来是中国文人抒情寄志、排遣愁绪的一种方式。赵祖康对此也情有独钟。从青年时代起，他就非常爱好诗词创作。

赵祖康创作的诗词，最早发表在《弥洒》月刊上，由他的挚友钱江春选辑。在刊出这些作品时，钱江春特别介绍说：在《弥洒》杂志上刊出的作品，"是赵康五六年所成诗集《Cupid 之箭》的选录"。

这一时期，赵祖康创作的诗词热情澎湃，大都是歌颂青春与爱情。钱江春还介绍说："赵康是个'感情的人'，这《Cupid 之箭》就是他的感情所留的痕。赵康是个赞美'爱'的人，这《Cupid 之箭》就是他对于爱的观念的变迁记录。而温和缜密的心情，缠绵悱恻的情绪，又都可以从这十二首中体会出来。我敢说，读了这十二首后，便对这'感情的人'也可以认识一大半了。"

"赵康对于情——爱——的观念，据他自己说，到今已历四度变迁。所以这集子里的作品，可分为四期。这四期若勉强加以名目则第一期为妄情——痴爱；第二期为矫情——非爱；第三期为颠情——失爱，第四期为任倩——泛爱。"他认为，赵祖康第四时期的作品比较"成熟"。[2]

---

1 张家惠：《党指引我后半生的道路》，中共徐汇区委统战部编：《徐汇区统一战线工作研究（续集）》，第22页。

2 陈秀英选编：《顺着灵感而创作——〈弥洒社〉作品、评论资料选》，华东师范大学出版社，1990年，第84页。

在现存赵祖康的诗词中，《哭善叔》一诗写得最富感情，最为朴实。也许，从诗词创作的要求和读者欣赏的角度看，这首诗虽非上乘之作，但是换一个角度看，它却是赵祖康人生道路上最重要的一段历史记录，诗中形象而直观地反映了他的四叔对他无微不至的关怀。

如果说，《哭善叔》一诗是简单直接的叙事白描，那么，《花朝花问》等诗歌则是色彩斑斓的水粉画。从诗歌欣赏的视角来讲，后者更富美感，更有意境。

在《花朝花问》中，作者以对话式的语言对万紫千红的自然百花钟情讴歌。

> 花啊！我虽不是你的知己，我却一百二十分地爱你！只要是
> 花，我都爱！

这一句话是赵祖康"泛爱"思想的集中反映。对此，既可以理解为他对这大自然造化的真情，更可以理解为他的基本价值取向：人世间一切真善美的事物都值得倾情去爱。"泛爱"的表象折射出赵祖康随和、善良的秉性。

1924年春，赵祖康创作的律诗"即事"更鲜明地表达他与众不同的赏花观。诗中写道：

> 三月龙华道，桃花半已摧。看花人满道，我独惜花来。

作者关注那些凋零的桃花，对这些即将零落成泥的花朵，表达了无限哀伤的心境。真是独辟蹊径，堪称佳作。

同一时期，赵祖康还创作了《心许》《心领》和《祈祷》三首诗：

> 心　许
> （一）
> 这是她所爱好的，
> 我心许给她了。

她虽没有知道我的心许，

我总是已经心许她了！

（二）

这是惟一的，我已心许给她了。

既已心许了，

便不能再许旁人罢？

她虽没有知道我的心许，

我可不忍心违此心许呀！

（三）

这未必是惟一的罢？

我的心许正多哪。

既已心许了她，

便不能一样的心许人家么？

这是"泛"的！

我许给天下每一个有情人每一个心罢！

心　领

（一）

我心许了，

她心领了。

心领之余，

她道了一声谢。

（二）

我心许的，掉在不可知的去处了；

她心领的，她又到哪里去寻呢？

已经心许了，

听她掉罢。

已经心领了，

其要寻罢。

（三）

听她掉罢，

莫要寻罢。

只此一声道谢，

便是心心相印了。

（四）

大家心许，

大家心领。

愿普天下千千万万的心，

有一朝重重叠叠的相印！

祈　祷

Cupid 啊，送我一支箭罢！

——一支，只须一支——

我要普天下有情人的心，

都穿在这一支上哟！

这三首诗辞藻华丽、浪漫奔放，赞美忠贞爱情，是贯穿全部的鲜明主题，也是作者"泛爱"思想的集中体现。

敏感、热情，是诗歌创作者具有的普遍特征，也是诗歌的基本要求。诗人的敏感与热情使他对生活细枝末节的变化产生许多美好的遐想，引发创作的灵感。

1922 年 7 月仲夏夜，赵祖康独自漫步在黄浦江边，仰望当空皓月，倾听着黄浦江水拍岸，吟成一首《独行黄浦江》。[1]

这首诗歌与 1923 年在青岛创作的《碧海》相比，意境有高下之分。但是，这两首诗歌的主题都是反映对祖国江河湖海的欣赏与赞美。

---

1 以上诗歌均引自陈秀英选编的《顺着灵感而创作——〈弥洒社〉作品、评论资料选》，华东师范大学出版社，1990 年。

赵祖康早年的诗词创作，具有"顺着灵感而创作"的思想倾向，显现"少年不识愁滋味，为赋新诗强作愁"的思想痕迹，但有的作品还是可圈可点，茅盾先生赞誉的《碧海》就是佳作。

踏上工作岗位后，赵祖康的诗词创作热情依旧，但一改青年时期的奔放激越，开始创作旧体格律诗，主要抒发蕴藏于心的爱国情怀。

1930 年 4 月，赵祖康在美国创作了"客美国华府病体依然意兴阑珊决心归国"，其中两首，情志抒发直接明确。诗中写道：

（一）

华年心力九分殚，身世无如屠钓宽。

世事沧桑心事定，忽收古泪出长安。

（二）

官书许读兴纵横，镇物何妨一娇情。

误我归期知几许，小屏红烛话冬心。

20 世纪 30 年代后期，随着中国民族危机加深，赵祖康创作的诗词折射出他忧心如焚，焦虑不安的心境。

1935 年，赵祖康在考察西兰公路途中，经过三关口，眺望四周雄奇壮观的高峰山峦，触景生情，联想起日本帝国主义已经侵入华北的情景，慨然吟诵了一首七言律诗：

《西兰公路道中过三关口》

雄奇挺秀古萧关，自是陇东第一山。

安得此山移古北，不教胡虏有生还。

他还在文末加上注释："时日寇侵占古北"，忧愤抗敌的爱国情感浸透诗中。

1937 年 7 月，抗日战争全面爆发，国民政府的首都南京也危在旦夕。赵祖康身在京城，同样强烈感受到战争的危险。但是，他内心坦然，时刻准备与南京共存亡。这种心情记录在他创作的七言诗《守国吟》中：

京国五年忍见侵，蓼花枫叶寄丹心。

枭机浪掷千枚弹，一卷指南自在吟。

短短四句诗词，描绘出京城危急、日寇猖狂的情景，也把临危不惧、悠然自得的情景描绘得栩栩如生。

1938年创作的"寓西安西京招待所示同行诸子"，更是直抒胸襟。诗中写道：

危崖急坂逞豪游，

生死从来最自由。

久分此身已许国，

诸君何事戒凶楼？

特殊的历史条件、特殊的建设需求，让赵祖康所从事公路建设的工作和抵抗日本侵略的正义战争紧紧地联系在一起。

抗战期间，赵祖康不畏艰难、不怕困苦，转战在自然环境十分恶劣的西北、西南地区，领导开山筑路，过着风餐露宿、沙霾霜雪的艰苦生活。艰苦的生活使他的诗词创作气势大变。其中《过大散关寄阿聪》一诗，是他的代表作。类似的诗作还有不少：

《过武胜关》

征车委委过重关，环抱中原万里山。

天险腥风不得度，汉皋杨柳舞腰蛮。

《过酒奠梁》

（1938年5月）

山高日午白云开，汉祖当年奠酒来。

丰沛雄风今尚在，台庄子弟凯歌回。

抗战初期的筑路岁月还使赵祖康与慈母妻儿远隔千里，不能相见。时日长久，思念之情自然倍增。不尽的相思只能诉诸笔端，化作一首首情深意切的诗词：

　　　　《除夕寄内》
　　　　除夕客危城，独坐伤寂寞。
　　　　出门何所之，局促鲋在涸。
　　　　车马似游龙，市廛若京洛。
　　　　不见所思人，天地亦萧索。
　　　　闷上酒家楼，饭粗菜蔬薄。
　　　　遇友强为笑，举杯难自乐。
　　　　遥想贵筑城，一室围灯酌。
　　　　红烛照画屏，鱼园游汤酪。
　　　　下箸念远人，冬心谁与托。
　　　　深夜回寓楼，想思愈焦灼。
　　　　温诵寄来书，字字催泪落。
　　　　我耻为鄙夫，君亦甘淡泊。
　　　　俭苦十余年，小筑倾囊橐。
　　　　怀土非壮士，此举悔失着。
　　　　一朝弃新都，澄园沦剽掠。
　　　　君奉母远征，我留亦瘦削。
　　　　千金不缠腰，万里愁填壑。
　　　　我为国奔波，君因儿束缚。
　　　　心有一点犀，身非双飞鹤。
　　　　楚云阻黔山，魂梦不可作。
　　　　如此夫归情，百年犹电烁。
　　　　揾泪投君诗，何日同绣阁。

《客居武汉念惠避难桂林》

（1938 年春）

春未阑时花未残，紫红处处认朱颜。

却怜漓水楼头柳，绿向坝桥岭上看。

《雪夜不寐念惠倚枕成诗一首》

（1938 年 3 月）

汉皋春雪飞三日，月色寒光照满床。

千里唤卿卿不应，机声摇曳断愁肠。

《聪儿来信有久别思亲长夜漫漫之喻感而赋之》

人生常苦短，况是乱离年。

孤岛双慈老，荒村一室悬。

故乡余明月，大地尽烽烟。

长夜何时旦，痴情剧可怜。

无　题

月淡风稀客梦残，白云远去想慈颜。

廿年游子催亲老，起听啼乌不忍看。

　　这个时期赵祖康的生活经历非常丰富多彩，因而诗词创作的欲望也非常强烈，诗词揭示的内心世界跌宕起伏，诗词意境自然比较高。

　　新中国成立以后，社会每一个发展变化都会引起赵祖康的强烈共鸣，激发起他的创作热情。

　　1959 年，中华人民共和国成立十周年，他作了《建国十周年前夕政协举行庆祝盛会》：

　　　　建国十年，伟绩空前。

工农跃进，气象万千。

红旗高举，兆众争先。

举国欢乐，海市秋妍。

"文化"盛会，"友谊"开筵。

满城锣鼓，电炬珠连、

党辉普照，竞写诗篇。

1964 年 10 月，我国第一颗原子弹爆炸成功，他即兴创作了同名诗词：

响彻环球不世功，

友朋欢庆敌忡忡。

革命风光好上好，

万方歌颂"东方红"。

从这个时期的诗词作品看出，对祖国的每一个进步发展，赵祖康感到无限喜悦，尽情欢呼喝彩。

在赵祖康的诗词中，还有一些与民革领导同志的交流作品。1961 年 5 月 11 日，他创作了《清平乐·欢度国庆和贾亦斌》一词：

江天壮丽，风物饶春意。处处红旗舒展里，好汉英豪无比。

雷霆响彻长空，起来大地群雄。共仰擎天一柱，同志驱虎除熊。

贾亦斌是著名的爱国将领。淞沪抗战期间，曾参与和日寇浴血奋战，多处受伤。后曾任国民政府国防部预备干部局副局长、代局长。1949 年在嘉兴率部起义。解放后，历任民革上海市委副主委、民革中央副主席等职。贾亦斌与赵祖康在工作中结识，非常投缘。

1995 年，赵祖康去世时，贾亦斌创作了《悼念赵祖康同志》一诗：

黄浦江头幸识荆，友情公谊日俱增。

抗倭沥血修公路，弥乱输诚立大勋。

浩劫十年共患难，拘留斗室互关心。

榻前去岁殷勤问，今失老成泪雨倾。[1]

　　贾亦斌这首短短的诗篇回顾了与赵祖康结识的过程，高度评价他在抗日战争时期浴血抢修公路的卓越贡献，记载了"十年浩劫"期间，俩人遭遇不幸时患难与共、互相鼓励帮助的经历。情真意切，意蕴流长。

梅花香寒　鸿篇巨著

　　1985 年夏，赵祖康迎来历经十年寒暑、由沪上几十位志同道合专家辛苦编纂的《道路与交通工程词典》正式出版。

　　这本装帧精美，有 100 多万字、600 多幅照片的巨著，凝聚着赵祖康毕生的追求和智慧，也凝结着老一代市政建设专家的心血和友谊。

　　编辑一本适合中国工程技术人员阅读的道路工程词典是赵祖康在大学读书时就萌发的念头。当时，他学习用的教材都是用英文撰写的。那时，他就下定决心，将来一定要编写一部用中文写成的工程技术辞书，供广大道路工程技术人员参考查阅。

　　大学毕业后，赵祖康就开始为完成大学时代的理想做必要的准备。

　　1925 年，赵祖康专门撰写一篇题为《道路工程学名词译订法之研究》的文章，在中国工程师学会年会上宣读，受到有关专家学者的高度评价。

　　此后，赵祖康虽然有心完成这一夙愿，无奈长年累月的奔波忙碌使他根本无暇静下心来。直到新中国诞生 10 年之后，他才重拾旧事，在同样繁忙的公务间隙，发动组织旧友部下利用业余时间，编纂了一本《英汉道路工程词汇》。

　　在这本词典编纂过程中，赵祖康事无巨细均亲自过问，并根据他提出

1 上海民革网：《清明特辑 . 民革前辈缅怀诗选》，http://www.shmg.org.cn/。

的翻译工程道路名词的 21 条原则，和专家们一起认真探讨研究，一词一句，斟酌推敲，直到大家统一思想，取得最佳结果为止。参加编纂的 28 位专家对赵祖康的治学态度都有深刻的了解，因而都甘心情愿跟随他尽可能把书编得尽善尽美。

功夫不负有心人。

1965 年 6 月，《英汉道路工程词汇》付梓。这本书一出版便受到同行专家一致好评，纷纷赞扬他们做了一件功德无量的好事，对新中国的公路建设事业裨益良多。因此，该书出版不久，便很快售罄。

赵祖康等为自己的劳动得到国内外专家认可而高兴，更为中国公路工程界协力取得的学术成果能为世界所瞩目而自豪。

"文化大革命"后期，赵祖康凭着对工程交通事业的热爱与执着追求，立即动手对《英汉道路工程词汇》进行修订和补充。当时工作条件极为困难，没有经费，也没有办公条件。参与修订者都在自己的家中工作。需要开会商讨时，就集中到赵祖康家里。无论研讨多长时间，即使误了吃饭时间，也仍各自回家吃饭。

1978 年 1 月，《英汉道路工程词汇》增订后出版第二版。这一版共收入词目 63 000 余条，大大丰富、充实了词典的内容。出版后，为百废待兴的工程交通事业提供了工具书，立即引发国际上的重视，联合国教科文组织把它指定为专业参考工具书。

实践在发展，理论也在发展。特别是改革开放、国门打开以后，赵祖康又有机会去放眼看世界，跟上国际公路建设的发展步伐。当时，他随上海市政府代表团访问日本，学习借鉴日本的经验。通过参观访问，赵祖康看到，近几十年来，国际上的公路建设理论与实践取得了长足的发展，工程技术日益精进，很有必要把他们的先进理论和实践经验介绍给国内同行。

在日本访问期间，赵祖康到处寻觅有关公路建设的书籍。当他发现了日本已经出版发行的《道路用语词典》，如获至宝，赶紧买了下来，带回国内。

一路上，赵祖康翻看着这本装帧精美、图文并茂、内容详实的工具书，对照查找原来编纂的《英汉道路工程词汇》存在的不足。他感到，这本词典只定名而无释义，不能满足广大读者的要求，于是再次萌发了新编一本更为详实的工具书的念头。他想通过自己的辛勤努力为有关教师学生、工程技术人员和干部学习、参考和使用有所帮助。

1978 年春，赵祖康利用到北京出差开会之机，与人民交通出版社负责同志谈起了自己的愿望和设想，得到有力的支持，也得到了他的师长、中国桥梁工程泰斗茅以升的赞许。这一切，使已年近八十的赵祖康备受鼓舞。他完全忘记了自己的年龄，也无暇顾及在编纂过程中将遇到的巨大困难。

一回到上海，赵祖康登高一呼，群贤毕至，李国豪、徐以枋、张佐周、陈本瑞、朱照宏、郭增望、孙更生等上海 20 多位土木工程界著名专家教授，自觉地聚集在他的麾下，决心与赵祖康共同完成这本工具书的编纂任务。

他们很快组织起来，在同济大学召开第一次筹备会议，推举赵祖康和李国豪、徐以枋担任主编，并讨论决定，陆续聘请 60 多位专家组成编辑委员会，参与研究撰写。同时，还邀请其他方面的专家组成审订委员会，帮助工作。编辑委员会成员分成七个大组，按照确定的四个阶段开展工作：

第一阶段：精选条目。从一开始，编辑委员会就确定，这本词典将来要同时担负起普及与提高两大任务；选词一定要适合中国国情，既要科学地反映几十年来我国道路与交通工程界所取得的科技成果和积累的工作经验，又要尽可能把国外最新的科学技术和先进经验介绍进来。为此，他们不惜对原来拟订的选词范围进行大量的扩充，去粗取精，最后筛选出 7 100 余个条目。

第二阶段：条目大体确定后，再按照 7 个专业的分工，由各个专业委员会遵循赵祖康等提出的统一的编辑体例要求，对每一个条目撰稿释义，然后再围绕这本词典预定的服务对象，进行集体讨论，反复修改充实，力求做到选词宁多勿少，释义宁缺勿错。为了丰富词典的内容，这些老专家硬是把英美俄日等国家几百万字的相关词典翻译成中文。由此，他们的工作其实已经大大超过了编写一本词典的范围。

第三阶段：当编辑委员会成员写出词典的初稿后，赵祖康等本着精益求精、一丝不苟的治学态度，于 1981 年 12 月，把北京、西安、南京、长沙、郑州和哈尔滨等地的专家、教授请到上海，花了整整一个星期时间，对全书进行了细致缜密的审读，提出修改意见。然后，由撰稿人进行系统的修改。同时，他们还约请各地专家，分别在本单位组织专业技术人员共同审议，从而使审读的面大大扩大。

在此基础上，赵祖康和李国豪带着书稿，利用到北京开会的机会，再请高级专家审读，力求把每一个条目写得完整确切。最后，组成了以郭增望、涂卓如两位工程专家领衔的统编小组，夜以继日对全书进行综合修订和编排。1983 年 4 月，终于完成了书稿的全面整理工作，交给赵祖康、李国豪作最后的审定。

在总结这本词典撰写出版的历程时，赵祖康不无感慨地回忆道："'作始也简，将毕也钜。'这两句话我在《词典》的编写工作中得到了验证。5 年多来，我和同志们一道，举行过多次编委会会议。还与少数编委、联络秘书，基本上每个星期天的上午，安排为《词典》工作时间，商谈工作进度，讨论存在的问题。"[1]

1985 年 8 月，凝聚着赵祖康和近百位老专家心血的《道路与交通工程词典》由人民交通出版社出版了。这本共收录 7 100 多个条目，是 120 万字的巨著，受到赵祖康的老师、我国著名桥梁工程专家茅以升的热情赞扬。他在为本书撰写的序言中，对赵祖康的治学态度和奉献精神表达了敬佩之情："祖康同志，蓄其心志，历 60 年之久，屡作不辍，精益求精。天佑先生所谓成书之难，亲共事者，当深知之。今者新科学、新技术日新又新，飞跃发展。距《英汉道路工程词汇》之修订，历时仅 5 年，祖康同志等又续成此巨著，精勤不懈，力争时代前列，治学精神，尤可赞佩。"

此后，赵祖康和李国豪等老专家又共同主持编纂了《汉英道路工程词汇》。这部书因出版经费困难，迟至 1997 年出版。该书出版后，被联合国指定为国际通用工具书。

在四年多的漫长岁月里，赵祖康和与他同龄的 60 余位老专家，风里来，雨里去，吃面包，下面条，无怨无悔，兢兢业业，做着浩繁而枯燥的

---

1 赵祖康：《编写〈道路与交通工程词典〉的一些过程与体会》（未刊稿）。

工作，为的就是完成这本专业巨著。在赵祖康留下的手迹资料中，保存了许多中文、英文、日文资料卡片，字里行间，仿佛能看见他悉心钻研的身影，听到他浓重的乡音，感受他赤诚的奉献之心。

情牵母校　反哺交大

交通大学是赵祖康奠定学术基础、贡献社会的起点，是他走出国门、认识世界的开始，也是他确立"工程救国"理想、并为之矢志不渝奋斗目标的基础。因此，赵祖康对母校始终怀着感恩之心，也有深深的眷恋。1981年，赵祖康在西南交大建校85周年之际，创作了一首献辞，抒发内心的情怀：

山有木兮河有水，

水有源兮木有本。

饮水每思源，治学不忘本。

市政与道路，专业愧未精。

报国六十年，今作新长征。

唐山犹在目，峨眉仰云深。

云深怀厚泽，山远念嘤鸣。

遥祝我母校，光辉照八垠。

赵祖康的献辞是他的心声，更是他毕生情牵母校的写照。

自踏入交通大学校门开始，赵祖康就与母校结下了不解之缘。在交通大学求学期间，他就积极参与学校的各项事务：

1920年10月初，交通大学学生会开设义务夜校，如前所述，赵祖康与赵景沄等众多同学，担任教员，从事义务启蒙教育。

1925年9月，赵祖康重返母校，被聘为校长室职员，协助凌鸿勋校长处理具体工作；还兼任《南洋旬刊》主编，负责编辑部的日常工作与刊物的总编工作。同年 11 月 25 日，日本文部省督学官叶山万次郎一行 19 人来校参观，凌鸿勋校长批示，由赵祖康安排接待；12 月，交通大学组织筹备校庆 30 周年纪念委员会，赵祖康参与庆祝活动的筹备工作，还发起向母校捐建了一座喷水池。

1926 年 5 月 13 日，赵祖康代表交通大学赴杭州出席"中华职教会年会"，撰写《中华职业学校联合会年会报告》；6 月 13 日，参与筹建全国"工程教育研究会"，被推举为书记；8 月 20 日，陪同凌鸿勋等赴北京参加中国工程学会年会。

1929 年 9 月 17 日，铁道部批请，派交通大学及唐山、北平两院历届优秀毕业生共 11 名留学美国，赵祖康作为唐山分院的选派学生上榜。1930 年 1 月 10 日，赵祖康等 11 名留美学生乘邮轮从上海启程。赵祖康曾回忆道：

> 出国之前，当时任交通大学校长的黎照寰先生亲自设宴为我们饯行，席间送给我们每人一份礼物——孙中山先生的两本英文本著作：《三民主义》和《实业计划》。[1]

到美国后，赵祖康一边刻苦学习钻研，一边思考着母校的发展。1931 年 6 月 1 日，《南洋友声》第十三期发表了他写给黎照寰校长的信，信中汇报了其留美半年及参加万国道路会议情况，还提出建议，希望学校早日设立交通、卫生两个专科，"一以利国家交通，一以促国民卫生"。

赵祖康回国后，开始在全国公路处工作。他始终心系母校，与母校保持着紧密的联系：

1933 年 4 月，交通大学两次举行特约专家会议讨论交通与国防问题，赵祖康都应邀出席，积极建言献策。

1934 年 8 月 7 日，应交通大学邀请，赵祖康陪同校长凌鸿勋，代表

---

1 赵祖康：《回忆黎照寰先生》，载《上海文史资料选辑：统战工作史料专辑 8》，上海人民出版社，1989 年。

该校出席在德国举行的国际道路会议第七次会议。

1936 年 4 月 30 日，交通大学（沪、平、唐）南京同学会成立大会，赵祖康积极参与策划筹备。同学会成立后，赵祖康当选为理事。1943 年 5 月，交大同学会在重庆成立，赵祖康又被推举为监事。

1945 年 9 月 1 日，交通大学本部从重庆迁回上海，赵祖康被任命为校产接收委员。

1946 年 11 月 29 日，学校体育行政顾问委员会举行第一次会议，赵祖康出席并认捐了体育器材 9 种，还担任了体育行政顾问委员。

1947 年 1 月 28 日，交通大学举行国语演说竞赛，赵祖康等出任评判委员。4 月 24 日，出席母校梁士诒奖学金委员会第一次会议。7 月 28 日，出席交大整理委员召开第一次会议，会议决定组织校务委员会，负责学校领导工作，根据会议决议，在主任委员茅以升离沪时，由赵祖康代行主任职务。

1948 年 2 月 1 日，交大上海同学会召开第三届年会，讨论如何调解学潮，参加校务整理，使学校平安度过当时的困局。赵祖康在会上发表讲

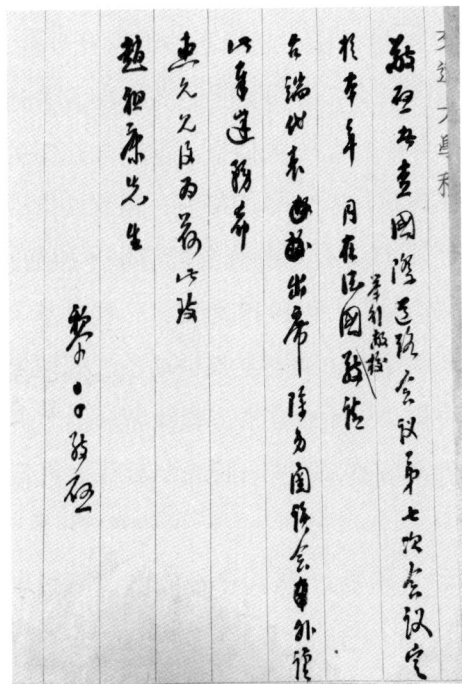

黎照寰的推荐信
（上海交通大学档案馆提供照片）

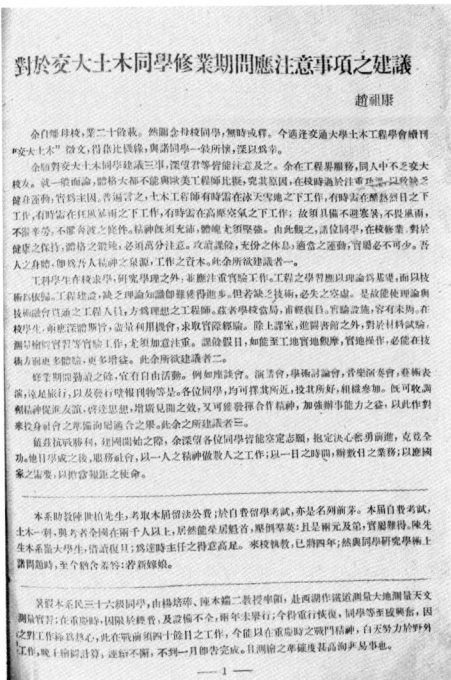

赵祖康对母校学友的希望
（上海交通大学档案馆提供照片）

话，积极建言献策。2月18日，交大上海同学会本届理事会成立并举行第一次理监事联席会议，赵祖康被推举为常务理事。[1]

1949年2月6日，交大上海同学会举行第四届年会，赵祖康等200余人到会。

赵祖康在担任政府公职期间，积极参与母校许多实际事务，对母校各项工作的推进与发展都有贡献。

赵祖康不仅长期关心母校发展，参与许多具体工作。更难能可贵的是，他在母校发展的各个历史时期，还积极参与了一些重大项目的发起建设。其中，组织捐建交通大学文治堂就是他对母校的重要贡献。

在上海交通大学百余年历史中，徐汇校区先后有过两个礼堂：文治堂与新文治堂。老文治堂位于上院底层，于1900年建成，是一个可容纳500人的小礼堂，是当时交通大学师生举行各种集会活动的主要场所。礼堂建成后，为纪念已故校长唐文治，命名为"文治堂"。

抗战胜利以后，在校学生激增，文治堂已不能满足集会所需。赵祖康追随茅以升、王之卓等交大校友发起筹款，捐建新的大礼堂，要求能容纳近2 000人。1946年5月，交大同学会推赵曾珏、赵祖康等组织筹委会，筹集资金。筹委会每周四在外滩水上饭店开会，并分别邀请各方面及各地校友共商筹款办法。6月，劝募开始，各地校友踊跃捐款。设计大礼堂的建筑师和建造承包商都是交大校友，在建筑过程中尽心尽力，遇到经费支绌时，还垫资垫料。1947年1月12日破土动工，由校友吴敬恒（稚晖）题写奠基石。新大礼堂被命名为"新文治堂"。至1949年初，工程已基本完成。新文治堂位于徐汇校区西部，坐西朝东，面对学校运动场。为两层钢砼结构，总造价380 000元，建筑面积2 913平方米。观众席分上下两层，最多时可容纳近2 000人。这样的规模在20世纪四五十年代上海高校中居于首位。[2]

1950年3月15日，交大上海同学会理事长茅以升和常务理事赵祖

---

1 上海交通大学校史编纂委员会编：《上海交通大学纪事》，上海交通大学出版社，2006年。

2 盛懿主编：《老房子、新建筑——上海交大一一〇年校园》，上海交通大学出版社，2006年。

1947 年 1 月新文治堂奠基典礼（坐者为唐文治）

康、顾毓琇、王之卓、袁丕烈致校务委员会函，称：1946 年发起在母校建筑新文治堂迄今初具规模，勉强可告一段落，为便于管理及明确责任起见，拟早日移赠母校，信中还附上筹建经过及建筑蓝图各一份。

1950 年 4 月 8 日，交通大学迎来新中国成立后的第一个校庆——建校 54 周年。校务委员会决定在校庆 54 周年时举行新文治堂交接典礼暨工会成立仪式。茅以升、赵祖康等校友代表上海同学会，将新文治堂移赠母校。

1956 年 4 月 6 日，全校师生举行庆祝建校 60 周年活动，赵祖康以老校友的身份在会上发言。

赵祖康对母校的另一个重要贡献就是直接参与恢复创办交通大学土木系。历史上的上海交大土木工程专业，在全国名列前茅，培养了几十名院士和许多著名人物，在国内外享有盛誉。1952 年院系调整时全部调至同济大学。

20 世纪 80 年代初，在科教兴国政策指引下，上海交大为办世界一流综合性大学，决定恢复土木系，时任上海市人大常委会副主任、民革中央名誉副主席的赵祖康积极参与了恢复创建的全部工作，持续不断作奉献。对此，恢复重建后的交通大学土木工程系第一任系主任黄金枝接受采访，饱含深情，详细说明了赵祖康所发挥的作用：

我 1984 年调入交大参与恢复土木系的工作，为了取得校友支持、获得校友指导，我在北京拜访了茅以升等著名校友，在上海拜访了赵祖康等著名校友。拜访赵老时，他的喜悦之情和关注之心，至今记忆犹新。赵老为交大恢复土木系作了重要贡献。

第一，在赵老感召下，上海市领导和国内的校友都来关心和支持交大土木系的恢复和发展。

第二，赵老为交大恢复土木系，办学方面提出了高水平要求。1985 年，他在重建土木系成立大会上说："实习实力求实学，实习实力务实业，光辉我国徽，也是光辉我校徽。好务实，爱校爱国，这是母校交大教学的一种精神，今天以新的指导思想和精神气魄，发挥光大，意义深远"。要用"好务实，爱校爱国"的真挚感情无私奉献，举办高水平土木系。

第三，赵老为交大重建土木系，培养人才，提出了高质量要求。1986 年交大九十周年校庆和土木系复系一周年，他题字"基高培业厚，源远流又长，桃李满天下，盛誉播四方"，并希望重建的土木系学生以当年抗日战争胜利时他写给校渝校学生回沪复课时的修业要求严格要求自己，第一加强身体锻炼，保持身体健康，是精神之泉源、工作之资本；第二加强基础讨论，注重实际技能，使理论与技术融会贯通，方为理想工程师；第三要求同学勤学之余，参加各种活动，以获得启迪思想之教，加强办事能力之益。

赵祖康与黄金枝合影

勉励同学"奋勇直前，他日学成之后服务社会，以一人之精神做数人之工作，以一日之时间办数日之业务，以应国家之需要，以担负艰巨之使命"。赵老这些培养人才之高见，在今天仍有重大深远意义，为重建土木系培养综合性特色人才指明了方向。

第四，赵老十分关注重建土木系学生的思想和志向。在1989年春夏之交的风波里，一些大学生热衷于运动，影响学业。赵老出于对党和社会主义事业的热爱，抱病到上海人大常委会主任扩大会议上，提出了殷切希望，他说："我已九十高龄，回想自己青年时代，在五四运动中，有句口号'读书不忘救国，校月不忘读书'"，深切希望大学生关心国家大事，努力学好本领，这才是真心爱国爱校。

第五，赵老对重建后的土木系如何走向世界，表现出了高瞻远瞩。他聘请国际著名科学家、美国里根总统奖获得者、1931年交大土木校友林同炎先生，为交大名誉教授。赵老还在重建的土木系设立"林同炎教授展览室"，题写"旷世专家，校友名誉，长虹高塔，槚跨天源"诗句，时任上海市委书记江泽民、市长汪道涵等分别题字，副市长倪天增以及国内著名人士光临展览室，影响之深远，极大鼓舞了交大兴办国内外著名土木系的信心和决心。如今的交大土木系，已成为国家双一流学科，步入全国先进行列，在2015年QS世界大学排名中，交大土木系学科跻身全

1987年，林同炎夫妇来探望赵祖康（左起：
黄金枝、赵祖康、林同炎、林同炎的夫人、林少培）

球第 29 位，位于中国高校三甲之列。[1]

在采访中，黄金枝生动描绘了赵老在为恢复重建交通大学土木工程系中的感人事迹：

> 赵老对恢复土木系，满腔热情。1985 年，赵老已 85 高龄。交大土木系成立那一天，我陪他去系办公室，在登楼梯时，他精神抖擞，步履矫健，不要我扶，还走在我前面。

> 赵老对重建土木系，关怀备至。赵老非常注重重建后土木系的建设和发展，经常要我向他汇报有关情况。即使他生病在华东医院住院期间，也时常要我前去汇报情况。特别是当我告诉他，重建后土木系在教学科研、人才培养和学术水平有长足发展时，他更认真听取，还叫护理阿姨拿来笔和纸，认真仔细地记录下来。

> 赵老几十年对母校感情笃深。1990 年，赵老九十诞辰时，我陪校党委书记何友声到他家祝寿。当时恰逢朱镕基市长也在。当何友声和我到他跟前时，他对母校的祝贺感到特别喜悦，他立即从座椅上起身与我们亲切握手。

在采访讲话中，黄金枝发自肺腑地评价道：

> 我对赵老敬仰不已。赵老师是交大品学兼优的优秀毕业生。几十年来对母校热情笃深，贡献不断；赵老对我国社会主义革命和建设事业，倾注了全部心血和精力，事业上成绩斐然，成就卓著；他对事高瞻远瞩，重视科技创新；他待人热情真挚，和蔼可亲；人们说起赵老，无不满怀敬仰，对他的业绩和奉献称赞不已！[2]

1 2020 年 7 月 15 日黄金枝书面发言。
2 2020 年 7 月 15 日黄金枝书面发言。

1985 年 7 月 23 日，上海交大土木系正式恢复，土木系校友从国内外蜂拥而至，几百人挤在大教室里，饮水思源，抚今追昔，表示要用实际行动，重振交大土木系雄风。交通大学土木系恢复重建的消息，美国等国外的报刊都做了报道，在国内外引起强烈反响。

直到晚年，赵祖康依然关注着母校的发展，倾心倾力为母校作贡献。那段时间，只要母校发出邀请，他都尽量抽出时间出席支持。有时恰逢身体不适，他也抱病参加，或者撰写书面发言，以表心意。

1981 年 8 月 27 日，交通大学召开座谈会，深切悼念交通大学 20 世纪 20 年代的老校长凌鸿勋，时任上海市副市长的赵祖康拨冗参加座谈，并在会上深情回忆凌鸿勋的生平事迹，以及他对交大发展的贡献。10 月 6 日，交通大学召开老校友座谈会，学习座谈叶剑英委员长对台问题的讲话。赵祖康作为老校友在会上发表讲话，恳切希望海外侨胞、交大学友为统一祖国贡献力量。

1983 年 2 月 11 日，交通大学首次举行授予执教逾 40 年的老教师荣誉证书仪式。时任上海市副市长赵祖康出席，并代表王震向 44 位老教师颁发荣誉证书和纪念金牌。

1984 年 4 月 8 日，交通大学建校 88 周年校庆，交通大学校友总会暨上海分会成立。赵祖康到会祝贺，并与茅以升、汪道涵、金士宣、唐振绪等，一同当选为校友总会名誉会长。

1986 年 6 月 8 日，赵祖康参加了交通大学建校 90 周年庆祝活动。8 月 20 日，由西安交大和上海交大校史组共同编写的《交通大学校史》（新中国成立前部分）审稿会在上海交大召开，赵祖康出席会议，并对校史的编撰工作提出建议。

1988 年 1 月 13 日，上海交通大学举行纪念大会，纪念我国著名爱国人士、教育家、交大原校长黎照寰诞辰 100 周年，赵祖康在会上作了书面发言。5 月 5 日，"林同炎教授展览室"在徐汇校区包兆龙图书馆正式开幕。赵祖康等国内外来宾 500 人参加剪彩仪式。[1]

---

1 上海交通大学校史编纂委员会编：《上海交通大学纪事》，上海交通大学出版社，2006 年。

　　赵祖康长期关心支持母校的事业，母校也感佩赵祖康的学子之情，对他的反哺回报给予充分肯定与褒扬。1985 年 4 月 22 日，上海交通大学举行授予 1922 届校友、上海市人大常委会副主任赵祖康顾问教授仪式，校长翁史烈向赵祖康颁发证书。1989 年 9 月 1 日，赵祖康 90 寿辰，上海交通大学党委书记何友声代表学校专程到赵祖康家向他祝寿，并赠送青铜宝鼎一座。

前排左起：黄金校系主任、林栋梁副校长、赵祖康副市长、翁史烈校长、戴宗信教授

1985 年赵祖康被聘为上海交通大学顾问教授

老骥伏枥　心心相印

　　党的十一届三中全会以后，步入人生暮年的赵祖康看到盛世重现，心情格外舒畅。

　　这时，他不能再战天斗地，开山筑路。一年中，有不少时间在病床上度过，与衰老、疾病作斗争。但是，他赤诚的爱国热情有增无减。

　　上海发生的每一个变化，他都会主动跟踪关心，上海市政建设的每一项重大工程，他都会提出意见建议，提供给领导与决策部门参考，贡献自己的经验和智慧。

20 世纪 80 年代后，上海的市政建设飞速发展。赵祖康的思考热点更加集中。他关心的两件大事是：在黄浦江上架桥，开发浦东。

一桥飞架浦江，沟通黄浦江两岸，使整个上海社会经济腾飞，是赵祖康梦寐以求的理想。早在抗日战争胜利初期，他在制定上海都市发展规划时，就提出要在黄浦江上架桥，并请桥梁专家茅以升完成了设计稿。可惜，这一宏愿没能付诸实施。

如今，眼看夙愿即将变成现实，赵祖康内心无比振奋激动。从市委、市政府决定建造黄浦江大桥，他就全身心地出谋划策。紧紧跟踪这一重大工程的实施进展，一有机会就找专家学者谈，与工程技术人员谈，更渴望与市委领导谈。

中共上海市委、市政府领导和民革上海市委领导对赵祖康予以特别的尊重。1986 年 11 月 2 日，民革上海市委为年近九十的赵祖康、徐以枋和徐国懋三位老同志集体祝寿。时任中共上海市委书记芮杏文、市长江泽民，市人大常委会副主任王鉴，市政协副主席、市委统战部部长毛经权等专程到赵祖康家祝贺。[1]

1990 年，赵祖康患病住院。中共上海市委、市政府领导对他的病情十分关心，经常派人去探望。市委书记朱镕基特地关照华东医院有关领导，赵祖康病情有变化，必须尽快通知他。有一天，朱镕基接到华东医院报告，立即赶到医院探视。这时，赵祖康看到朱镕基，按捺不住内心激动，全然忘却病痛，兴致勃勃地向朱镕基讲述对建造南浦大桥的意见。朱镕基听后，很受感动。他充满感情地对赵祖康说，"听了您老的真知灼见，我造桥的决心更加坚定了"。[2]

1991 年，雄伟壮观的南浦大桥凌空飞架在黄浦江的两岸。

赵祖康坐在轮椅上，被家人推上南浦大桥。他久久凝望着设计新颖独

---

1 民革上海市委编：《民革前辈与上海解放》，团结出版社，2019 年，第 383 页。

2 1997 年访问赵国明记录。

"圆梦"

特的斜拉索，眺望着浦江两岸的高楼大厦，倾听黄浦江上千舟竞发的汽笛声，感到无比欣慰。

赵祖康晚年还一直惦记着浦东的开发开放。1990年，党中央作出开发浦东的重大决定。他在病榻上认真阅读了全国人大九届三次会议上《政府工作报告》中有关开发浦东的设想，立即要秘书设法收集有关资料，结合过去的研究，提出了自己的意见："我作为上海人民的一分子，作为上海老人大代表和长期从事市政建设的老工程人员，特别关心浦东的开发。浦东是一块宝地，和上海市区有紧密联系，具有天时地利的优越条件。旧社会根本没有办法和可能来开发浦东。新中国成立后，在我负责市政建设时，曾多次去浦东考察并作过一些开发浦东的设想。但由于种种因素限制，也未能提出建议付诸实施。现在，改革开放已取得巨大成就，并积累了丰富的经验，在这个时候，党中央作出开发浦东的重大战略决策是十分及时、十分英明的，必将对上海乃至全国的经济发展，产生重大的影响。"

赵祖康还就浦东开发问题提出建议："浦东的开发和开放是相辅相成、互相促进的，要开发一定要开放，对内对外都开放，这样才有利于引进资金、技术和人才。而要对外开放又必须先要有所开发，一定要把规划搞好，把必要的基础设施搞好，特别是交通，包括浦东地区、浦东和市区、浦东和国内及海外的交通，都要搞好。从广义上说，还应包括搞好浦东地区的工农业生产和精神文明建设，使浦东有一个能吸引人的稳定的社会政治经济环境。"[1]

赵祖康的独到见解，市委、市政府领导都非常重视。江泽民、朱镕基在上海主持工作期间，每当研究讨论市政建设项目时，都会认真听取赵祖康的意见。江泽民担任中共中央总书记之后，还惦记着赵祖康。到上海视察工作时都抽空去医院探望。每逢新年，都给赵祖康寄一张精心挑选、亲笔署名的贺年卡，表达敬意。

朱镕基对赵祖康同样怀有真挚的感情。1989年，适逢赵祖康90大寿。9月1日，即赵祖康生日当天，朱镕基专程前往赵祖康家祝贺，送上花篮，还亲自送给他一柄精致的龙头拐杖，祝他健康长寿。这是赵祖康莫大的荣誉，也是对他卓越贡献的充分肯定。弥足珍贵的是，朱镕基还欣然写下祝词："年高德劭，功在上海。"

这一题字现已被上海历史博物馆收藏。据赵国通介绍，朱镕基向来不愿题词，在上海仅有两次题字，为赵祖康九十华诞题词，就是其一。

事后，赵祖康拄着这根龙头拐杖，在悬挂的朱镕基题词下摄影留念。

朱镕基题词

江泽民的贺卡、朱镕基的题词，是中国共产党和民主党派亲密合作、心心相印的历史见证。

1995年1月19日10时35分，赵祖康走完漫长的95年人生里程，与世长辞。

1月28日下午，上海市人大常委会在龙华殡仪馆大厅举行隆重的送别仪式。党和政府给这位德高望重、贡献卓著的世纪老人以极高的荣誉。时任中共中央总书记江泽民和时任中共中央政治局常委、国务院副总理朱镕基等党和国家领导人，送了花圈；时任市委、市政府主要领导黄菊、徐

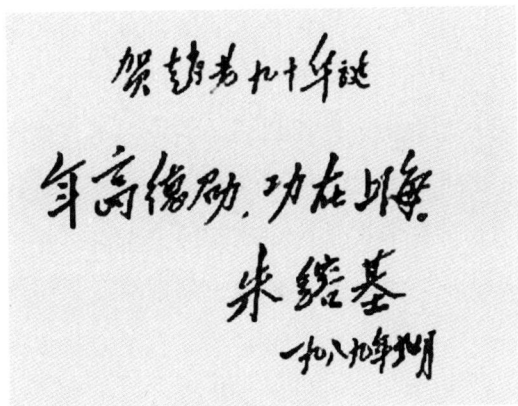

1《上海民革》1990年5月20日。

匡迪等都赶来参加送别仪式。

徐匡迪市长代表市委市政府致悼词，称赵祖康是"中国共产党的挚友、著名社会活动家，道路市政工程专家"。

悼词说：赵祖康同志早年"受孙中山先生思想影响，决心从事中国交通事业，并以'致力工程、为民服务'作为终生目标"。

在他主持公路建设期间，规划和整修了苏、浙、皖三省联络公路，后又发展为十省联络公路，为形成全国公路网作了准备。他致力于开拓中国的公路交通事业，制定国标、建立制度、推行监理、培训人才。30年代他在环境极端恶劣、异常艰巨的条件下亲自主持修筑了西（安）兰（州）、西（安）汉（中）和乐（山）西（昌）三条打通西北西南大后方的主干线，为抗日战争作出了贡献。他常年风尘仆仆，不辞辛劳，呕心沥血，终于重病卧倒。卧病期间，他写下了"久愿风尘殉祖国，宁甘药饵送余生"的悲壮诗句，表达了他百折不挠的敬业献身精神。他出众的才能和实干的作风赢得了人们的赞誉。

从抗战胜利到上海解放，赵祖康……曾主持上海城市的建设和规划工作，编制了《大上海都市计划总图》等。但在当时的政权下，他的这些设想都无法实现。

赵祖康同志热爱祖国、热爱人民、拥护中国共产党。抗战胜利后，他曾支持共产党领导的中国技术协会。1949年3月，他参加中国工程师协会代表团，与侯德榜、茅以升等专家联名上书毛主席，并向李宗仁递函要求和平，保护战区厂矿、交通、设备。他听从党中央关于欢迎他在解放后参加新中国建设工作的指示，在1949年2月接受了中国共产党在沪地下党布置的任务，参加革命工作。上海解放前夕，他出任国民党市政府代理市长，积极配合完成上海解放和顺利移交的任务。

解放后，赵祖康以巨大的热情投身上海市的建设工作。……他在党的领导下，团结广大工程技术人员，为保卫上海抢修海塘、机场，为贯彻城市为劳动人民服务的方针，实施棚户区及肇嘉浜的改造和工人新村的兴建，为改善城市环境和调整城市干道布局，规划修建人民广场、西郊公园和修通南北、东西道路等重大工程作出了重要贡献。

……在"十年动乱"期间极端困难的条件下，他不顾年迈体弱，组织力量从事由他主编的《英汉道路工程词汇》的修订增补工作，并于1978年重版，该书被联合国教科文组织指定为专业参考工具书。

……他担任民革上海市委员会主任委员近30年，为发挥民革的参政议政作用，开展对台宣传、促进祖国统一，特别是在民革的自身建设和培养后继人才方面都付出了极大的心力。

赵祖康在担任上海市第八、第九届人大常委会副主任期间，"为坚持和完善人民代表大会制度，为市人大常委会的建设做了大量工作，即使在患病住院期间，仍十分关心上海的市政建设和市人大常委会的工作"。

悼词高度评价说：

赵祖康同志一生中大部分精力献给了中国现代交通和城市建设，在市政交通界享有很高的声誉，他热爱祖国，热爱中国共产党，拥护和贯彻党的十一届三中全会以来的路线、方针、政策，与党同心同德，他严以律己，廉洁奉公，谦虚谨慎，光明磊落，深受广大干部和群众的尊敬和爱戴。

赵祖康同志为上海的革命事业和现代化建设、为巩固和扩大爱国统一战线、为坚持和完善中国共产党领导的多党合作和政治协商制度、为祖国的统一大业作出了可贵的贡献。他的高贵品质和对事业的奉献精神将永远铭记在全市人民心中。

在上海历史博物馆，还珍藏着江泽民亲笔签名的唁电和时任国务院副总理吴邦国亲笔书写的唁函。

赵祖康去世后，他的长女赵国聪撰写的挽联，对赵祖康的一生做了高度概括：

一生唯淡泊以明志 食草脊梁 白头除国事外 更无得失动喜忧

万事求宁静而致远 尽瘁肝胆 沧桑任变幻多 自有信念衡是非

赵祖康生平大事记

1900 年

9 月 1 日出生于松江县城厢镇

1905 年

进私塾学习

1907 年

进入松江泖秀小学读书

1910 年

跳级进入华亭县立第一高等小学读书

1914 年

以全县第一名的优异成绩考入江苏省省立第三中学读书（今松江二中）

1918—1922 年夏

考入交通部上海工业专门学校（后，与交通部其他三校合并，定名为"交通大学"），1921 年秋转入交通大学唐山学校市政与道路工程专业，次年取得学士学位

1922 年 10 月

被派往津浦铁路实习

1922 年冬

进上海苏生洋行当制图员

1923 年春—1924 年春

任青岛胶澳商埠办公署工务处工务员、第二工段主任

1924 年上半年

任南京东南大学工学院助教兼工程部工程师

1924 年秋—1925 年夏

任南京河海大学教员兼秘书

1925 年 8 月—1927 年 7 月

任交通大学出版股主任兼校长室办事

1927 年 7 月

任汉口交通部韶赣国道工程局测量队技佐

1927 年秋

任广东建设厅公路处技士

1927 年秋—1929 年

任梧州市工务局技正兼设计课课长，后升任局长

1929 年夏—1929 年冬

任蚌埠市政筹备处顾问工程师

1930 年 1 月—1930 年 6 月

被铁道部派赴美国康奈尔大学研究院研究道路与市政工程

1930 年 7 月—1931 年 4 月

美国纽约州奥伯奈市州公路处实习工程师，其间于 1930 年 10 月作为中国代表出席第六届国际道路会议

1931 年 5 月—1931 年 6 月

在美国华盛顿联邦公路总局阿林顿公路试验所参观，于 6 月回国

1931 年秋—1932 年 1 月

铁道部工务处技士

1932 年 5 月—1938 年春

全国经济委员会公路处专员、道路股长、副处长、代理处长

1934 年秋—1935 年初

赴德国参加第七届国际道路会议，会后赴法、瑞、英等国参观公路

1938 年春—1941 年春

任交通部公路总管理处处长

1941 年春

任军事委员会运输统制局公路工务处处长

1941 年夏—1942 年 12 月

任军事委员会运输统制局顾问

1943 年 1 月—1944 年 12 月

任交通部公路总局副总局长

1945 年 1—9 月

任交通部及部属战时运输管理局顾问

1945 年 3 月

和茅以升一同被重庆市工务局聘为高等顾问

1945 年 9 月—1949 年 5 月

任上海市工务局局长

1946 年获美国总统杜鲁门授予的抗日战争自由勋章，于 1985 年补授。

1946 年 8 月—1949 年 5 月

兼任上海市计划委员会常务委员兼执行秘书

1949 年 2—5 月

响应共产党的号召，与中共地下党取得联系，为迎接上海解放作出了贡献

1949 年 5 月 24—30 日

任上海市代理市长，暂行负责维持行政领导事务及治安

在此期间，联系协助上海市人民政府接管事宜

1949 年 9 月—1954 年

任上海市人民政府工务局局长

1949—1950 年

先后参加全国科学技术联合会筹备会以及大会，当选为全国科学技术联合会委员，参加上海市科学技术联合会筹备委员会，当选为副主任委员；参加发起组织上海市土木工程学会，当选为理事长

1950 年 10 月

任上海市人民政府委员

1951 年

任上海市人民政府市政建设委员会副主任委员

1951 年 7 月

参加民革上海分部筹委会

1954—1957 年 1 月

任上海市规划建筑管理局局长

1957 年 1 月—1967 年

任上海市人民委员会第三、四、五、七届副市长

1958 年 8 月—1987 年 12 月

担任民革上海市委会第三、四、五、六、七届主任委员

1959—1966 年

兼任上海市人民委员会公用事业办公室主任

1966—1976 年 10 月

"文化大革命"期间停止工作

1976 年 11 月

市政协恢复活动，任常委

1977 年 12 月—1983 年 5 月

当选为市五届政协副主席

1979 年任上海市人民政府访日代表团副团长，出访日本

1979 年 12 月—1983 年 5 月

在上海市七届二次人民代表大会上，当选为上海市副市长

1979 年 10 月—1982 年 12 月

在民革中央五届一次会议上，当选为中央常委

1982 年 6 月

代表上海市人民政府赴日本参加联合国亚太地区地方政府发展人类居住区会议，并代表上海市发言

1982 年 12 月

当选为民革中央副主席

1983 年 5 月—1988 年（1992 年）

任上海市人大常委会副主任

1987 年 12 月—1992 年

任民革上海市委会名誉主任委员

1988 年任上海市第八、九届人大常委会副主任

1995 年

1 月 19 日　在上海逝世

新中国成立后，曾先后当选为全国人大一、二、三、四、五、六、七届代表；当选为上海市人大一、二、三、四、五、七、八、九届代表，当选为市政协一、二、三、四届常委，五届副主席。

晚年还担任过中国土木工程学会名誉理事、中国城市科学研究会顾问、中国公路学会名誉理事、上海市土木工程学会名誉理事长和上海市交通工程学会名誉理事长等社会团体职务。

后　记

　　我所撰写的《中国公路泰斗赵祖康》一书，1998年由复旦大学出版社出版。

　　2019年，民革上海市委会确立了一项重点工作项目，组织编撰《赵祖康传》，以纪念赵祖康先生诞辰120周年，邀请我担任主笔。我既感到荣幸，又有些犹豫。因为，距上本书出版已经过去20余年，对自己能不能胜任，没有把握。在民革上海市委会、上海交通大学和赵祖康先生家属的热情鼓励支持下，我鼓足勇气，承担起新的写作任务。

　　经过一年时间广泛收集资料，追寻赵祖康的生平足迹，赶赴南京、重庆、四川、云南、江西、西安等地采访调研，勉力完成了任务。

　　对我而言，撰写本书的过程是重新学习研究的过程，也是又一次对历史的回眸。

　　我真切地体会到，撰写人物传记，并不是为个人树碑立传，而是通过研究传主的人生经历来洞见：个人命运与时代潮流发展趋势如何并行；社会变迁如何影响个人成长发展，如何影响个人对人生道路的选择；杰出人物的品行操守、智慧才华，又是如何在一定程度上对社会历史进程产生影响。努力达成上述目标，才是撰写人物传记的意义所在，也是我的写作追求。

　　本书整个编写过程中得到了赵祖康子女和亲友的大力支持：他们提供大量的原始档案材料、照片等供我学习，书稿成稿后，他们又多次审读以使书稿更趋完美。特别感谢：赵国通、赵国明、赵国湘、赵国屏、邱振明、赵国定、赵国瑞、蔡昀、张熹、范亦铮、赵国珍。

　　本书能够顺利出版，特别要感谢主编单位民革上海市委会在2019年启动了该项目，并将本书的出版工作列为2020年的重点工作。民革中央副主席，上海市人大常委会副主任、民革上海市委会主委高小玫专门为本书作序。民革上海市委会副主委王光贤、原副主委罗华荣，宣传部部长陈静、宣传部黄玮，联络部原部长马铭德、调研员陆祥麟等为本书的出版做了大量的协调工作和支持工作。

本书能够顺利出版，还要特别感谢赵祖康的母校上海交通大学各个单位的大力支持：上海交通大学原党委书记、校史编委会主任王宗光教授审阅书稿后，为本书倾情作序；上海交通大学土木建筑工程系创系主任黄金枝教授感念赵老为上海交通大学土木工程学科的恢复建设所作出的重要贡献，特在"上海交通大学教育发展基金会"设立《赵祖康传》出版专项基金资助本书出版；上海交通大学档案文博管理中心特意将此书列入上海交通大学党史校史研究书系，予以资助和支持，中心副主任欧七斤为本书的撰写提供了大量的档案资料、历史照片等珍贵史料，贡献了宝贵意见，胡端、朱恺老师提供了很多赵老在交大学习、工作时的文字材料从而使本书更为详实和丰满；上海交通大学出版社原总编辑张天蔚为本书的出版做了大量的协调、沟通工作，对书稿提供了很多建设性的修改意见，责任编辑吴雪梅对书稿反复认真审读。

本书能够付梓，还得益于许多单位和朋友的热情帮助，没有他们的帮助，本书不可能呈现现在的样子。因此，笔者想对所有提供过帮助的单位与个人，谨表衷心的感谢：民革重庆市委会刘辉，民革四川省委会雍禹，民革四川省雅安市委会副主委董敏雷，民革四川省汉源市委会副主委郭朝林；乐西抗战公路纪念馆；上海科技教育出版社社长张莉琴；上海市历史博物馆馆长胡江，副馆长裘争平，保管部主任张宇，以及封荣根、唐永余、肖祖财、张悦、邵文菁等；松江档案馆侯建萍；《上海行政学院学报》常务副主编谭力；中共上海市委党史研究室原副主任顾明；上海市文史馆原副馆长黄知正、副馆长沈飞德；《新民晚报》原国际部主任田金星；《上海音乐学院学报》原副主编范进德；《雅安日报》记者罗明刚；复旦附中校友徐蓓敏、薛彦迅……

笔者才疏学浅，离本书预设目标的达成距离甚远，但我尽了努力。本书的不足乃至错误，一定难免，期待读者的批评指正。

陶柏康

2020 年 10 月于上海